本书为教育部人文社会科学研究青年基金项目"制造业：
失败学习视角"（项目批准号：19YJC630153）最终研
本书得到河北农业大学引进人才科研专项"失败学习形
影响的实证研究"（YJ2021002）的资助

制造业企业的复苏路径研究

失败学习视角

Research on the Recovery Path of Manufacturing Enterprises

from the Perspective of Learning from Failures

唐朝永 / 著

图书在版编目（CIP）数据

制造业企业的复苏路径研究：失败学习视角/唐朝永著. —北京：企业管理出版社，2023.3

ISBN 978-7-5164-2696-8

Ⅰ. ①制… Ⅱ. ①唐… Ⅲ. ①制造工业—工业企业管理—研究—中国 Ⅳ. ①F426.4

中国版本图书馆 CIP 数据核字（2022）第 163061 号

书　　名：	制造业企业的复苏路径研究：失败学习视角
书　　号：	ISBN 978-7-5164-2696-8
作　　者：	唐朝永
责任编辑：	徐金凤　宋可力
出版发行：	企业管理出版社
经　　销：	新华书店
地　　址：	北京市海淀区紫竹院南路 17 号　　邮　编：100048
网　　址：	http://www.emph.cn　　电子信箱：emph001@163.com
电　　话：	编辑部（010）68701638　　发行部（010）68701816
印　　刷：	北京虎彩文化传播有限公司
版　　次：	2023 年 3 月第 1 版
印　　次：	2023 年 3 月第 1 次印刷
开　　本：	710mm×1000mm　1/16
印　　张：	16.75 印张
字　　数：	232 千字
定　　价：	68.00 元

版权所有　翻印必究　·　印装有误　负责调换

PREFACE 前　言

恩格斯曾经说过："一个聪明的民族，从灾难和错误中学到的东西比平时要多得多。"唐太宗李世民曾说："以铜为镜，可以正衣冠；以史为镜，可以知兴替；以人为镜，可以明得失。"古今中外，从国家治理、大政方针、战略规划、产业布局到企业发展及个人成长，都会有许多或彪炳史册或流落乡野的形形色色、千奇百怪的"大失败"与"小失败"事例，如秦始皇的"焚书坑儒"、隋炀帝的"昏庸无道"、"晋商票号衰落"及当今社会发生的安全生产事故、火灾、交通事故，还有企业倒闭破产和个人的荣辱得失等。人类历史、国家治理、行业发展、企业成长及个人职业生涯几乎融合了成功与失败，是一个周而复始、循环往复的过程。历史经验表明，从宏观的人类社会发展到微观的企业成长及个体发展无不与从失败中学习密切相关。一个能够从失败中学习的民族终将屹立于世界民族之林，生生不息；一个能够从失败中学习的企业必将降低失败风险，奋起成长；一个善于从失败中学习的人也将不断进步，实现梦想。

失败问题是同人类经济社会的发展相伴而行、密不可分的，古今中外，概莫能外。但人类对失败问题的研究起步较晚，最早可追溯到20世纪60年代的决策理论，而失败学习理论于20世纪90年代才在组织学习研究中被逐渐提出并独立出来（胡洪浩，2011），当前，国内外学者围绕失败学习的主题开展了一系列研究，初步形成了涵盖失败学习概念、分类、影响因素、过程、效应等领域的失败学习理论体系。然而，一方面，失败学习理论尚属新兴学科，在我国的应用领域尚不普遍，主要局限于创业研究领域，对于企业管理领域的研究尚不充分。另一方面，在我国组织变革、创新过程中，失败问题比比皆是，如何正确对待失败问题？如何把失败学习作为组织摆脱困境、复苏发展并获取可持续竞争优势的重要工具与方法？……这些问题都对失败学习理论创新提出了挑战，亟需后继学者对失败学习理论进一步完善和丰富。在由制造大国向制造强国迈进的过程中，我国存在制造业企业衰落的问题。本书正是基于当前失败学习、企业衰落、组织创新及其他相关的基本理论，通过失败这个新视角思考并解决制造业企业复苏问题。本书以相关理论为基础，通过采用文案分析、文献研究、问卷调查、统计分析、评价分析、仿真分析等多种研究方法，分析国外制造业企业衰落的经验，剖析我国制造业企业衰落的现状，探索企业衰落、组织创新、失败学习与企业绩效之间的关系，构建基于失败学习视角的制造业企业衰落复苏的路径框架，聚焦于制造业企业衰落预警和仿真研究，提出了促进企业复苏的建议。

在理论层面，本书基于失败学习构建制造业企业衰落的复苏模型，形成包括衰落识别、衰落探究、审慎试验的衰落企业复苏路径，提出一些建议，为制造业企业衰落的复苏提供新的视角和解决方案；在研究方法层面，本书引入文献研究、案例研究、统计学、问卷调查、社会燃烧理论、Logistic回归模型、系统仿真等研究方法，实现定量与定性相结合，拓展制造业衰落企业复苏研究的方法论基础。在实践层面，从宏观上，本书为我国制造业创新升级和政策修订提供决策借鉴，为进一步深化供给侧结构性改革、大力实施创新驱动发展战略、促进制造业高质量发展提供参考；从微观上，提高企业对失败的认识，有助于制造业衰落企业掌握复苏的思路、方法与路径，提升其转型升级和可持续发展的能力。

本书适用于高等院校和科研机构从事失败学习、组织创新等领域的专家学者阅读，也可为本领域的研究生论文的撰写提供重要参考。尽管在撰写本书的过程中，作者开展了大量的文献研究、调查研究和理论探索，但由于当前面临较多的新问题，加之作者水平有限，本书难免存在不妥和疏漏之处，敬请各位读者批评指正。

唐朝永

河北农业大学经济管理学院副教授

2022 年 8 月

| CONTENTS | 目　录

第一章　导　言 ·· **001**

　　第一节　研究背景 ·· 001

　　第二节　研究意义 ·· 005

　　第三节　研究现状评述 ·· 007

　　第四节　研究内容、技术路线和方法 ································ 011

第二章　相关理论与发达国家制造业企业的复苏经验 ·················· **017**

　　第一节　制造业的内涵、特征与分类 ································ 017

　　第二节　相关理论 ·· 020

　　第三节　日本、韩国制造业企业转型发展的政策与经验 ················ 035

　　第四节　德、美企业复苏的政策与经验 ······························ 040

第三章 企业衰落、组织创新、失败学习及企业绩效之间关系的实证研究 ········· **049**

- 第一节 企业衰落与组织创新：管理者风险规避与制度化组织使命的作用 ········· 049
- 第二节 企业衰落与组织创新的关系：失败学习与组织惯例更新的影响 ········· 071
- 第三节 企业衰落、失败学习和战略柔性对组织创新的影响 ···· 092
- 第四节 失败学习对企业绩效的影响机制研究 ········· 107

第四章 制造业企业复苏的逻辑框架构建 ·········· **131**

- 第一节 企业复苏路径构建的理论依据 ········· 131
- 第二节 从失败学习视角构建制造业企业复苏路径模型 ········· 135

第五章 制造业企业衰落预警研究 ·········· **146**

- 第一节 制造业企业衰落预警模型的构建 ········· 146
- 第二节 制造业企业衰落预警的案例研究 ········· 170

第六章 制造业企业复苏战略的仿真研究 ·········· **178**

- 第一节 系统边界和假设 ········· 178
- 第二节 系统因果关系分析 ········· 179
- 第三节 系统流图 ········· 184
- 第四节 制造业企业复苏战略的仿真试验 ········· 187

第七章 制造业企业复苏的对策研究 · **194**

第一节 国家层面的政策建议 · 195

第二节 行业层面的政策建议 · 203

第三节 企业层面的政策建议 · 208

第八章 结论与展望 · **217**

第一节 主要结论 · 217

第二节 未来研究方向 · 220

参考文献 · **222**

附　　录 · **243**

"企业衰落与组织创新：管理者风险规避与制度化

组织使命的作用"调查问卷表 · 243

"企业衰落与组织创新的关系：失败学习与组织

惯例更新的影响"调查问卷表 · 246

"企业衰落、失败学习和战略柔性对组织创新的

影响：被中介的调节模型"调查问卷表 · · · · · · · · · · · · · · 249

"失败学习对企业绩效的影响机制研究"调查问卷表 · · · · · · · · 253

| CHAPTER 1 | 第一章

导　　言

第一节　研究背景

一、企业复苏研究是企业成长领域研究的热点问题之一

当前，如何实现从企业衰落中复苏及可持续成长已经成为企业战略管理、创业研究、技术创新等研究领域的热点和难点问题。20世纪80年代，我国学者就衰落（衰败）企业开始探讨企业的复苏问题，刘洪贵（1985）首先在《新疆矿冶》第二期上发表《依靠技术改造使老企业复苏振兴》的文章，拉开了企业复苏研究的序幕。此后，肖慧质（1987）、黄鹤群（1991）、周景安（1995）、周星亮（2009）、汪中求（2020）、任劲劲（2021）等学者分别在《企业管理》《经济问题探索》等期刊上发表有关企业复苏的对策建议、相关路径和发展思路等企业成长基本问题的文章。近年来，特别是2015年国务院印发重要文件《中国制造2025》后，我国制

造业企业如何摆脱衰落困境，实现从价值链低端向中高端跃迁，从弱到强更具韧性和活力，成为学界、业界及政府部门等各个主体共同关注的重要议题。

2021年3月11日，十三届全国人大四次会议通过的《中华人民共和国国民经济和社会发展第十四个五年规划和2035年远景目标纲要》单行本已由人民出版社出版，其为推进制造业企业复苏和发展提供了制度保障和政策支持。构建制造业企业复苏体系，目的是使制造业企业具有能从衰落中自我复兴、发展的自组织机制，从思想观念、制度、机制、政策、流程等方面全面系统认识衰落的原因及如何从衰落中崛起的路径，关键是对制造业企业"衰落—复苏"的破解框架进行科学设计。失败学习的概念是在企业失败（企业未达到目标的各种问题）研究的视域下提出的，制造业企业复苏的核心问题是如何进行失败学习，建立制造业企业复苏体系的关键问题在于构建基于失败学习的制造业企业复苏逻辑框架，这既是破解我国制造业企业复苏难题的有效方法，也是制造业企业复苏研究的重要内容。

二、制造业企业对企业衰落缺乏战略性认识，没有一套有效的组织学习系统

大多数学者把更多的精力投向了企业成长的研究。然而，一个不容忽视的现实是，几乎所有的企业在其生命周期的某一个阶段都会经历衰落期，如果没有采取恰当的复苏战略，可能从此走向死亡。根据2010年统计，将近50%的标准普尔500公司曾经历3年以上的衰落期（胡洪浩和王重鸣，2011）。当前，受世界经济不景气及全球新冠疫情的持续影响，这种企业衰落的现象可能会更为普遍，将成为企业管理者的重大挑战（杜运周等，2015）。究竟应该对企业衰落持什么样的观点，学术界至今仍有争论，主要有两种观点：一种观点认为衰落刺激创新，称之为积极观；另一种观点则指出衰落阻碍创新，称之为消极观。两种观点均基于不同的理论

基础。其中，积极观从行为理论和前景理论出发，认为衰落有助于企业开展创新活动（Cyert 和 March，1964；Mone，1998；Tversky 和 Kahneman，1981）；消极观从威胁—刚性视角和承诺升级理论出发，认为衰落遏制了组织创新（Mone 等，1998）。然而，值得关注的是，还有部分学者认为不能孤立地看待衰落与创新的关系，应该从不同的视角进行具体探讨（Mone 等，1998；连燕玲等，2016）。

当前，制造业企业所处的各种环境都在不断变化，如政治环境、产业结构调整及转型升级、需求变化、竞争对手改变及社会文化、思想、观念、技术等。这种不断变化的环境对企业可持续发展带来了巨大挑战，亟需企业不断调整、创新变革以应对这种变化。这就需要组织学习来完成这一历史使命。然而，无数实践经验证明，曾经盛极一时却因缺乏组织学习体系最终落得失败结局的企业不计其数。所以，企业必须不断根据变化的环境进行学习和创新，如此才能保持旺盛的生命力（陈国权，2000）。

三、衰落的企业很少真正系统地从过去的经验中学习

企业衰落是企业生命周期中难以避免的客观现象，有的濒临倒闭的企业经过大刀阔斧的改革能够扭亏为盈、从小到大、由弱转强，进入持续发展的健康轨道；相反，也有很多处于困境中的企业"不死不活"成为"僵尸企业"。同时，还有大量的企业处于两种状态之间，变得"不好不坏"。那么，为什么优秀的企业总是凤毛麟角？一个很重要的原因在于这些衰落的企业很少真正系统地从过去的经验中学习。许多企业不能有效地学习是有原因的，如组织设计、管理、工作方式及教育和互动等都会成为组织学习的障碍（陈国权，2000）。组织学习是一个发现、发明、执行和推广的过程，在组织学习的任何一个环节出现问题都将导致组织学习的失败。盲目、能力陷阱、局限思考、舍本逐末、组织内部分裂、活动过度、健忘和扩散失效等因素都可能造成组织学习难以进行。

众所周知，无论国家、社会，还是企业、个人，都不同程度地存在着

不能有效地从经验中学习的现象，结果造成时间、经济等巨大损失。煤矿倒塌、瓦斯爆炸、火灾等重大安全事故屡屡发生也是不能从过去的经验教训中有效学习的重要例证。这些事故发生后，会有各级领导指示、现场指挥、召开紧急会议、问责追责、完善规章制度，不断强调安全的重要性。但用不了太长时间，类似的事情又会重复出现，说明学习根本就没有发生作用（陈国权和马萌，2000）。在制造业企业的运营实践中类似的事情也会经常出现，说明企业没有真正从过去的事故中进行学习、反思，从而使失败或错误再次发生，揭示了企业还没有建立一套从过去的经验中学习的系统。

四、失败学习是制造业企业复苏的有效途径

衰落企业的复苏战略成为探讨制造业企业成长的主要议题。这是因为如果衰落企业没有采取恰当的复苏战略，可能会导致企业走向危机或解体（Musteen 和 Liang 等，2011）。以往文献提出了一个前后衔接的两阶段复苏模型（Robbins 和 Pearce，1992），该模型指出在第一阶段实施紧缩行动，在第二阶段实施战略性的复苏战略。但该模型仅提出了一个治理企业衰落的基本框架，还存在着诸多不足。于是，Arogyaswamy 等（1995）提出了一个整合的两阶段模型，强调前后两个阶段的联系，指出了衰落的严重程度、冗余资源对衰落战略的影响。学者 Trahms 等（2013）在以往研究的基础上，提出了一个包括衰落原因、响应因素、公司行动和结果的四个部分的更复杂的复苏战略模型。也有学者认为紧缩与恢复是二元性关系，关键是如何整合两者的关系，从而产生协同效应（Schmitt 和 Raisch，2013）。还有学者从组织环境、组织战略、战略能力、组织结构、文化（Ford 和 Baucus，1987）管理者的控制点、职能经验等方面总结了企业衰落的因素。

制造业企业衰落与企业复苏研究成果相对滞后形成了鲜明的矛盾，表明已有的企业复苏理论难以为企业复苏和成长提供理论解释和驱动力量。根据以往研究，企业衰落被解读为在一个持续的阶段内，组织绩效或资源

基础的持续恶化（Trahms等，2013），或者在特定时期内组织资源基础的实质和绝对量的下降（Cameron等，1987；D'aveni，1989）。而失败是指组织绩效因出现失误和问题未达到预期目标的结果（Tucker等，2002）。可见，企业衰落也是一种特殊的失败形态，企业衰落与企业失败存在密切的关系。现有研究表明，失败学习是破解企业失败的重要途径，失败学习有助于促进创新、降低组织失败风险、提高组织可靠性、降低事故发生率、提升企业的适应性、提高组织绩效，避免类似失败的发生（Cannon和Edmondson，2005；Yamakawa等，2013；于晓宇等，2013；Meschi和Métais，2015；庞立君等，2020；唐朝永等，2021）。应用失败学习理论构建制造业企业复苏体系可能是一个值得探究的可行路径，让制造业企业能够从失败学习的视角正确认识衰落并有效防止衰落，从衰落中恢复，提高企业的生存能力和发展能力。

第二节 研究意义

制造业是一个国家经济社会发展的根基所在，中国拥有目前全球门类最全、规模第一的产业体系，是制造业大国，由于存在原创性、基础性、支撑性产业基础薄弱等问题，距离制造业强国还有一段路要走。在世界经济不景气和全球新冠疫情的影响下，我国制造业企业在从价值链低端向中高端跃迁过程中存在一些困境，造成了制造业企业普遍出现企业衰落的现象，探讨企业衰落与企业失败及失败学习之间的关系，如何从失败学习视角构建衰落企业复苏的理论体系，挖掘制造业企业从衰落到复苏的关键路径，以及提出有针对性的政策建议至关重要。这不仅在理论上将进一步深化对企业衰落的认识，丰富失败学习理论的应用，完善企业复苏路径理论，而且在新的历史背景下拓展了企业衰落理论与失败学习理论的融合及其在中国企业的应用，将进一步拓展和验证了企业衰落的理论价值和社会意义。

一、实践意义

新发展阶段中国正经历百年未有之大变局,经济社会处于关键转型期,制造业企业生存发展的国内外环境呈现复杂多变、不确定性、模糊性和非线性等变化特征。制造业是经济命脉所系,但制造业企业衰落面临着极大的风险,如何给出衰落企业实现复苏的"药方"成为当前影响制造业企业生存与发展的关键问题。本书基于调研等多种研究方法,综合考察制造业企业复苏理论需求的现实背景,以探讨企业衰落、失败学习、组织创新、企业绩效等基本关系为基础,探索中国推动制造业企业复苏的解决方案,为推动制造业企业转型升级和可持续发展提供理论参考。中国制造业企业面临宏观环境、行业变化及企业体制机制等诸多难题,探索扭转制造业企业衰落的路径,寻求以失败学习实现企业复兴的途径,增强组织韧性和发展活力及核心竞争力,对实现失败学习驱动企业复苏成长有着非常重要的现实意义。此外,项目研究成果的应用为企业复兴提供了决策依据,有利于实现企业衰落监控、治理和快速恢复成长,降低企业倒闭的风险,增强企业的生存能力和发展能力,推动企业复苏和发展。

二、理论意义

目前,关于制造业企业的复苏问题鲜有学者从失败学习的角度进行研究。本书在梳理企业衰落、失败学习等相关文献的基础上,应用企业衰落理论、组织创新、预警理论、企业成长理论、失败学习理论及系统评价、仿真等多种研究方法对制造业企业的复苏路径进行研究,具体内容如下:①研究制造业企业衰落治理的实践经验,为我国制造业企业复苏提供参考和启示;②以企业衰落、组织创新、失败学习等相关理论为基础,构建理论模型,并进行理论推演和假设检验,为分析衰落企业的复苏路径奠定理论基础;③设计企业衰落治理的逻辑体系,构建基于失败学习的企业衰落复苏路径,为衰落企业的恢复和成长提供解决方案,重点从衰落预警、衰落探究和仿真分析等方面进行分析；④从国家、行业和企业层面提出治理企业衰落的对策。本书拓展了企业衰落问题的研究领域，是对企业衰落研究从注重理论模型向注重企业应用层面延伸，也是从侧重单一视角（前景理论、威胁—刚性、行为理论等）的研究向综合视角研究拓展，还是从研究企业衰落和失败学习向企业衰落和失败学习有机结合的拓展，有利于形成基于失败学习的企业衰落治理理论研究体系。此外，也有利于充实和完善企业衰落恢复的理论和方法体系，对基于失败学习的企业修复路径进行结构化描述，为衰落企业的恢复和成长奠定理论基础。

第三节　研究现状评述

一、企业衰落的相关研究

有关学者主要沿着企业衰落的要素、战略倾向和复苏三个方面依次展开研究，目前研究主要聚焦于企业衰落的复苏方面。

一是企业衰落的要素研究。自 Whetten（1980）呼吁关注企业衰落以来，衰落的内涵、过程、模式和动因等要素首先成为探究的主题。关于衰落的内涵，早期学者从资源观视角认为企业衰落是特定时期内企业资源基础的实质和绝对量的下降（Cameron，1987；D'Aveni，1989）。后期学者基于绩效观认为企业衰落是持续的绩效下滑现象（Robbins，1992；Trahms，2013）。还有学者从组织合法性角度界定企业衰落（Carmeli，2009）。学者对衰落的模式研究较少，仅 D'Aveni（1989）提出了快速、渐进和拖延等模式。衰落的动因多样，归为内外视角（杜运周，2015），内因有组织承诺升级、威胁—刚性、战略失误、个人绝对权力和竞争能力惰性等（郭强，2001；杨镇宇，2005；Carmeli，2009；刘海建，2012），外因含环境振动、人口结构、技术变革、行业衰落和竞争变化等（Grinyer，1990；

Witteloostuijn，1998）。

二是企业衰落的战略倾向研究。Mone（1998）、Miller（2004）、Mckinley（2014）、连燕玲（2014，2016）、贺小刚（2017）、宋铁波（2018）、罗肖依（2021）等学者基于不同视角对衰落的战略倾向进行了理论构建与实证研究，但结论尚不统一。如 Miller 和 Chen（2004）基于前景理论认为衰落促进创新战略；Wiseman（1996）基于刚性视角指出衰落阻碍创新战略。还有学者认为两者存在"倒 U 形"关系（连燕玲，2016；贺小刚，2017）。

三是企业衰落的复苏研究，包括复苏模型和政策研究。Robbins 和 Pearce（1992，1993）首次提出了包括紧缩战略与创新战略的两阶段复苏理论模型；Arogyaswamy（1995）完善了该模型，强调了紧缩与创新战略的互补关系；学者 Chowdhury（2002）、Trahms（2013）进一步拓展了复苏模型，构建了涵盖衰落识别（原因分析）、开始响应、转变（战略行动）和结果的描述性复苏模型。还有一些学者围绕企业活力、衰落认知、创新文化、风险防范、治理机制等从理论层面提出了解决企业衰落的政策建议（严闻广，1988；郑荣成，2003；王玉梅，2007；刘海建，2012）。

综合来看，企业衰落研究已取得了很大进展。但是，一方面，相关研究多属于尝试通过理论分析或案例研究等质性研究方法构建基础理论，尚缺乏定量研究的支撑。对企业衰落如何定量识别（监控、评价、预警），以及对复苏战略实施效果如何定量检验，将是新的研究趋势。另一方面，尽管学者们对企业衰落战略倾向的认识不断提高，对于企业衰落的复苏模型进行了有意义的探索，然而，新发展格局下我国制造业企业对企业衰落的复苏理论创新提出了更高要求，融入新的理论诠释和构建企业衰落的复苏路径将成为新的研究方向。

二、失败学习的相关研究

随着从经验中学习及失败经验与成功经验比较研究的开展（Fredland，

1976；Sitkin，1992；Morris，2000；陈国权，2009），失败学习研究逐渐受到关注和重视。学者主要围绕失败及失败学习的内涵、过程和失败学习对企业绩效或复苏的影响展开研究。目前研究主要集中于三个方面。

一是失败与失败学习的内涵研究。企业失败分为完全失败和近失败（Kim，2007；谢雅萍，2016），完全失败被理解为企业的倒闭（Zacharakis，1999）或某项业务的终止（Politis，2009）等；近失败是指经历过衰落且处在失败边缘但最终又起死回生的现象（Kim和Miner，2007）。胡洪浩和王重鸣（2011）认为失败学习是指企业对内、外部经验进行集体反思，通过调整行为方式来降低未来遭遇类似失败的概率以提升企业绩效的过程。谢雅萍和梁素蓉（2016）从个体、团队和组织等层面归纳了失败学习的概念，认为失败学习的核心是探究问题根源，汲取经验教训，并采取措施实现原有期望的过程。

二是失败学习的过程研究。继Argyris（1978）提出单环和双环学习的概念后，出现了二阶段、三阶段和四阶段等失败学习过程模型。二阶段模型涉及单环和双环学习（Tucker，2003），具有开创意义，但难以系统诠释失败学习过程；三阶段模型包括失败识别、失败分析和审慎试验（Cannon，2005），描述了失败学习的全貌，但多囿于理论探讨，如张玉利（2015）应用该模型构建了高成本事件失败学习框架，较少开展实践应用；四阶段模型涵盖失败定义、失败解析、储存知识和失败知识运用（Cusin，2012），目前局限于理论模型和案例研究。

三是失败学习对企业绩效或复苏的影响研究。大部分学者认为失败学习对企业绩效或复苏具有正向的促进作用（Davenport，2001；Stengel，2003；Cannon和Edmondson，2005；Kim和Miner，2007；于晓宇等，2013；郝喜玲等，2017；王华锋，2017）。Davenport（2001）通过案例研究演绎企业如何获取经验、挖掘及应用知识以改善绩效的过程，揭示了组织从经验中学习提升绩效的内在机理；Stengel（2003）通过获取数据—剖析问题—履行"宝洁复兴计划"的学习逻辑，展现了宝洁公司复苏发展的过程；Kim 和 Miner（2007）研究了"近失败"企业经历衰落史与复活史的过程，指出近失败学习在推动企业复苏和成长方面意义重大。

由此可见，失败学习研究已取得了较为丰硕的成果，但是大多数研究仅局限于从完全失败的视角解读失败学习的价值，近失败现象并未得到充分的解释（Kim 和 Miner，2007；谢雅萍和梁素蓉，2016）。新时代背景下制造业企业面临的困境，不仅需要利用完全失败学习降低失败风险，而且需要利用近失败学习实现衰落企业的复苏和发展。而且，基于失败学习治理企业衰落的专门研究很少，失败学习驱动衰落企业复苏和成长的内在逻辑仍有待揭示，目前的研究只是定性地给出了失败学习有助于企业复苏和发展，但以怎样的方法、过程和机制均存在一定的研究空间，亟需进一步探索。

三、相关文献评价

综合以上文献，国内外学者在企业衰落和失败学习研究方面取得了较为丰富的研究成果，为本书提供了理论依据和思路借鉴。但是，中西方文化差异的存在，导致国外有关企业衰落的研究结论在我国未必适用（杜运周等，2015）；而且现有大多数文献主要是从定性的视角探讨企业衰落的相关问题，缺乏企业衰落的相关实证研究。此外，国外多数研究对象为一般企业的企业衰落问题，对于制造业企业衰落问题则很少涉及。同时，尽管也有部分学者研究了企业衰落的模式（D'Aveni，1989），但缺乏系统的论证过程和有效方法的支持。更为值得关注的是，虽然也有学者提出了两阶段模型及其扩展模型（Robbins 和 Pearce，1992；Trahms 等，2013），但在企业管理实践中尚缺乏操作性和可行性的企业衰落复苏路径，尚需要从理论和方法上进一步研究和完善。此外，从政策层面探讨企业衰落的治理对策对衰落企业的复苏具有重要意义，但相关的复苏模型很少考虑企业衰落应对政策设计（Trahms 等，2013）。基于此，失败学习为探索衰落企业复苏的方法和路径提供了新的视角，衰落企业如何开展失败学习对其复苏发展至关重要。

本书将企业衰落与失败学习有机融合，分析企业衰落、企业创新与企业绩效的关系，构建失败学习视角制造业企业衰落的复苏逻辑模型，探寻我国制造业企业衰落治理的具体路径和政策选择，即形成"衰落识别—衰落探究—审慎试验"的复苏路径，并基于国家、行业和企业层面提出衰落企业复苏的政策建议，为我国制造业企业转型升级和实现高质量发展提供决策参考。

第四节 研究内容、技术路线和方法

一、研究内容

本书共分为8章。第一章为导言，主要内容包括研究背景、研究意义，以及有关组织衰落、失败学习及其相关文献评价、研究内容、技术路线和研究方法。

第二章为相关理论与发达国家制造业企业的复苏经验。首先，对制造业衰落企业的基础理论进行分析，这些理论包括企业衰落理论、失败学习理论、组织创新理论、企业成长理论和预警理论等，其为制造业企业的科学界定、特性分析、衰落与创新的关系、衰落治理路径和政策设计提供了理论依据。其次，通过研究部分发达国家制造业企业的治理政策，认为部分发达国家在制造业企业转型升级、政策制定、思想观念、创新意识、产业调整等方面具有相对完善的政策体系和操作流程，其成功经验对我国构建和完善制造业企业衰落治理路径和相关政策具有较强的借鉴意义。

第三章主要探讨了企业衰落、组织创新、失败学习及企业绩效之间关系的实证研究，主要包括两类主题研究：一是企业衰落与组织创新之间的关系研究；二是失败学习与企业绩效之间的关系研究。具体研究过程如下：首先，基于相关文献，提出企业衰落与组织创新关系的概念模型或失败学习与企业绩效关系的概念模型，提出相关理论假设。其次，设计调研问卷，开展数据搜集工作。再次，进行数据处理和结果分析。最后，得出结论和启示。研究结论为正确认识企业衰落的价值和从失败学习视角构建制造业企业复苏路径提供了理论支持。

第四章主要研究了我国制造业企业复苏的逻辑框架构建。首先，根据企业衰落与企业创新的研究结论，梳理和借鉴企业衰落治理路径的相关文献；其次，从制造业企业衰落的角度出发，把失败学习理论引入企业衰落治理体系，开展失败学习视角制造业企业衰落治理路径的可行性分析；最后，基于失败学习过程模型，借鉴现有企业衰落复苏的理论研究成果，从衰落识别、衰落分析和战略仿真三个阶段设计制造业企业衰落治理的路径。

第五章是制造业企业衰落预警研究，主要包括制造业企业衰落预警模型的构建和案例研究两个部分。首先是制造业企业衰落预警研究设计。先确定研究样本，并依据指标选取原则确定初选指标，通过统计学方法筛选出最终预警指标；利用因子分析法得出因子系数，构建 Logistic 回归企业衰落预警模型；并对构建的企业衰落预警模型进行检验。其次是案例研究。选取山西省典型的制造业企业，检验财务指标和非财务指标的选取是否合理，预警模型的构建是否得当。利用预警模型进行预测、分析，并深层次探讨案例企业出现衰落的内、外部原因，提出具有针对性和操作性的建议，使企业实现由"被动倒逼"到"主动预防"的转变。

第六章为制造业企业复苏战略仿真研究。通过设计复苏战略与仿真试验，确定复苏战略：一是复苏战略设计。基于对制造业企业的衰落识别及探究结果，明确衰落动因、模式及其衰落阶段等，从紧缩战略与创新战略或其组合战略视角设计具有针对性、可操作性的复苏战略。二是战略仿真试验。采用系统动力学方法，分析制造业企业的复苏过程及影响因素，构建因果关系图和动力学流图，建立动力学模型，确定关键决策方程，进行模拟分析和复苏战略检验，根据仿真试验结果选择可行、有效的复苏战略。

第七章为制造业企业复苏的对策研究。制造业企业复苏亟需创新政策体系，以我国制造业企业衰落现状、国外发达国家制造业企业衰落治理实践和制造业衰落企业治理路径为依据，参考相关文献，采用归纳和文本挖掘方法从国家、行业和企业层面，设计了我国制造业企业衰落治理的政策体系，实现国家、行业与企业政策协同。即从国家层面，围绕融入国家战略、打造软实力、推进技术创新等方面提出政策建议；从行业层面，如产学研合作、新型研发机构、中介服务组织等方面提出政策建议；从企业层面，围绕企业衰落价值、失败学习能力、企业治理能力等方面提出政策建议，为我国制造业企业复苏和可持续发展提供了制度设计和政策制定保障。

第八章为结论与展望。根据前文理论分析、实证研究、仿真分析和政策设计等研究内容，得出如下结论：制造业企业复苏路径研究是新发展格局下产业转型升级的必然要求；国外制造业企业复苏实践为我国制造业企业复苏提供了经验借鉴；厘清制造业企业成长中的衰落现状是实现制造业企业复苏的实践基础；探索组织衰落、失败学习、组织创新与企业绩效之间的关系是构建企业复苏路径的理论基础；从失败学习视角构建企业复苏路径为制造业企业复苏提供逻辑框架和解决方案。第八章提在制造业企业复苏经验借鉴、衰落企业预警和衰落企业复苏的政策等方面提出了研究方向。

二、研究思路

本书以解决新时代背景下我国制造业企业衰落困境为核心，遵循"问题提出→模型构建→路径分析→政策建议"的逻辑思路依次展开研究。制造业企业的复苏需要在企业的创新实践中进行，企业复苏的成功离不开企业对企业衰落的认知、失败学习等的实践活动。企业衰落、组织创新、失败学习与企业绩效等主要变量之间具有一定的内在关联性。在对制造业企业复苏进行研究时，首先，需要将企业衰落纳入分析框架，贯穿到企业复苏的过程。其次，企业复苏既需要企业暂时采取紧缩的保守型战略，从长远看更需要企业创新战略的实施，企业复苏需要依靠企业创新实践来实现。最后，企业衰落的治理、创新实践及制造业企业复苏路径的构建都离不开失败学习的参与，失败学习在企业复苏中的角色不容忽视。综合上述思考，本书以企业衰落、组织创新、企业绩效复苏、失败学习为研究基础，对制造业企业复苏的路径进行多维度分析。

根据以上分析框架，本书从研究背景和意义出发，全面解读基本概念、国内外研究现状与发展趋势及转型升级理论、企业成长理论，通过现实分析、基本逻辑框架体系构建、案例解析、借鉴反思，最后提出制造业企业复苏的政策选择，具体分为五个步骤。第一步，解读我国制造业企业衰落的现状，为我国制造业企业复苏治理实践提供现实依据。第二步，进行制造业企业衰落治理的国际比较研究，为我国制造业企业的衰落治理提供经验借鉴。第三步，探讨企业衰落、组织创新、失败学习及组织绩效之间的关系，构建理论模型，开展理论论证和实证检验，为构建失败学习视角企业复苏逻辑框架提供理论依据。第四步，建立以失败学习为视角的企业复苏逻辑体系，包括衰落识别、衰落探究和战略仿真三个内容，并针对衰落预警和复苏战略仿真进行重点研究。第五步，提出促进我国制造业企业复苏的对策和建议。本书的研究思路如图 1-1 所示。

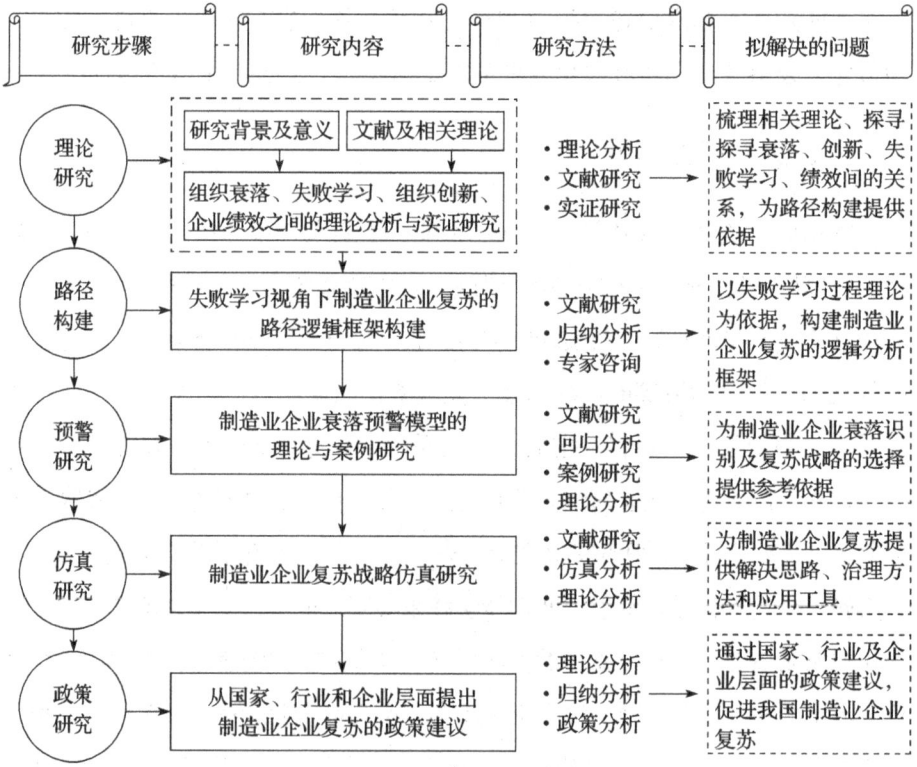

图 1-1　本书的研究思路

三、研究方法

研究方法是研究得以开展的手段，选择适当的研究方法决定了研究的科学性和学术水平。俄国心理学家巴甫洛夫曾指出，科学随着方法学获得的成就而不断跃进，方法学每前进一步，我们便仿佛上升了一个阶梯，于是我们就有了更广阔的视野，看到从未见过的事物。选择恰当的研究方法非常重要，关系到研究的可行性和研究结论的可靠性，甚至影响研究的成败。制造业企业复苏的路径研究是一个跨学科的研究领域，涉及创新、成长、衰落、战略、预警、学习等多学科领域，既要考察宏观层面的制度设计，也要微观层面的机制创新，既要理论研究，也要指导实践，所以需要综合应用文献研究法、比较研究法、实证研究法、案例研究法、系统仿真法等多种研究方法。

（一）文献研究法

文献研究法是重要的基础性且被学术研究广泛应用的研究方法，本书通过检索中国知网、万方、维普等中文数据库和 Ebsco、Springer Link 等英文数据库及在谷歌（Google）学术等资源库中搜集相关文献，梳理相关文献资料，对"企业衰落""组织创新""失败学习"等关键词进行研究综述，利用文献研究法研读、梳理国内外有关企业复苏的相关研究成果，融合失败学、管理学、战略学、经济学等相关学科，进一步搜集和整理有关制造业企业复苏的相关研究资料、政策等，发现研究不足及进一步的研究方向，完善研究内容，优化研究思路，充实理论基础。

（二）比较研究法

比较是认识事物的基础，应用比较研究法旨在通过比较，确定事物的共同点和不同点，以此为基础揭示事物的本质属性。本书选取国外制造业企业衰落复苏的典型案例，从时代背景、基本情况和复苏路径及主要举措等方面进行比较研究，借鉴经验，启发思路，为建立我国制造业企业复苏路径提供启示和决策参考。

（三）实证研究法

实证研究法作为目前学术研究最主要的方法之一，是一种科学、有效的研究方法。本书首先应用问卷调研法获取制造业企业的一手数据，利用 Excel 软件进行整理、统计分析；其次，通过 SPSS 软件进行信效度检验、相关分析、回归分析，检验企业衰落、组织创新、企业绩效、失败学习等主要变量之间的逻辑关系。

（四）案例研究法

案例研究法是指对某一个体、某一群体或某一组织在较长时间里进行连续调查，从而研究其行为发展变化的过程。个案是以一个典型案例来代表同类的事物，从而发现一般规律，有助于认识事物的本质。本书选择山西某制造业企业为研究对象，把衰落识别、衰落探究和战略仿真等制造业企业复苏路径的基本逻辑导入案例之中，检验制造业企业复苏路径的可行性和有效性，为总结制造业企业的复苏经验并推广应用提供具体可借鉴的范式和解决方案。

（五）系统仿真法

衰落企业的复苏战略仿真是一个复杂的系统，属于非结构性问题，包含较多的随机因素，所以，采用系统仿真法模拟不同复苏战略的可行性和有效性，为我国制造业衰落企业探寻适宜的复苏路径提供有效的工具和科学的方法。

| CHAPTER 2 | 第二章

相关理论与发达国家制造业企业的复苏经验

第一节 制造业的内涵、特征与分类

一、制造业的内涵

作为人类适应自然并改造自然的基本活动,制造涵盖了原材料转化为成品的一系列生产、销售的全过程。制造可以是由物理、化学变化后形成的新产品,也可以是手工制造或动力机械制造,又或是产品批发或零售。由此可见,将资源转化为产品的全过程即为制造。由此,我们认为制造业是将经过人类劳动生产的产品作为劳动对象的工业,通过加工或再加工可利用的制造资源,或是装配零部件,制造业具有高投入和高产出的复杂特性(刘雷,2019)。

二、制造业的特征

（一）系统性

制造业的系统性体现在运用资本、劳动、技术和土地等要素，贯穿于需求分析、开发设计、加工制造、产品包装、销售运输、使用维护、回收处置等全过程。

（二）关联性

制造业作为工业的主体，其产业结构复杂，行业门类众多，产业关联紧密。尤其是在生产过程中，由于技术同源与工艺衔接所产生的内在关联性，制造业的发展对其他产业的发展有巨大的推动作用。特别是制造业中的装备制造业不仅涉及重大的成套的技术设备的生产，还涉及电子和机械零配件加工等配套行业，其通过为其他行业或领域提供技术设备，对产业的发展起到带动作用，同时随着其自身的发展也产生新的需求，进而带动相关产业的升级。

（三）知识性

制造业的知识性特征主要体现在两个方面。其一，在制造业的生产过程中，知识可以被视为一种产品，知识的投入与产出伴随着整个过程，并形成良性循环促进制造业的生产。其二，知识通常依附于企业所生产的产品或提供的服务，知识存在于原材料到产成品的全过程。如图 2-1 所示，基于制造业知识特征分析模型，制造业的生产效率和经济效益可以通过使用知识得到有效提高。

三、制造业的分类

全世界未形成统一的制造业的分类标准。依据国家统计局统计标准对制造业的界定，制造业属于 C 类，涵盖 13～40 的产业分类编码，共 28

个大类，如表2-1所示。

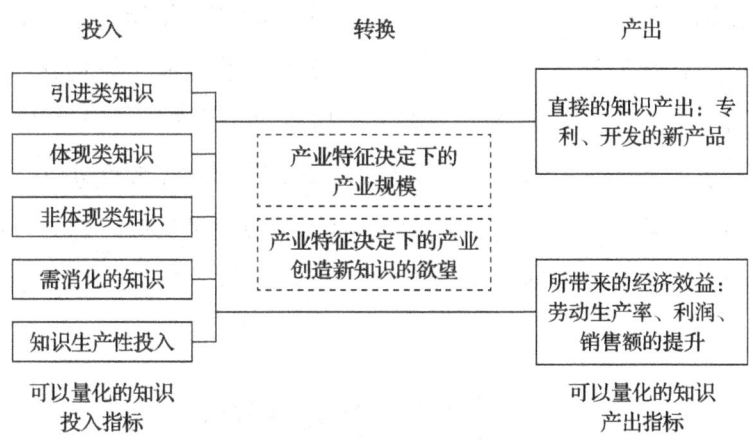

图 2-1　制造业知识特征分析模型

表 2-1　中国制造业行业名称及其编码

实际编码	行业名称	实际编码	行业名称
13	农副食品加工业	27	医药制造业
14	食品制造业	28	化学纤维制造业
15	饮料制造业	29	橡胶制品业
16	烟草制品业	30	塑料制品业
17	纺织业	31	非金属矿物制品业
18	纺织服装、鞋、帽制造业	32	黑色金属冶炼及压延加工业
19	皮革、毛皮、羽毛（绒）及其制品业	33	有色金属冶炼及压延加工业
20	木材加工及木、竹、藤、棕、草制品业	34	金属制品业
21	家具制造业	35	通用设备制造业
22	造纸及纸制品业	36	专用设备制造业
23	印刷业和记录媒介的复制	37	交通运输设备制造业
24	文教体育用品制造业	38	电气机械及器材制造业
25	石油加工炼焦及核燃料加工业	39	通信设备、计算机及其他电子设备制造业
26	化学原料及化学制品制造业	40	仪器仪表及文化、办公用品及机械制造业工艺品，以及其他制造业

资料来源：国家统计局统计标准。

作为一个庞大而复杂的产业群，制造业从不同视角可以划分为不同类别，如依据应用技术水平划分，包括现代制造业与传统制造业；依据产品类型划分，包括消费品制造业与资本品制造业；依据其性质划分，包括加工工业和原材料工业；依据生产要素密集性划分，包括资本密集型制造业、劳动密集型制造业和技术密集型制造业；依据加工深度划分，包括机械电子工业、轻工纺织工业和资源加工业；依据产业链阶段划分，包括高端制造业、中端制造业和低端制造业等。

第二节　相关理论

一、企业衰落理论

（一）企业衰落的内涵

当前学术界对企业衰落的概念界定大致可归为两类：一是绩效视角；二是资源视角。绩效观认为企业衰落是持续的企业绩效（如 ROI 或 ROS）下滑现象（Robbins 和 Pearce，1992；Trahms 等，2013）；资源观认为企业衰落是特定时期内（至少两年）组织资源基础的实质和绝对量的下降（Cameron 等，1987）。为了进一步加深对企业衰落的理解，学者们还对相关概念进行了辨析。Cameron（1987）区分了企业衰落和组织动荡。组织动荡主要指组织资源和收入发生不连续的波动。相比之下，企业衰落代表了一种随着时间发生连续明显的衰落现象。Freeman 和 Cameron（1993）分析了企业衰落和组织缩减，企业衰落代表了一种无意识的、非主动的资源的减少，从而影响企业成长；组织缩减则是指管理者主动采取的一种行为。

（二）企业衰落的原因

关于企业衰落原因的研究，包括外部和内部两个方面（Cameron 等，1987）。

一是外部原因。涉及环境波动（Park 和 Mezias，2005）、技术变化、行业衰落和竞争环境的动态变化（Lee 和 Witteloostuijn，1998）。环境波动使组织在微妙的环境和渐变的环境变化中受到不利的影响，环境的突然性变化和不连续的改变会使企业战略失效从而导致组织的衰落（Meyer，1982）。突破性技术会从根本上改变一个行业的价值链和行业成功的因子（Tushman 和 Anderson，1986）。人口结构的变化、产品技术的变化和创建新的替代品都有可能导致行业衰落，同时，激烈的竞争也会使企业面临较多的竞争对手（Grinyer 和 McKieman，1990），使组织陷入衰落。

二是内部因素。涉及企业间的联盟合作、企业资源和环境（Lawrence 和 Lorsch，1967）。企业与环境匹配性差也会导致企业衰落（Zajac 等，2000）。组织结构的特点，如规模和操作程序也会影响企业的绩效。随着企业规模的增长，企业的"死亡率"会上升。这是因为企业的规模会降低企业的灵活性，增加企业的惯性，导致组织与环境脱节（Cyert 和 March，1964）。另外，高层管理团队和政策的无效性也会导致企业衰落（Hitt 等，2001）。

（三）企业衰落与组织变革

目前，学者们对企业衰落和组织变革的关系尚无统一的认识（Cyert 和 March，1963）。部分学者支持企业衰落阻碍变革的观点。McKinley（1993）提出需求是刚性之源的主张。Staw 等（1981）构建了一个外部威胁的理论模型，阐明衰落限制组织的信息处理能力并诱发其保护自身资源，进而导致组织缺乏变革能力。D'Aunno 和 Sutton（1992）研究发现企业衰落会激起保守主义，限制经营范围，减少革新和增加员工同质性，由此强化了组织刚性并降低了组织应对衰落的能力。此外，还有学者从组织危机角度研究企业衰落破坏组织变革的依据。假设组织管理者将企业衰落视为一种组织危机，变革能力作为一种应对危机的能力将会被约束。还有学者认为需求是创新的动力。Miles 和 Cameron（1982）、Cameron（1983）指出当企业产品的合法性遭到质疑时，这些企业将实施变革和创新战略。Boeker

（1997）的研究表明企业绩效会影响战术与战略的调整。组织学习和组织演化理论提供了新的证据解释企业衰落能够刺激组织变革。Kahneman 和 Tversky（1979 和 1981）认为前景理论也支持企业衰落促进组织变革。他们认为决策者面临亏损时会更愿意采取风险行动。Burgers 等（1993）指出低绩效企业更愿意进行组织结构变革。

近年来的研究开始从其他视角解释企业衰落与组织变革的关系。Mone 等（1998）、Wiseman 和 Gomez-Mejia（1998）按照个体、组织与环境三个层次来研究企业衰落与组织变革的关系。Chattopadhyay 等（2001）通过聚焦先前的实证研究，提出可以充分利用闲置资源应对企业衰落，并对组织战略进行调整。Latham 和 Braun（2009）从代理理论出发研究高管持股及闲散资源是否能影响企业衰落和组织变革之间的关系。

二、失败学习理论

（一）失败学习的概念

失败与管理决策相关，如果决策者是期望导向型，那么失败就是组织绩效低于期望的情况（Simon，1958）。Tucker 等（2003）基于组织行为学视角认为失败是组织绩效因在营运过程中出现失误和问题而未达到预期目标的结果。失败严重程度和失败经验来源是失败的两个重要特征，涉及"小失败"和"大失败"与组织学习关系的争论（Sitkin，1992），以及强调外部经验对失败学习的重要性（Kim，2007）。

Tucker 和 Edmondson（2005）指出失败学习包括失败发生后为了确保组织的存续而进行的及时调整，还包括探析失败原因并警示组织成员。Cannon 和 Edmondson（2001）认为失败学习由认定失败、分析失败和审慎试验构成。陈国权（2009）界定了"组织从经验中学习"的概念。于晓宇（2011）、赵文红等（2014）从创业失败视角解读了失败学习的概念。谢雅萍（2016）强调失败学习解决的是潜在或发生的问题，不仅要采取措施使原有期望结果得以实现，而且还要追究问题的根源，理解为何发生及该如何做，最终吸取教训，以免重蹈覆辙。

（二）失败学习的影响因素

失败学习受到个体、组织和团队等多种因素的影响。

一是个体层面，包括心理障碍、归因障碍和情绪障碍。Cannon 和 Edmondson（2001）指出员工的认知障碍本质上属于心理障碍，由于惧怕失败，对失败缺乏正确的态度，导致无法失败学习。同时，指出抗风险能力和直面失败能力能消除畏惧心理，促进失败学习。Bandura（1997）认为自我效能感对个体激励、情感支持与行为取向有决定性影响。Weiner（1985）的"动机和情绪归因理论"指出不同归因对个体日后执行任务的态度与行为产生显著影响，导致个体无法开展失败学习活动。于晓宇等（2013）基于因果归因理论与经验学习理论构建创业失败归因、失败学习与创业意向的理论模型。Shepherd 等（2009）认为消极情绪对个体恢复自我效能感及对失败学习过程和后续工作绩效有负面影响，指出组织成员化解消极情绪的能力有利于促进失败学习。

二是组织层面。制度设计障碍是失败学习的结构障碍。问责对失败学习有一定消极作用（Cannon 和 Edmondson，2001）。物质奖励和精神奖励是有效促进失败学习的方式，但是对失败的问责力度过大，就会弱化激励的效果（Baumard 和 Starbuck，2005））。Edmondson 等（2008）、Garvin 等（2007）研究了组织学习中的激励和问责制度综合设计问题，认为有效发挥问责制度的前提是组织在制定高绩效目标时要为员工营造心理安全感。

三是团队层面。Cannon 和 Edmondson（2001）研究发现，团队层次的失败经验学习能够减轻个体障碍和组织障碍对失败学习的影响。正如王重鸣（2015）所指出的，团队中宽容氛围、共享愿景有利于失败学习。但是，构建失败学习的人际氛围并非易事，受两个因素制约：团队领导的人际交往技能（Argyris，1982）和团队成员承认失败的思想准备（Edmondson，

1999）。Carmeli 和 Edmondson 等（2012）指出，领导应该为团队成员的行为及他们如何使用权力树立榜样。

（三）失败学习的过程模型

失败学习具有代表性的模型有以下四个（胡洪浩，2011）。

一是共享信念过程模型。该模型研究失败学习的影响因素及其效应，指出领导指导、目标明确、组织支持有助于开展失败学习，失败学习对组织绩效有正向作用。该模型从社会认知的角度诠释了失败学习的内在机理，为后续对失败学习的研究提供了参考。

二是双环式问题解决过程模型。该模型以"问题驱动式"为导向，提出了失败学习的双环模型（Hackman 和 Wageman，1995），指出学习包括两个过程：一是寻找解决问题方案，即问题解决环；二是反思和学习，认为失败学习更强调反思和学习。同时，个人警示规范、关注效率和过度授权对于从单环向双环转变有重要影响。

三是组织内外失败学习模型。该模型不仅强调内部学习，也注重外部学习。该模型根据学习曲线理论，采用利用式和探索式学习机制（March，1991）研究内、外部经验学习的路径。研究发现，当组织绩效与预期不符时，与内部经验学习相比，外部经验学习更有助于降低事故的成本；当组织绩效与预期一致时，内部经验学习比外部失败学习更有助于降低事故的成本。

四是问题驱动式学习模型。该模型以经验学习环为基础（Kolb，1984），采用问题驱动式学习范式。结果表明，问题驱动式学习是组织学习的重要方法。

（四）失败学习的效应

失败的经验是组织学习的特殊来源（Fredland 和 Morris，1976）。研究发现，与成功的经验相比，失败的经验更能激励组织搜寻新的问题解决方法，促使决策者周密安排决策流程，挑战旧观念以实现组织创新（Baum

和Ingram，1998）。失败学习能够减少组织失败的风险、提高组织的可靠性（Weick和Sutcliffe，2001）、降低事故发生率（Haunschild和Sullivan，2002）、提升组织绩效（Cannon和Edmondson，2005）。具体而言，失败学习的积极效应包括以下几个方面。

一是减少组织失败的风险。Madsen和Desai（2010）发现失败学习能够降低组织失败的可能性；Meschi和Metais（2015）指出学习企业收购失败案例能够提高后期收购的绩效。

二是提高组织的可靠性。Hora和Klassen（2013）研究认为向相似的企业进行失败学习有利于提高问题处理效率；Carmeli和Sheaffer（2008）指出失败学习能够提高对外部复杂、多变环境的反应能力。

三是提升创新绩效。该结论已得到多数学者的实证检验（于晓宇等，2013；朱雪春等，2014；唐朝永等，2014；阮有安，2015；查成伟等，2016）。还有学者指出失败学习有利于改革和优化创新机制，提高创新成功率（Baum和Ingram，1998；杜维，2015）。这些研究为重视失败学习及更深入地探求失败学习的价值提供了借鉴。失败学习的应用主要局限于高科技产业及创新创业领域，这为探究我国制造业企业复苏研究提供了理论和实践空间。

三、组织创新理论

（一）组织创新的概念

根据熊彼特的观点，创新可以是一种新产品、一项新服务、一个新技术，或是一种新的管理策略等。早期学者首先把组织创新界定为组织接受一种新的思想或行为（Thompson，1967；Daft，1978），如Beeker和Whisle（1967）认为组织创新是指最先或早期采用一种思想的组织行为。Mohr（1969）认为组织创新是指在现有状况下引入新的适用的方法或结果。VandeVen（1986）提出了一个范围更加广泛的创新概念，即发展和实施各种新思想,包括技术、产品、工艺和管理创新。

(二)组织创新的分类

一是管理创新与技术创新。这种分类法受到国内外多数学者的认同,揭示了创新的两类不同的要素构成,以及在组织创新过程中的协同作用(Daft,1978)。其中,管理创新涉及组织结构设计和管理要素构成;技术创新是关于产品、服务和生产过程的创新,与企业生产的基本技术有直接关系(Damanpour,1991)。管理创新是指组织结构或者组织管理过程发生的变化(目标管理、激励、弹性工作制等),它们与组织的运转间接相关,与管理直接相关。技术创新是指通过在技术方面引入变革而带来的组织变化。技术创新产生于采用新工具、新技术、新设备或新系统。

二是产品创新和过程创新。产品创新是指通过产生新的产品或服务来满足市场的需求,其关注创新结果的研究;过程创新是指在组织的生产或服务操作体系中引入新的因素(Damanpour,1991)。过程创新是一个充满机会主义的、顾客定向的、非直线的交互发展过程,并且由于较难观察,与创新成果的直接关联小,难以执行(Damanpour,1996),从而使研究聚焦于产品创新,忽视过程创新。组织会把更多的资源投入产品创新,导致降低创新效率和提升成本,造成组织创新绩效的下降。

三是激进式创新和渐进式创新。激进式创新是一种快速的、根本性的变化,常建立在不同工程和科学原理之上,特点是创新程度很大,过程不是很长,一般都在一个较短的时间内完成,但通常会对现行系统带来力度较大的冲击,可能使产业重新洗牌(Dess和Beard,1984)。渐进式创新是以改进、完善现有系统为目标,在一个相当长的时间里缓慢变革,通常只对部分组织构成要素进行调整,其变革过程较稳定(石春生和梁洪松,2006)。创新过程是激进式和渐进式创新不断融合的过程,实现两种创新的平衡和协同有助于组织更好、更有效地发展(William等,2008)。

(三)组织创新的影响因素

组织创新的影响因素研究经历了"单因素理论""双因素理论""三因素理论"及"多因素理论"的演变过程。本书主要从个体、组织因素和环境因素等层面进行分析。

一是个体层面。领导的价值观及个性特征都影响创新。学者进一步研究表明,工作资历、工作职位、专业化水平、个体教育水平等都会影响组织创新(Baldridge 和 Burnham,1975)。Daft(1978)认为处于管理阶层的个体易于产生管理创新,处于技术阶层的个体易于产生技术创新。Kimberly 和 Evanisko(1981)指出个体在组织中的工作任期及其管理者的教育水平与组织创新的采纳正相关。Damanpour(1991)发现管理者的工作任期越长,创新意愿和态度也越强,这为创新的实施提供了一定的建设性基础。

二是组织因素。①组织规模。大多数学者认为组织规模越大越有利于创新(Kimberly,1981;Damanpour,1996)。然而,也有学者支持小规模的组织更有利于创新的观点(Nord 和 Tucker,1987)。②组织结构。组织结构包括组织功能的多样性、职位的专业化、组织结构的弹性、集权化等。Baldridge 和 Bumhaln(1975)指出当组织结构复杂、部门增加时,组织解决问题的质量就会提高。此外,激励系统多样化、工作结构复杂化也会促进创新。Kimberly 等(1981)指出职位专业化与技术创新和管理创新正相关,但集权化与技术创新负相关而与管理创新正相关。Damanpour(1991)指出组织结构对组织创新的重要价值,发现组织功能越多样、职位越专业化、结构越有弹性、管理的集权度越低越有利于组织创新。③组织文化。Vande Ven 等(1989)认为信息的流动性、组织内稀缺资源的竞争性、组织类型、团队凝聚力等对组织创新有重要影响。刘自新(2002)认为组织文化有双刃剑效应,既可能促进创新,也可能抑制创新。④社会资本。不仅人力资源、外部信息与合作等促进创新,而且内外网络关系作为一种重要的机制培育了创新环境和推动了创新（Nahapiet 和 Ghoshal，1997）。谢洪明等（2007）证实了内部社会资本对组织创新有正向影响。⑤组织学习。组织学习中的学习承诺、共同愿景和开放心智对管理创新有正面影响，开放心智对技术创新有正面影响（朱瑜等，2007）。组织学习对技术创新和管理创新有直接影响（谢洪明等，2008）。⑥组织绩效。Damanpour 等（1989）发现在高绩效组织中，管理创新和技术创新存在更高的相关度。

三是环境因素。①环境变动。Damanpour（1991）指出组织与外部环境交流的重要性，组织对环境的洞察力和成员在组织外的专业活动可给组织带来新的思想，同时创新型组织能与环境更有效地交流信息。②市场竞争。市场竞争越激烈，企业越倾向于采用新技术来建立竞争优势。③信息技术。信息技术为组织创新提供了机会，拓展了创新空间，提升了组织的灵活性和创新能力（Boonstra 和 Vink，1996）。

四、企业成长理论

企业是社会复杂系统中最基本的组织单位，企业成长是通过企业与外界进行能量交换进而完成从低级向高级的转变过程。当前，企业发展面临更加纷繁复杂的环境，致使企业成长成为一个焦点问题，被理论界和产业界所关注。

由于研究者的生活时代与背景不同，对于企业成长研究的关注主题与研究方法也有所不同。学者们先后提出了一系列理论，亚当·斯密（1776）最早在经济学中提出企业成长理论，企业成长最关键的外部因素体现在社会分工与技术进步，社会分工带来的规模经济利益能较好地对企业一系列成长问题进行解读。亚当·斯密认为，市场化程度的高低决定了劳动分工，即只要市场具备进行拓展的能力，复杂的工作任务就可简化成一个个详细、简单的小任务，企业成本就可以得到有效控制。学者阿尔弗瑞德·马歇尔是新古典经济学派的代表人物之一，他在《经济学原理》一书中提出企业成长的因素分为外部经济与内部经济两个方面。外部经济是指企业在成长过程中存在充足的外部市场和空间；内部经济是针对企业内部而言，即企业的规章制度可以促使企业产生较高的效益。Schumpeter（1912）提出创造性破坏理论，认为企业成长是一个创造性破坏的过程，涌现出的企业家群体与创新有助于企业成长，是企业成长的源泉。Penrose（1959）提出的资源成长理论特别强调企业成长过程中资源的重要性，企业内、外部尚未利用资源量的多少决定了企业成长性的可能。另外，学者Collis和Montgomery（1995）研究表明企业对新资源的开发与利用能显著降低生产成本、提高企业的效率，大大提升企业的竞争优势。Helfat（2003）也提出，企业成长主要被资源的动态性所影响，资源的异质性和动态性特征可以促进企业持续成长。到了20世纪80年代，伊查克·爱迪思（Ichak Adizes）创立了生命周期理论，提出将企业的发展过程依据时间先后顺序划分为若干不同阶段，开创了关于企业成长更具实践指导意义的研究方式，为未来研究提供了新视角。

五、预警理论

（一）预警的概念

预警源于军事领域，指借助预警雷达、卫星等装备，搜集识别并对敌方发出的攻击信息进行判断，便于相应部门采取措施（潘洁珠等，2010）。19世纪末，用于监测和评价的预警理论逐渐兴起（Basak和Shapiro，2001），具体包括：在明确事物一般发展规律后，应用现有知识对事物现状及未来发展趋势进行分析、判断与预测；对比预期目标量，起到警示作用，为主体预留足够时间采取行动，进而避免灾害的发生或减轻灾害发生的程度（邢鑫，2021）。作为一种信息反馈机制，预警理论逐渐从军事领域延伸到社会各个方面，且在组织中得到广泛应用，如台风、暴雨、地震等自然灾害预警（林蓉辉，1999），又如对安全、失业等社会管理现象进行预警（阎耀军，2002），再如对宏观、微观经济现象方面的预警。本书着重对企业衰落预警模型进行研究，建立影响企业衰落的指标体系，构建制造业企业衰落的预警模型，用以分析、判别企业是否面临衰落及衰落的趋势，提出相应的举措。

（二）预警的基本步骤

①明确警情，明确需要检测并进行预警的对象，即企业衰落；②寻找警源，找出企业衰落的原因，包括内部、外部因素，宏观、微观因素；③分析警兆，确定影响企业衰落的各项指标，构建相应的指标体系；④预报警度，建立企业衰落预警模型，给出警度划分标准，反映企业真实的衰落状态并预报警度（王娟，2011）。

（三）预警方法

①黑色预警，只考虑时间的影响，根据警情的波动情况和周期预测警情发展趋势，不考虑警兆指标带来的差异；②黄色预警，又叫作灰色分析，是企业预警最常应用的方法（Ohlson，1980），包括模型预警、统计预警、指数预警（Altman，1958）；③红色预警，对与系统相关的因素进行优劣分析，且在分析过程中结合多种预测方法；④绿色预警，依据警情发展的态势（农作物生长的绿色程度），对未来可能出现的发展情况做出预测；⑤白色预警，在掌握基本原因的条件下，运用计量方法进行预测，在现实中需要用多个变量进行解释（汪倩倩，2018）。

（四）预警管理

罗帆和佘廉（2001）首次详细阐述了企业预警管理理论，对企业中存在的显隐性破坏方式、致错因素等进行了探讨。企业预警管理理论能够帮助企业构建识别、辨别、纠正及防范错误发生的体系。在《企业预警管理丛书》一书中，佘廉教授基于预警理论构建预警指标体系进行综合评价，对危机做出防范和控制（佘廉和杨毅群，2003）。预警管理分为两部分，即预警分析与预警对策（Kolari等，1996），两者相辅相成、相互作用。预警分析是对与企业衰落相关的各种因素进行监测、识别和诊断，且在运行过程中起警示作用，是预警对策的前提；预警对策是对可能出现的企业衰落现象进行纠正、预防、控制，旨在减缓衰落速度，是预警分析的结果。

（五）预警模型

预警模型主要涉及贝叶斯预警模型、人工神经网络预警模型、判断分析模型和基于支持向量机的预警模型等。其中，贝叶斯预警模型基于概率角度主要通过收集各类信息并最终设计出最优性能的分类器，以使风险最小化（沈悦和徐有俊，2009）。不足之处是需要进行概率先验条件，对样本要求高，在应用中很难实现。人工神经网络预警模型融合了人工智能、神经与思维科学等知识，模拟生物网络系统来反映人脑特征（王超和佘廉，2001）。首先，训练样本，处理输入信号，若误差在可接受范围内则说明训练基本完成。其次，将新信号输入网络，由输出层给出研究所期望的结果。最后，判断分析模型，在使用中按照一定判别准则，建立判别函数，用尽可能多的资料来确定函数中的待定系数，计算出判别指标（傅德印和王俊，2008）。基于支持向量机的预警模型遵循结构风险最小化原则，根据有限的样本信息，寻求模型复杂性与学习能力间的最优解。该方法理论基础严谨，能够将非线性模式转化为二次线性模式，在非线性及局部最优和高维模式问题中有很多优势（王少莉，2017）。

六、Logistic回归模型

（一）Logistic回归模型简介

Logistic回归是根据自变量对离散型因变量分析和预测的多元量化分析方法，对自变量个数和形式没有要求，用来研究不同自变量取值下各种因变量的发生概率（Cohen，1983）。Logistic回归模型以非线性取代线性特征,将因变量转变为定性变量,改善一元和多元判别方法假设太多的问题,更符合实际经济情况(卫冰清,2015)。其实质是以统计模式分类为基础,对相关指标进行 0～1 判断的多变量分析方法。Logistic 回归模型的优势主要包括简练性、稳健性和合理性等(Martin,1977)。

(二) Logistic 回归模型推导

Logistic 回归模型主要针对二分类变量进行分析。在企业衰落问题中,根据企业各项参数,主要利用 Logistic 分析方法计算企业面临衰落的概率。

假设我们用 Y 表示一家企业的发展状况,当企业出现衰落症状时,Y=1;不发生时,Y=0。Y 值依赖于另一个不可观察的变量 M,假设 M 与我们使用的预测值 X 有简单的线性关系 $M=f(X)=\alpha+\beta x_i$。M 作为一个临界值,其取值决定了 Y 事件是否发生。假设 M>0 相当于 Y=1;M≤0 相当于 Y=0,则会产生某个预测结果,即 Y=1 的概率为 $P(Y=1)=PM>0=P(-\alpha>\beta x_i)$。

设 α 的概率分布函数为 F(t),概率分布函数为 $F(t)=\frac{e^t}{1+e^t}$。根据 F(-t)=1-F(t),可将 $P(Y=1)=P(M>0)=P(-\alpha>\beta x_i)$ 变换为 $P(Y=1)=P(M>0)=P(-\alpha>\beta x_i)=1-P(\alpha\leq-\beta x_i)=F(\beta x)$,则第 I 个样本企业发生衰落的概率为 $P(Y=1)=\frac{e^{\beta x_i}}{1+e^{\beta x_i}}$,而 $\beta x=\beta_0+\beta_1 x_{i1}+\cdots+\beta_k x_{ik}$,同时 $P(Y=0)=\frac{1}{1+e^{\beta x_i}}$。事情发生的概率为 $\frac{p_i}{1-p_i}=e^{\beta x_i}$,将方程两边取对数得到 Logit 形式,即 $P=\frac{1}{1+e^{-(\beta_0+\beta_1 x_{i1}+\cdots+\beta_k x_{ik})}}$。

由于 p_i 可能取值为 0 或 1,这时 $\frac{p_1}{1-p_1}$ 会出现 0 或无穷大两种情况,不存在现实意义,因此对 Logit 模型的参数一般很少采用最小二乘法估计,但可以用极大似然估计法,似然函数公式为:$\ln[L(\theta)]=\ln[\prod_{i=1}^{n}p_i^{y_i}(1-p_i)^{1-y_i}]=$

$\sum_{i=1}^{n}[y_i(\beta x_i) - \ln(1+e^{\beta x_i})]$。其中，β 为待估参数，求出 β 的极大似然估计值。在以 0.5 为概率最佳分割点的基础上，计算出回归值 p，当 p>0.5 时，则企业陷入衰落状态，反之，则为正常状态。

（三）Logistic 回归模型的选择依据

考虑到人工神经网络理论对生物模拟的准确性较低，Fisher 判别模型的工作量较大且自变量必须呈正态分布，两组样本满足等协方差，实际数据难以满足这一条件。而贝叶斯预警模型需要进行概率先验条件，且需建立在样本拟合的基础上，这在实际应用中很难实现。本书应用 Logistic 回归模型基于以下依据：第一，不需要假设方差不变，自变量没有分布假设条件；第二，因变量与自变量间的关系是非线性的；第三，因变量是分类变量，预测精度较高。本书将企业衰落状态看成因变量，符合二值定性变量，用 0、1 来表示。当陷入衰落时，取值为 1；状况良好时，取值为 0。

七、系统动力学的基本理论

（一）系统动力学的概述

1. 系统动力学的概念及研究对象

系统动力学诞生于 20 世纪 60 年代，由 Forrester 创立，属于研究复杂系统的计算机实验仿真方法。作为一种重要的决策工具，系统动力学融合了决策论、计算机仿真学、控制论、信息论等相关理论，被称为决策领域的仿真实验室。系统动力学主要研究社会复杂系统。社会复杂系统具有滞后性，难以精确地描述其行为，只能用半定量的方法，运用模型的仿真和模拟来研究，借助仿真试验和计算对经济社会问题进行分析和预测，为经济社会宏观、微观问题的决策提供支持（王玉梅，2019）。

2. 系统动力学的基本步骤

（1）明确建模目的。

（2）确定系统边界。

（3）因果关系分析。

（4）绘制系统流图。

（5）写出相关变量的基本方程。

（6）计算机仿真实验。

（7）仿真结果分析。

（二）系统动力学的模型结构

1. 因果关系及反馈回路

因果关系是系统变量之间客观存在的、广泛的相互联系和相互作用，是对系统内部关系的一种客观描述，应用因果关系图可分析系统内部之间的逻辑关系。一般以箭头图表示系统因素之间的因果关系链。A 对 B 的作用，可以用自 A 向 B 的箭头来表示，B 表示结果，A 表示原因。因果关系链可以分为负性、正性两类关系链。两个或两个以上正性因果关系和负性因果关系的变量之间，以因果链首尾串联，形成的封闭的环路结构被称为因果反馈回路。

2. 流图

流图与结构方程式是系统动力学模型的两个重要组成部分。流图是根据封闭环路结构的因果关系反馈回路，区分变量类型绘制而成的。而结构方程式则反映社会复杂系统的行为及其结构的动态特性。流图主要包括以下关键符号。

（1）流：描述系统的活动或行为。

（2）速率：是随时间而变化的活动状态。

（3）水准：反映结构子系统或要素的状态。

（4）参数：是保持不变的系统状态量，是一个常量。

（5）辅助变量：是使复杂的函数易于理解的一种变量简化表达。

（6）源与汇：源相当于供应点，指流的来源；汇相当于消费点，指流的归宿。

（7）物质延迟：是系统要素在流动、传递上的滞后性，在系统动力学中广泛使用的是指数延迟。

（8）系统信息平滑：信息平滑能平抑输入变量的剧烈程度，实质上是求变量的动态平均过程。

第三节　日本、韩国制造业企业转型发展的政策与经验

一、日本企业转型发展的主要阶段及相关政策

（一）在经济困难时期聚焦重点产业发展

1. "重点生产方式"的产业政策

日本政府推行"重点生产方式"旨在恢复经济和改变落后的工业技术基础和经济结构，主要涉及把进口的重油配置到钢铁部门，将生产的钢铁配置到煤炭部门；把增加的煤炭配给钢铁部门，促进钢铁生产，再把增产的钢铁配给煤炭部门，逐步形成煤炭和钢铁双增产的良性循环，以此逐渐实现运输、电力等相关工业的复苏，促进制造业工业生产恢复发展（杨立卓，2016）。为达到"重点生产方式"任务及效果，日本政府在资金倾斜、价格补贴等方面制定了针对性的政策。截至1948年年底，"重点生产方式"产生了显著的效果，不仅实现了煤炭、钢铁等增产目标，而且也促进了其他工业部门的恢复。

2. "贸易立国"战略下的产业保护育成政策

"重点生产方式"成功后，日本现代市场经济体制初步形成，推行了

"贸易立国"战略下的产业保护育成政策。日本积极参与国际分工，融入国际经济大循环，通过进出口、技术引进等推动制造业工业化和现代化。同时，通过限制进口、限制以参与企业经营为目的的外国直接投资来保护对国民经济有重要影响但缺乏国际竞争力的行业，扶持基础产业。税收和财政补贴是日本政府推动主导产业发展的重要手段，《企业合理化促进法》强调加速折旧，以及对国民经济急需的新设备的制造和试用，免收三年法人税或所得税，实行奖励补助金制度。日本设立政策性金融机构、对私人企业和大企业实施税收优惠，以及在外汇短缺时代对进口物资和技术均采取严格的审批制度，实施高进口关税和配额制度。到20世纪50年代，日本确立了以重化工为主导的产业政策。实施了金融政策，优化利率设计和资金配置；政府干预外汇管理，实施教育和产业融合，加快职业教育和人才培养，通过补助金、税收优惠和低息贷款等方式，促进企业创新活动，推动发展重化工业。

（二）在经济稳定增长阶段推行"技术立国"方针

20世纪70年代，日本遭遇公共基础设施不足及通货膨胀等问题，当时的产业政策难以破解经济困局，日本政府把重点转移到技术创新上，明确科技在"贸易立国"战略中的主导地位，提出了"科技立国"方针。日本于20世纪70年代提出的《70年代通商产业政策构想》《产业结构长期设想方案》，把产业结构的发展方向从"重化学工业化"转向"知识密集化"，制定了《特定机械产业振兴临时措施法》，明确规定加强对集成电路、电子计算机、飞机等产业的政策扶持，对尖端技术领域的开发提供政策补贴，对急需的高科技产业实施税收和金融优惠措施。到20世纪80年代日本又制定了《80年代的通商产业政策构想》，明确"技术立国方针"，打造以自主开发尖端技术为中心的"创造性知识密集产业"为主导产业，提高产品的"创造性科技"含量，优化产业结构，提升经济活力。

(三) 在经济结构调整阶段着重促进设备更新换代

20世纪80年代，日本国民生产总值、出口贸易占世界的比重超过10%，日本逐渐成为世界发达国家。然而，日本也存在着逐渐增多的国际贸易摩擦、贸易保护主义、日元持续升值等一系列突出问题。为了破解这些问题，除了采取了多种措施鼓励企业对海外企业投资，包括海外并购战略及原材料和市场的获取等方面。日本将产业政策重点转移到改善产业结构和技术创新领域，促进设备的更新换代，这一时期的重要措施包括《稳定特定萧条产业临时措施法》和《特定产业结构改善临时措施法》。

(四) 在经济全球化阶段重点培育新兴产业

进入20世纪90年代，日本从过去重视技术引进转变为向创造性的知识密集型行业转化，表现在指导思想上由单一增长为目标转向以"生活大国"为目标，经济增长方式由出口主导型向内需主导型转变。20世纪90年代后期，日本又提出了《新技术立国》和《科技技术创造立国》，制定了"以科学为先，技术救国"的方针，高度重视技术创新政策，优化产业结构，建设知识密集型产业，包括立法保证科技投入；发展"产学官"合作模式，颁布《大学技术转移促进法》。21世纪初期，日本又提出《日本经济结构改革与创造的行动计划》，重点培育医疗和社会福利、生活文化、信息通信、新制造技术、生物科技等新兴产业。关键举措包括进行金融体系改革，促进资金来源多元化，健全资本市场；促进人才流动和人才培养，促进经济和教育合作等措施；采取健全信息网络体系，促进电子商业交易和信息通信的研发及标准化互用等措施。

二、韩国企业转型发展的阶段及经验

(一) 韩国企业转型发展的阶段划分

20世纪60年代初期，韩国把发展经济作为首要目标。1961—1979年，韩国经济高速增长，年均增速达9.5%，经济实力迅速提升，很快成为中上等收入国家，被称之为"汉江奇迹"。

20世纪80年代初期，受国内外经济不利因素影响，韩国经济陷入"滞胀"。此时，实现经济转型成为国家的重要决策，发展目标由"成长第一"转变为"成长与稳定并重"。然而，受以往成功增长模式影响，经济转型并未取得实质性效果。

进入20世纪90年代，韩国推动经济自由化，全面开放国内市场，鼓励科技创新，分别在1995年和1996年迈进高收入国家行列、加入经济合作与发展组织。然而，1997年亚洲金融危机爆发，韩国经济遭受重创，被迫推动金融改革、企业改革、劳动改革及公共改革等经济改革。最终，韩国经济"V形"复苏，2001年再次成为高收入国家。

进入21世纪后，韩国继续推动科技创新，实施"文化立国"战略，推动文化产业发展，在信息通信、汽车、造船、化工等领域取得了较强的国际竞争力，经济持续中速增长，人民生活不断改善，迅速成为中等发达国家。

(二) 韩国企业转型发展的经验借鉴

1. 推动变革，辩证地借鉴过往经验

韩国政府在推动经济增长方面发挥重要作用，涉及政府全方位干预、官办金融、高投资和大企业优先发展等方面。但不可否认，要辩证地看待成功经验的价值，既要看到它的优势，也要关注它的劣势，必须根据不同的发展环境，与时俱进，变革经济发展策略。

2. 主动作为，实施关键性、突破性的举措

自20世纪80年代韩国政府就开始推动经济市场化转型，但在亚洲金融危机爆发之前尚未取得实质性成效。一方面，20世纪80年代中期韩国经济再次出现繁荣景象，减弱了改革的急迫性和动力。同时，以往发展模式造就的经济格局有自我强化、自我修补的惯性能力，在经济形势绝对恶化之前，韩国很难涅槃重生。另一方面，在面对失业率增大、经济降速等难题时，韩国缺乏推动关键性、突破性的改革措施的魄力。因此，为避免经济危机带来的巨大破坏力，应积极主动作为，及时启动关键性、突破性的改革措施。

3. 重视教育投入，提高劳动者素养

人力资本是创新活动的基础，而教育是人力资本生成的保障。不仅要普及基础教育，更要重视加大对高等教育和职业技术教育的投入，促进高等教育普及化，夯实创新系统的基础。

4. 废除终身雇佣制，增强劳动力市场的弹性和流动性

废除隐性的终身雇佣制，允许国有企业按照商业规则进行必要的裁员，增加劳动力市场的活力和配置效率。加强各种形式的培训，形成完善的职业培训体系，缓解就业的结构性矛盾。

5. 推进投融资体制创新，提高资本利用率

政府用财政资金和国有企业主导经济发展有助于实现工业化，但也有弊端，如民间投资对政府的依赖性大，自主投资力不强；资本利用率低，资本自由流动的市场机制失灵。政府应推进投融资体制改革，给予民间投资自主权，形成以民间资本为主导的投资体制，提高社会投资效率。

6. 实施政府改革，提高行政效率

推动全能型政府向有限型政府转变，管理型政府向治理型、服务型政府转变，发挥市场在资源配置中的决定性作用，提高社会组织和公民参与公共事务管理的积极性，下放权限，规范税收支出，简化税制体系。

7. 推进功能性产业政策，引导产业升级

要改变过去以少数产业为中心的产业政策，采用鼓励技术研发、人力资源开发、能源节约等功能性产业政策。比如，对功能性支出则允许税前加计扣除，增加对技术研发等领域的金融支持等。

8. 引导专注核心业务，降低企业的负债率

在要素驱动阶段，企业投入要素进行生产可获得一定收益，具有产业多元化特征。在创新驱动阶段，企业需要依靠效率提升和研发创新来获取利润，需专注核心业务，开展专业化生产；还需引导企业通过破产、兼并重组、资产互换等方式专注核心业务，降低企业的负债率。

9. 激发创新创业，推动创意经济

韩国政府积极构建科技创新体系，鼓励创新创业。20世纪90年代末，韩国专门成立国家科学技术委员会，推动制定科学技术政策，鼓励企业开展自主创新。韩国的新技术产业化、商品化能力位居世界领先水平，使韩国新技术转化为生产力的周期大为缩短，如重点研发的通信技术及其产品已成为韩国最大的经济支柱产业和出口行业。此外，陆岷峰和周慧琦（2009）认为韩国营造有利于创新创业的制度环境，促进科技成果转化应用，充分发挥市场对创新要素配置的引导作用。

第四节　德、美企业复苏的政策与经验

一、德国鲁尔工业区的衰落治理、实践

（一）治理背景

位于德国中部的北莱茵—威斯特法伦州、被世人称之为"欧洲工业心脏"的鲁尔工业区是欧洲最大的工业园区，同时也是世界最重要的工业区之一。占地面积约4593平方千米，人口570万，由11个直辖市和4个县区构成。二十世纪五六十年代，鲁尔工业园区快速发展，呈现前所未有的繁荣，有12000多个工厂和600多个矿井，而煤炭产量为全国总量的3/4，钢铁则达到1/3。

20世纪50年代末，由于石油具有环保和廉价的特性让煤炭产业逐渐受到排斥，同时随之挖掘矿井的深度加深和矿床地处于陡峭的地段等因素使

煤炭开采成本增加，煤炭产业危机四伏。在危机爆发期间（1957—1970年）鲁尔工业区就有72家企业倒闭，同时关闭了大部分矿山。20世纪60年代末，改进生产工艺使钢铁的消耗减少，并且混凝土、轻金属、合成材料等替代钢铁材料也使钢铁的重要性大大减弱。同时，有数据显示当时生产钢铁的国家迅速增加，仅1947—1970年就增加了44个。在供大于求的情况下，钢铁危机随之爆发。鲁尔工业区由于煤炭和钢铁的危机，在经济上受到严重打击，煤炭和钢铁开采、重型机械、煤炭化工等单一的重工业经济结构弊端凸显。矿区出现失业率上升、人才大量外流、主导产业萎靡、生产速度减慢、社会负担加重、生态环境被破坏等问题，工业区的核心经济地位大幅下降。在危机重重的关键时刻，德国政府积极采取治理和改进措施，改变单一经济结构，建立多元化经济结构，以应对新形势的需要。

（二）鲁尔工业区转型发展的措施

1. 20世纪50—60年代，实现"再工业化"

煤炭和钢铁危机的爆发导致单一经济结构难以适应鲁尔工业区的发展需求。鲁尔工业区积极开展"再工业化"政策，给予政策和财政上的支持和补贴、调整产业结构、完善基础设施、创造合理的人文和法律环境等，重点改变传统工业，实现经济转型。

（1）调整产业结构。《鲁尔发展纲要》提出北威州政府要采用合并、改建或转让的方式对鲁尔工业区能耗大、污染大的煤化工厂和钢铁厂进行整改。20世纪60年代末，鲁尔工业区合并26家煤炭企业，对整个煤炭工业进行重新规划、统一管理，关闭规模小、盈利能力低的企业，将煤炭工业集中到规模大、盈利能力强、机械化程度高的企业，成立了鲁尔煤炭公司。鲁尔工业区改造传统的煤炭生产工艺，开发最新的现代矿山开采技术，投资煤气实验设备，更新煤炭转换工艺。同样，钢铁企业也更新了设备，改造传统技术，调整企业结构。调整后的企业内部专业化程度提升，企业外部合作性增强。此外，鲁尔工业区引进世界上最先进的连续退火炉技术以提高产品的质量和种类,将电子信息技术运用于钢铁生产、用料、市场营销、信息收集、物流管理、运营管理等环节使钢铁产成品质量和性能大幅上升,确保其市场地位(杨帆,2002)。

(2)完善基础设施。基础设施建设是鲁尔工业区改造的重要项目,教育事业和交通运输业又是重中之重。长期以来,鲁尔工业区的交通运输网络处于超负荷的运输状态,亟需建立发达且功能完善的运输网络,加强矿区和全国各地区及其他国家间的联系,推动鲁尔工业区经济的发展。鲁尔工业区的基础设施建设主要包括建设6条航运水道、74个内河港口、9850千米的铁路、8500千米的运输管道和四通八达的高速公路。2002年,鲁尔工业区已拥有欧洲最密集的交通运输网络,7300千米的联邦公路,3300千米的高速公路及高效的航空运输系统(郭凤典和朱鸣,2004)。教育是改善基础设施建设中最为重要的环节,为转型提供人才和技术方面的支持和保障。当地政府将高校教育和地方经济发展相结合,打造了一个"欧洲高等院校区"——鲁尔工业区。20世纪60年代,鲁尔工业区建立了波鸿鲁尔大学。2002年鲁尔工业区已有15所高校,为地区经济发展提供了重要的智力支撑(陈姣娣,2013)。

(3)健全法律环境。完善的法律环境可有效规避市场失灵,为鲁尔工业区转型提供一个长期稳定的制度支持。顶层设计是立法的重要内容,采取自上而下的模式,德国政府规划总框架,地方政府在框架内进行设计,整个规划最终以立法形式确立,客观上保证按计划进行产业结构调整。为促进转型能够有法可依且高效开展,1969年联邦政府编制了鲁尔工业区第一个发展总规划,制定了《煤矿改造法》等一系列相关法律法规。

(4)加强政府支持。在财政支持方面,德国政府在很多方面进行补贴,包括矿工补助、投资补助、环保资助、政府收购、价格补贴、税收优惠、限制进口等。同时,因转型引起了大面积的失业现象,为了维护社会稳定,政府在员工转岗培训、就业等方面也给予了大力支持等。在政策支持方面,各级政府各司其职、明确分工,保证鲁尔工业区的顺利转型。德国政府负责整体协调，综合控制鲁尔工业区的改造；州政府与联邦政府合作，共同协调鲁尔工业区的改造；鲁尔区政府成立了地区发展委员会，并设立了地区会议制度；市政府设立了劳动和经济促进机构，加强政府和经济界及工会的联系，同时积极吸引外资，对土地的使用进行规划，以优惠价格提供给外来投资企业，并且在欧盟、联邦和州政府的帮助下成立了技术园。

2. 20 世纪 70 年代，以传统工业为基础开辟新兴产业

鲁尔工业区的"再工业化"政策并未取得显著效果，经济持续恶化，财政赤字不断升高，鲁尔工业区开始寻求新的转型之路，工作重心逐渐从煤矿和钢铁产业转移到新兴产业。

（1）发展新兴产业。从 20 世纪 70 年代开始，德国政府为转型发展、培育新兴产业提供了有力的政策保障，如表 2-2 所示。根据政府支持政策，生物医药产业、信息技术、化工产业、文化产业、新材料和物流产业等新兴产业成为鲁尔工业区重点发展的新兴产业。德国政府在 1972—1980 年先后为 3.5 万个新投资项目提供了 890 亿马克的经济补贴，创造了 66 万个工作岗位（李建华，2007）。天然气化工、石油提炼、石油化工和碳化工等新产品受到重视，并被积极开发，而且这种新产品具有高效、环保、安全且能循环利用的特性，有力地推动了经济复苏。此外，凭借其深厚的工业底蕴、优越的区位条件和完善的交通设施，鲁尔工业区引进物流企业，积极发展物流产业。

表 2-2　1970—1980 年政府出台的关于支持发展新兴产业的政策

年份	政策	目的
1970	将"鲁尔区开发计划"纳入《北莱茵—威斯特法伦 75 计划》	把握转型方向，为发展新兴产业打好基础
1975	推行市镇重组改革	为开展新兴产业打好基础
1979	制定《1980—1984 年鲁尔行动计划》	从用地、人员培训、文化机构等方面支持发展新兴产业

（2）改善环境。严重的环境污染给居住环境和投资环境带来了负面影

响，为此，德国政府投入 50 亿马克的专项资金治理环境，并制定法律法规来严格限制高污染企业的发展。同时，设立环保机构，检测和治理环境污染情况。德国政府的关键举措有植树造林，建设蓄水池、澄清池和微生物净水站等完善的供水系统和污水处理系统，充分利用土地资源，对遭受破坏的土地进行评估且制订周密的治理计划使之能够再利用。

（3）降低失业率。为了解决转型改制所导致的大范围失业问题，政府在失业人员培训、下岗再就业、创业者税收、贷款及创造就业岗位等方面采取了诸多措施。

3. 20 世纪 80 年代，产业结构呈多元化发展

（1）对产业结构进行多元化调整。新兴产业迅速发展，实现产业结构多元化成为鲁尔工业区政府工作的重心，如表 2-3 所示。

表 2-3　鲁尔工业区多元化发展历程

项目	年份	发展业务	项目	年份	发展业务
1	1970	发电、化学、塑料	7	1995	电子系统
2	1972	煤炭交易	8	1996	技术咨询、教育、保险、计算机
3	1974	国际矿业	9	1997	橡胶
4	1977	房地产	10	1998	PP 国际业务
5	1980	土地复垦、环保	11	2003	控股 Degussa
6	1988	矿山技术			

（2）以科技创新推动多元化产业发展。鲁尔工业区采取有力举措推进技术创新，并以技术创新推动产业多样化，具体包括深化"产、学、研"合作，提高技术攻关能力和自主创新能力，设立专项基金会、技术服务公司等机构为企业提供资金和技术服务。此外，鲁尔工业区还将新技术应用于传统工业，如在竖井矿石开采中使用了现代矿石开采技术；将制煤气实验设备应用于煤炭转换工艺中，促进产品结构升级；引进技术，促进产品更新换代，提升市场竞争力。

（3）政府补贴由传统工业向以新型产业为主导的多元化产业转变。新兴产业、服务业、基础设施建设、人才培养等多种产业成为政府财政补贴重点支持的新领域。针对钢铁工业，政府重点支持的领域变为技术含量高和竞争力强的新产品。针对煤炭工业，降低煤炭开采补贴，重点支持煤炭的液化和气化补贴。在钢铁和船舶业等行业，仅补贴环保和废弃厂房的利用方面。

（4）治理生态环境，拓展城市功能。在多元化时期，重点聚焦城市功能和环境治理，尝试通过转型提升鲁尔工业区的整体形象和综合实力。1989年，德国政府实施了长达10年的综合整治和复兴计划，即"IBA"计划（国际建筑发展计划）。覆盖了4000多平方千米，涉及500余万人口，对鲁尔工业区中部工业密度最大、衰退程度最高、污染最严重的埃姆舍地区进行工业结构转型，以恢复生态环境，解决住房和就业等问题及重新利用废弃的工业建筑和土地。整个计划包含近百个项目，主要采取博物馆模式、休闲、景观公园模式、旅游购物等开发模式和区域性一体化模式等。此外，该计划还对鲁尔工业区的17个核心企业进行全面的整改和治理，以建筑博览会为基础，采用政府、企业、市民合作的形式，组织社会力量，改造市容市貌，扩展城市功能。

（三）鲁尔工业区转型发展成果及成功经验

鲁尔工业区转型成效非常显著，其产业结构实现了转型升级，信息技术、生物医药、化工等非传统工业快速发展，就业人员迅速增加。其中，信息技术发展特别突出，1994—1997年，从事信息技术的企业从241个迅速增加到2720个。根据华盛顿人口危机委员发布的《生活质量评估报告》，鲁尔工业区的生活质量和等级排序位居世界第二，欧洲第一。这表明鲁尔工业区转型的成果有目共睹，成绩斐然。

以政府为主导的系统和完整的发展战略是鲁尔工业区转型成功的关键要素，其优势包括有专门的政府部门对制造业企业转型进行全面的指导，避免了各级政府和各部门间的冲突；健全的法律保障；完善的就业培训系统；健全的社会保障，确保转型的社会稳定；配套的政府政策，如税收财政政策、土地政策；企业在转型过程中拥有充足的资金，再加上政府的支持使企业有能力坚持多元化转型。采取这些补救措施不仅使企业有较大的选择余地，而且为企业转型提供了可靠的便利条件。

二、美国纽蒙特矿业公司的衰落治理实践

作为 20 世纪 20 年代初创立的一家制造业企业，美国纽蒙特矿业公司是一家涉及采、选、冶、科、工、贸等业务的黄金生产商。作为制造业资源型企业，2002 年年底纽蒙特矿业公司的黄金储备达到 8690 万盎司，同时拥有 244000 平方千米的可开采资源领地。纽蒙特矿业公司发展的主要管理实践如下（董晓茜，2015）。

（一）增加资源储备

纽蒙特矿业公司的主要措施有：①扩大勘探投资。为了确保企业可持续发展，公司积极拓展可供开发利用的优质矿产地。纽蒙特矿业公司做出增加勘察投资的重大决策，一方面，改革组织结构，成立勘探子公司；另一方面，投巨资聘请 200 多名勘探领域的专家学者并利用先进的探矿设备和 GPS 卫星定位系统，在全球范围内从事风险勘探，勘探投资超过企业生产投入资金总量的一倍以上。②加强外围勘探，加强对已知矿体外围的勘探，不断挖掘已知矿体外围的潜在资源，增加企业发展的资源储备。③购买外部矿山。纽蒙特矿业公司以自主勘探资源为主导，积极利用规范的矿业活动及矿权制度，尝试通过并购等方式获取外部的矿山资源，保障供给稳定、持续的优势，延长主导产业的生命周期，提升行业竞争力。

（二）积极发展相关产业

纽蒙特矿业公司以全球化发展模式为主线，做大做强核心产业，突出资源探、采定位，明确目标市场，发展核心金矿业务，打造规模经济效

应，带动了相关矿业的稳定发展。同时，根据企业的资源禀赋和能力，积极拓展多元化业务，发展了替代资源和相关辅助产业。这些产业包括油、气、煤及化肥等领域，形成以金矿为主业，其他相关产业协同发展的良好局面。

（三）加强环境保护

纽蒙特矿业公司把环境保护作为重要的工作来思考和管理。在矿业开采、加工、销售过程中，其以节约土地、循环利用、复垦复耕为基本原则，加强对"三废"（一般指工业污染源产生的废水、废气和固体废物）的治理工作，积极营造绿色矿业公司形象，具体措施包括以下几点。①承诺实施成熟的环保标准，关注安全生产问题。②海外公司同时遵守资源所在国制定的环保法规和美国政府制定的环保法规。③慎重考虑金矿项目的重大举措，不但注重经济效益，更要重视社会和生态利益，做到开发及复垦并重，树立企业良好形象。

（四）加强企业和地方合作

矿业公司与地方是互利双赢关系，积极推动公司与地方合作有利于社区的可持续发展，相关具体措施包括：①雇用、培训当地员工。以当地人为公司的主要员工来源，作为纽蒙特矿业公司的下属子公司，截至2002年年底，米纳哈萨金矿公司雇用员工总数为704人，其中658人为印尼籍员工，在就近渔村招收商业设施服务人员及劳工。②支持当地教育发展。纽蒙特矿业公司捐款捐物支持当地学校发展。③建立社区关系办公室，助力社区发展。设定专人同当地村民建立密切联系，向当地居民宣传解释就业事宜，帮助提高当地医疗诊所的设备、设施等。④帮助提高当地人民的收入水平。请当地居民制作矿山矿工工作服，收购当地居民种植的蔬菜、稻米。以上措施密切了公司与当地居民的关系，使公司的发展与当地人民的生活密不可分。

(五)重视人员培养

人员素养是企业制胜的要素。作为国际化大公司，纽蒙特矿业公司聘用了来自世界各地的13000多名员工。企业管理人员既懂管理又懂技术；职工不仅掌握现代化生产技能，而且严格遵守岗位责任制及技术操作规范，岗位竞争意识和敬业精神较强。相关措施如下。①提供适宜的工作和发展机遇。纽蒙特矿业公司坚持以人为本、人尽其才的原则，利用系统化程序，对经过严格挑选、培训合格的员工，在适当的时间以适当方式提供适当工作。培养员工敬业爱岗精神，为其提供发展机遇。②提供较好的工资和福利待遇。纽蒙特矿业公司依据公司类型的评估标准和集团的统一要求，给员工提供有吸引力的工资和福利待遇。福利包括医疗卫生、人身保险、意外伤亡和分项保险、残疾和退休储蓄等方面。③制订个人发展计划。纽蒙特矿业公司为员工设计正规的、连续的事业生涯规划，让员工的个性、素质和能力得到全面发展。

(六)借助资本运作提升企业实力

资本运作是增强企业竞争力的重要手段。纽蒙特矿业公司采取的主要措施包括以下两点。①上市融资。通过上市，在股票市场筹集资金已成为矿业公司主要的融资渠道。②采取多样化的融资手段。纽蒙特矿业公司在股民、企业职工中进行宣传、教育，取得社会、股民对企业的认同感和支持，积极引导公司员工、社会资本进入矿业投资领域。此外，采取黄金套期保值及黄金借贷等融资渠道，增强融资能力和资本储备，增强企业发展动力。

| CHAPTER 3 | 第三章

企业衰落、组织创新、失败学习及企业绩效之间关系的实证研究

第一节 企业衰落与组织创新：管理者风险规避与制度化组织使命的作用

一、研究背景

作为一种普遍存在的组织现象，企业衰落将给企业带来诸如管理失衡、冲突加剧、员工士气低落、破产威胁等一系列问题。在经济新常态背景下，一个不容忽视的现实是，很多企业面临着更多的不确定性、竞争性和复杂性，更容易产生企业绩效下滑的状态（企业衰落）（杜运周等，2019），如果管理者不能采取有效的创新战略，企业很可能持续衰落，甚至走向衰亡（Panicker 和 Manimala，2015）。20 世纪 80 年代以来，企业衰落成为经济学、管理学和创新学等研究领域的热点问题（Cameron 等，1987；Robbins

和Pearce，1992；Carmeli和Sheffer，2009；Trahms等，2013）。目前，该领域的研究主要集中于西方发达国家，而在中国的相关研究尚处于初期阶段。近年来，随着对企业衰落理论研究的深入，企业衰落与组织创新的关系逐渐成为研究者关注的焦点（Mone等，1998；连燕玲等，2014；贺小刚等，2017），这为深入剖析中国企业的创新行为提供了有价值的视角。当今的中国正处于经济转型的关键时期，一方面，从宏观视角上来看，经济增长模式正由要素和资本驱动向创新驱动转变，同时伴随着消费者需求升级的压力，这给中国企业长期固守的运营模式带来了挑战和冲击，不能快速适应环境变革的企业往往会滑入企业衰落的"泥潭"。另一方面，从企业微观视角上来看，企业内部的升级承诺、结构惯性和威胁—刚性也会导致企业衰落（杜运周，2015；Shimizu，2007）。总的来说，企业衰落在转型时期的企业中是普遍存在的现象，但研究有关衰落企业创新行为的文献相对较少，这就难以从理论层面为中国衰落企业的创新实践提供充分的解释和指导。因此，从企业衰落视角挖掘其驱动企业创新的价值及其作用机理对于中国衰落企业复苏有重要的现实意义。

西方学者对企业衰落影响组织创新的过程已积累了一定的研究成果，然而，我国学术界和企业界对于这一议题仍需要进一步深入地探索和研究。

（1）企业衰落驱动组织创新的影响机理。自熊彼特提出创新理论以来，主流研究主要从个体（Damanpour，1991）、组织（Damanpour，1996）和环境（Victor，2006）等方面探讨驱动组织创新的路径选择。从整体上看，现有文献大多从组织成长或组织的正常状态（连燕玲等，2016）的视角展开，然而，从企业衰落视角探讨其影响组织创新的文献并不多见。值得关注的是，自企业衰落理论提出以来，有关企业衰落与组织创新或战略变革的研究逐渐受到学者们的关注，但长期以来，学者们对两者关系的研究结论并不统一，如有学者指出企业衰落是创新之母，认为衰落是战略变革的驱动力量（Mone等，1998；连燕玲等，2014）；但也有学者持相反的观点，认为基于资源压力等原因，衰落的企业更倾向于采取保守战略；还有学者指出两者之间是一种"倒U形"关系（贺小刚等，2017）。企业衰落与组织创新关系的不确定性表明两者之间的影响机理尚未被完全解析。综合上述观点，本书倾向于认为企业衰落对组织创新具有促进作用，这是因为，我们不应仅看到衰落所带来的负面效应，更应把衰落作为企业失败学习的宝贵资源，深入挖掘衰落的正面价值和特殊意义。为此，本书研究将以现有研究文献为基础，采用情景理论和行为理论进一步诠释企业衰落驱动组织创新的机理。

（2）企业衰落促进组织创新的结果可能会受到管理者风险规避的影响和制约。过往学者对企业衰落产生的创新效应过程和调节机制给予了关注和思考（McKinley 和 Braun，2014）。比如学者们主要从权力结构配置（Mone 等，1998）、冗余资源、竞争威胁（贺小刚等，2017）与企业合法性（Desai，2008）等方面探讨其对企业衰落和组织创新的调节机制。然而，衰落企业创新决策也可能会受到管理者风险偏好的影响（吕文栋，2014）。而管理者风险偏好这一关键要素却很少引起学者的重视。基于衰落企业管理者所表现出来的创新态度和行为反应可能因其风险偏好具有较大的个体差异，管理者在风险偏好上的差别将对企业衰落驱动组织创新具有重要影响。换言之，根据风险决策理论，作为风险偏好重要维度的风险规避倾向很可能会调节企业衰落与组织创新的关系，即在面对企业衰落时风险规避度高的管理者往往会遵从既定的组织惯例以提升组织合法性，从而很少会开拓创新、倡导变革。因此，本书选取管理者风险偏好视角并以风险决策理论为基础，分析管理者风险规避对企业衰落与组织创新的关系，有助于更好地解释企业衰落影响组织创新的权变因素。

（3）管理者风险规避对企业衰落与组织创新关系的调节作用可能会受到制度化组织使命的影响。根据已有研究，企业衰落未必全是"坏事"，相反，更可能是"机遇"（Mone 等，1998）。衰落组织的创新是其面临困境、挖掘机会和奋力恢复发展的重要路径，但衰落组织的创新必然伴随着较大的风险和不确定性。根据相关研究，衰落组织的创新决策同管理者的风险认知偏好密切相关（吕文栋，2014），同时，根据创新搜寻理论，企业衰落是否能够成为组织创新的驱动力在一定程度上受到组织惯例固化程度的影响。作为组织惯例重要元素的制度化组织使命能够增强组织的稳定性和合法性，但同时也降低了组织应对衰落的灵活性和适应性（McKinley和Braun，2014），不利于组织创新活动。此外，风险规避所产生的路径依赖性将提高组织使命制度化的程度，进而通过制度化组织使命间接影响企业衰落与组织创新的关系，从而管理者风险规避对企业衰落和组织创新之间关系的调节作用可能通过制度化组织使命的中介作用实现。但目前鲜有研究将四者有机结合起来进行探讨。为此，本书将管理者风险规避的调节作用及制度化组织使命的中介作用放在同一个框架下进行研究，以便更为全面地考察企业衰落驱动组织创新的作用机理及其边界条件。

综上所述，有研究初步构建了企业衰落驱动组织创新的理论框架，但相关文献多局限于理论分析而相对缺乏实证研究，即使有少数实证研究也多采用二手数据，缺乏一手数据的检验。同时，对于衰落与创新关系的"黑箱"尚未完全明晰，对于两者关系的权变解释和情景机制还需要进一步完善和丰富。鉴于此，本书整合风险决策理论（前景理论）、风险偏好理论等视角，构建一个被中介的调节效应模型，拟探讨和验证管理者风险规避及制度化组织使命对企业衰落和组织创新关系的影响：①检验企业衰落驱动组织创新的机理，丰富对组织创新路径的研究；②通过引入管理者风险规避作为调节变量，有助于明晰企业衰落对组织创新作用的边界条件；③通过考察组织使命制度化对管理者风险规避调节作用的中介机制，进一步揭示管理者风险规避调节作用的发生机制，为组织创新路径的研究提供新的视角和思路。

二、研究假设

（一）企业衰落与组织创新

《现代汉语词典》将"衰落"注解为事物由兴盛转向没落，强调了事物发展由兴而衰的过程。组织在其生命周期过程中也会出现衰落现象，学术上称之为企业衰落（杜运周等，2019）。Cameron 和 Kim（1987）最早从绩效观视角界定了企业衰落的概念，即企业衰落是持续的组织绩效下滑现象。之后，Carmeli 和 Sheaffer（2009）从竞争力视角将企业衰落解释为停滞的组织过程，表现为组织适应性差、合法性不足的状态。也有学者从资源观视角提出，企业衰落是特定时期内组织资源基础的实质和绝对量的下降（Trahms 等，2019）。因此，企业衰落不仅体现为组织内部资源和绩效的下滑，而且也反映了组织外部竞争力的减弱趋势。本书借鉴已有研究成果，将企业衰落界定为组织成长过程中因各种内外原因导致组织资源或绩效持续下降，或者表现为组织竞争力不断减弱的状态。企业衰落概念的界定为突破传统组织研究仅聚焦于组织成长机制的探讨提供了理论依据，同时，也为从企业衰落视角研究组织创新路径选择提供了新的尝试。

虽然有研究指出衰落组织具有诸如士气低落、集权化、离职等不良组织特性（Daily 和 Dalton，1995），在战略上呈现刚性特征，倾向于减少创新活动和抵制组织变革，在管理上注重于通过内部管理以提升短期绩效。但 Schmitt 和 Raisch（2013）认为企业衰落是组织创新的动力，能够为创新提供经验和机会，强调衰落组织更应重视和挖掘衰落价值，并通过创新驱动企业发展，增强企业的生存力和竞争力。而且，从行为理论和前景理论的视角，衰落组织开展创新活动是其实现组织复苏与成长的重要路径和必然选择（Mone 等，1998）。首先，根据行为理论，管理者会对企业绩效进行评价，分为不满意和满意两种。对于不满意的绩效，管理者将会启动搜寻程序，寻求其他方案以提升企业绩效。换言之，管理者是期望导向的，而企业衰落是企业绩效低于期望的情形，为了实现预期目标或提升企业绩效，管理者通常会采取创新式搜寻和问题式搜寻等创新方式解决问题，在搜寻过程中查找、诊断并解决"不满意的问题"，促进企业对惯例进行部分删除、修改和替代。因此，企业衰落会刺激管理者变革组织结构、实施创新战略，从而促进了组织创新活动。其次，从风险决策理论视角，根据前景理论（Shimizu，2007）的观点，人们总是把备选方案分为收益和损失两种，对损失往往表现出更大的敏感性，面临收益决策时则是风险规避倾向的，面临损失时是风险承担的。因此，面对企业衰落的绩效损失，管理者将倾向于承担更大的风险（包括创新战略），开展高风险行动，创新行动将是组织避免更大损失的更好选择。再次，从企业的同行业对比看，同行业中的卓越企业往往会对低绩效企业产生激励效应，促进绩效未达标准的企业从事组织创新活动。正如 Bolton（1993）的研究所指出的，与同行业中的高绩效组织相比，低绩效组织往往会较早地开展组织创新活动。因此，提出如下假设。

H1：企业衰落正向影响组织创新。

（二）管理者风险规避的调节作用

风险规避是风险偏好的一个重要维度，揭示了管理者对于风险的认知倾向，反映了管理者心理上厌恶风险的态度。作为管理者重要的心理特征变量，风险规避具有稳定性和持续性特征，它对管理者的行为模式及组织决策等方面具有重要影响。一方面，部分研究者认为风险规避（风险偏好）是创新决策的重要前置变量（张敏和张一力，2016）。另一方面，也有学者开始探索风险规避（风险偏好）的调节作用。比如，刘文兴等（2013）研究了风险偏好对授权领导与创新行为关系的调节作用。吕文栋（2014）对科技保险购买意愿影响因素进行了实证研究，结果表明管理层风险偏好和风险认知对创新风险与企业参保决策（风险决策）之间的关系均具有调节作用。董坤祥等（2016）研究发现感知风险在私有信息披露、服务保证和解答者参与经验与创新绩效之间存在调节作用。基于此，本书结合风险认知和风险决策理论认为管理者风险规避很可能对企业衰落与组织创新的关系具有调节作用。

Trahms 等（2013）在其提出的衰落企业复苏模型中认为衰落企业是否

开展创新决定于情景因素的调控作用。作为重要的情景因素,管理者风险规避很可能影响和制约企业衰落与组织创新之间的关系(吕文栋,2014;董坤祥等,2016)。具体而言,高风险规避型管理者更愿意接受较低的风险,在面对企业衰落所带来的不确定性增高时,往往由于行为刚性,表现出抵制组织变革的行为,更倾向于墨守成规、安于现状,从而缺乏创新变革的动力。换言之,具有高风险规避的管理者往往不愿致力于由企业衰落所引致的充满高风险的组织变革,相反,会采取封锁支持变革者的言论等保守行为,从而抑制组织创新(Symon,2005)。也有研究表明,具有高风险规避的管理者所营造的组织环境往往更倾向于厌恶风险和循规蹈矩,这大大降低了创新变革的动机和速度(Baum 和 Amburgey,2005)。在面对企业衰落所带来的各种不确定性风险或失败时,减少风险承担和秉承谨慎保守的风险规避型管理者更愿意遵循其长期固守的"成功"运营模式,而不愿意破坏公司业已建立的价值链,从而很难表现出"无畏"的冒险行为。此外,管理者风险规避的一个重要表现是群体思维,它可能会带给组织更多的危机,如缺乏反思和有机性,进而在面对快速变化的环境亟需进行重大变革和创新决策时往往遭遇群体的抵制。相反,对于低风险规避型管理者而言,企业衰落所产生的不确定性往往被视为企业发展的机遇。此时,企业衰落程度越高,管理者冒险变革的动机越强,从而对高风险、高收益的机会更加警觉和细心,更有可能实施产品创新和探索性行动。换言之,当管理者表现出较低的风险规避倾向时,面对企业衰落情景,会将更多的资源和精力投入企业新产品、新服务或新工艺和新流程的开发中,希望通过变革和创新实现企业复苏和发展。正如杨慧军和杨建君(2016)所指出的,组织创新是一种创业战略,具有长期的溢出效应,风险规避度低的管理者更倾向于注重长远利益和长期绩效。总之,风险规避度低的管理者为了实现衰落企业的快速恢复和成长,更愿意采取不确定性高、失败率高的创新决策。相反,风险规避度高的管理者更趋于谨慎和保守,倾向于进入低风险领域,不愿意冒险变革、开展创新决策和实施创新活动。因此,提出如下假设。

H2：管理者风险规避负向调节企业衰落与组织创新之间的关系。

(三) 制度化组织使命对管理者风险规避调节作用的中介机制

1. 管理者风险规避与制度化组织使命

组织使命是指该组织在社会中所处的地位、所起的作用、所承担的义务及所扮演的角色。制度化组织使命是其发挥有效作用的重要基础，对组织的运营起到长期的指导作用。持有风险规避倾向的管理者往往惧怕风险、厌恶风险、安于现状、抵制变革，在组织行为和决策风格上表现为稳定保守和循规蹈矩。同时，基于路径依赖理论，风险规避型管理者更倾向于维持组织使命，而不是变革组织使命。换言之，风险规避型管理者在管理惯性思维的影响下更倾向于固化组织使命，遵从制度化期望，以此获取组织合法性地位，提供合法性产品或服务（Suchman，1995）。

已有研究指出，管理者风险规避是影响制度化组织使命的重要因素（Carmeli 和 Sheffer，2009），尤其在企业面对衰落时更是如此。当管理者的风险偏好属于风险追逐类型时，基于企业衰落所形成的沉没成本，管理者所表现出来的大胆、冒险、变革与创新精神往往会激发变革组织使命的动力和意愿，解冻制度化组织使命，从而修正或重构组织使命，以适应企业衰落情景下的创新战略。但是，对于风险规避型管理者而言，当制度化组织使命给组织创新或战略变革带来阻力时，其更倾向于采取"萧规曹随"的态度和决策行为模式。于是风险规避型管理者在面对企业衰落时，很少开展创新搜寻和组织惯例更新。因此，提出如下假设。

H3：管理者风险规避正向影响制度化组织使命。

2. 制度化组织使命的调节作用

高制度化组织使命会造成企业运营弹性的缺失，将会进一步抑制组织应对衰落时的创新反应和创新能力（杜运周，2015）；相反，低制度化组织使命的组织在面对企业衰落时更倾向于选择创新战略。比如，当高制度化组织使命的组织面对不断下滑的市场需求时，往往仅选择合法性战略，因为任何超越企业提供的合法产品或服务边界的活动都可能被社会公众质疑或不被认可（Aldrich 和 Fiol，1994）。面对高制度化组织使命所产生的诸多限制和约束，组织往往会抵制变革，导致出现威胁—刚性和组织承诺升级现象。其中，威胁—刚性使组织的高层管理者在面对企业衰落时，遭受焦虑、压力、冲突、士气低落等问题，组织在创新资源的约束下倾向于机械化、惯例化，结果造成组织发展的路径具有依赖性，导致管理者更多地依赖于过去的经验和规则以应对企业衰落，这将对创新起到十分不利的影响。此外，组织承诺升级促使管理者倾向于对组织失败不断地提升承诺（Ross 和 Staw，1986），导致管理者产生保守主义，进而阻碍组织创新行动，从而拒绝新的方案，同时决策者也会规避风险、减少试验并质疑非核心活动，结果遏制了组织创新。因此，当组织处于衰落态势时，高制度化的组织使命产生了这样一种情景：基于路径依赖和组织惯性，压制组织创新的因素可能会竞相迸发，从而降低了组织创新的可能性。而对于低制度化的组织使命而言，组织在应对衰落时往往具有更多、更大范围的创新空间。这是因为低制度化组织使命意味着高灵活性、变革性和适应性，能够弹性匹配环境的动态变化，从而能够增强企业管理者识别市场威胁、挖掘多样化市场机会的能力，提高组织通过创新活动治理企业衰落的可能性。因此，本书提出以下假设。

H4：制度化组织使命负向调节企业衰落与组织创新之间的关系。

3. 被中介的调节作用

创新旨在探索不确定性，正确认识企业衰落在一定程度上能够帮助组织降低不确定性。同时，企业衰落也是管理者获取创新动力的特殊资源。因此，企业衰落是组织开展创新的重要驱动力。当管理者持有高风险规避倾向时，由于厌恶和惧怕风险，管理者往往倾向于做出保守性或稳健性决策，表现出更强的路径依赖性，并注重于维护组织的既有目标、战略和规章制度，不轻易变革组织使命，确保组织使命的合法地位。此外，管理者是组织创新的代理人和倡导者，制度化组织使命不利于管理者从当前的企业衰落中识别出组织创新的重要机遇。为此，本书推断制度化组织使命可能中介管理者风险规避对企业衰落与组织创新之间关系的调节作用，即存在一个被中介的调节模型。

根据 Grant 和 Sumanth（2009）的研究，被中介的调节模型需满足三个基本条件：①调节变量（管理者风险规避）在自变量（企业衰落）和因变量（组织创新）之间存在着调节作用；②调节变量（管理者风险规避）对中介变量（制度化组织使命）存在显著影响；③中介变量（制度化组织使命）同样调节自变量（企业衰落）和因变量（组织创新）之间的关系，并传递原始调节变量（管理者风险规避）的调节作用。通过上述假设推理可知，企业衰落对组织创新具有促进作用，而这种关系受到管理者风险规避的负向影响，风险规避削弱了管理者对企业衰落的认知力，抑制了从衰落中开展创新的意愿和动力，从而降低了管理者从当前企业衰落的形势中发现重大创新机会的概率。以往研究也指出（Cameron 等，1987），企业衰落往往给管理者带来心理压力，以及管理者缺乏长远规划、秉持保守主义等都会减弱管理者从当前衰落中识别组织创新动力的因素，会造成管理者压制引发组织变革或创新的意愿和动力，进而更不愿意从衰落中识别出组织创新的机会，结果导致减少创新、抵制变革。即高风险规避将削弱企业衰落对组织创新的促进作用。此外，本书还阐述了管理者风险规避如何通过制度化组织使命对企业衰落与组织创新的关系产生的间接作用，主要包括两个方面：一是管理者风险规避与制度化组织使命正相关，管理者风险规避为制度化组织使命的形成提供领导支持，但也不利于组织使命的更新和变革，进而会促进组织使命的制度化进程；二是制度化组织使命负向调节了企业衰落与组织创新的关系，即制度化组织使命弱化了企业衰落与组织创新的积极关系。结合前文的假设推理，本书推断制度化组织使命中介了管理者风险规避对企业衰落和组织创新关系的调节效应。因此，本书提出如下假设。

H5：制度化组织使命中介了管理者风险规避对企业衰落与组织创新之间关系的调节作用。

综上所述，根据假设推理和变量逻辑关系，本书建立了一个理论模型，如图3-1所示，旨在检验管理者风险规避如何通过制度化组织使命以调节企业衰落和组织创新的关系，以便更深刻地揭示企业衰落促进组织创新的机理。

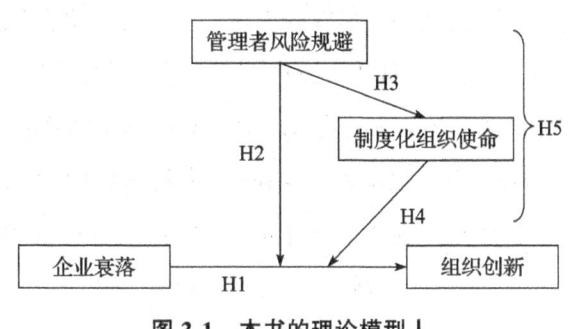

图3-1 本书的理论模型 I

三、研究方法

（一）数据收集

本书的样本数据主要通过问卷调研的方式收集，鉴于本书的研究主题和内容，调查对象主要界定为企业的中高层管理者，这是因为这些人员对企业的组织绩效状况、组织创新决策与组织的规章制度具有较强的熟知度和影响力。在初始问卷设计完成后，笔者咨询了经济与管理学院及同行的部分专家并选择20名MBA学员进行了预调研，对问卷的逻辑结构、语句表述、词义表达等方面进行了修改和完善，提高了问卷的合理性和有效性。本问卷调研的时间为2016年9～12月，主要通过线上和线下两种方式进行。

线上方式主要通过专业的问卷调研网站——问卷星，并将被试者的性别、年龄、学历、所在企业规模等作为控制变量。共获取问卷150份，剔除存在逻辑问题、填写不完整等无效问卷，回收有效问卷 136 份。线下方式包括调研企业和部分任职于中高层管理者的 MBA 学员。在企业调研中，首先，通过电话、传真、QQ 等多种途径与被调研企业的相关部门取得联系，商谈调研时间和场所。在填写问卷之前，向被试者阐述调研的目的和方式，声明本次调研仅用于学术研究，不会对个人和企业造成任何负面影响，消除被试者的心理顾虑。其次，通过多种途径回答被试者的疑问。其中，企业调研发放问卷 80 份，回收 64 份有效问卷；向 MBA 学员发放问卷 40 份，回收有效问卷 36 份。线上、线下共 236 份有效样本的描述性统计表明，男性占 64.8%；年龄在 30 岁以下的占 31.7%，31～40 岁的占 48.6%，40 岁以上的占 19.7%；本科学历以下的占 9.6%，本科学历的占 67.1%，研究生学历的占 23.3%；企业年龄在 1～5 年的占 33.6%，6～10 年的占 27.9%，10 年以上的占 38.5%；企业员工人数在 1000 人以下的占 43.1%，在 1000～3000 人的占 35.4%，3000 人及以上的占 21.5%；机械制造企业占 23.7%，煤炭企业占 33.8%，化工企业占 19.5%，电子通信企业占 15.7%，其他企业占 7.3%。此外，鉴于问卷调研中样本来源的多样性和样本获取时间的差异性，本书通过对比不同回收时间的两批样本数据进行无响应偏差检验。对第一阶段回收的 136 份有效样本和第二阶段回收的 100 份有效样本中的企业衰落、组织创新、管理者风险规避、制度化组织使命及控制变量（企业规模、企业年龄、管理者学历等）进行了 t 检验，检验结果表明企业衰落、组织创新等主要变量和控制变量的 F 检验 p 值均大于显著性水平 0.05，可知这两批样本的总体方差不存在显著性差异。同时，根据对应的 t 检验结果，t 检验的双尾 p 值均大于显著性水平 0.05。所以，本研究不存在显著的无响应偏差，前后两阶段的样本数据可以混合使用。

（二）变量测量

本书所采用的量表均借鉴国内外相关研究中使用的成熟量表，对于英文量表，我们邀请太原科技大学外语学院外语系的两名教师和创新领域的两名教授共同翻译、修订并形成中文量表，所有量表均使用李克特 5 点测度，1～5 依次表示从"非常不认同"到"非常认同"。本研究变量的信度与效度检测如表 3-1 所示。

表 3-1　信度与效度检测

变量		测量题项	因子载荷	信效度
企业衰落		企业应对环境变化的反应能力弱	0.807	CA=0.741, CR=0.832, AVE=0.501
		企业应对环境变化的反应不及时	0.731	
		企业在一定程度上缺乏构建核心竞争力的基础	0.726	
		企业的行为被认为是不合法的	0.697	
		企业预测或判断威胁企业生存环境变化的能力不足	0.555	
组织创新	管理创新	通过改善工作流程或方法提高工作效率	0.813	CA=0.818, CR=0.880, AVE=0.513
		采用新的薪酬制度更好地激励员工	0.766	
		对企业未来发展具有独到见解	0.731	
		及时根据环境变化制订应急方案	0.697	
	技术创新	引进优化工作流程的新技术	0.678	
		开发市场需要的新产品	0.671	
		及时更新并整合企业的知识资源	0.642	
管理者风险规避		企业管理者往往会维持组织现状	0.876	CA=0.828, CR=0.897, AVE=0.744
		企业管理者会寻求共识而非试图提出破坏现状的方案	0.874	
		企业管理者倾向于改变现状，尝试组织变革（R）	0.837	
制度化组织使命		组织使命不随环境而改变	0.767	CA=0.705, CR=0.819, AVE=0.532
		组织使命随环境变化不及时	0.748	
		组织使命长期指导企业战略选择	0.705	
		组织使命保证了企业经营的合法性	0.694	
χ^2/df=1.618, GFI=0.909, CFI=0.945, TLI=0.934, RMSEA=0.051				

1. 企业衰落

本书借鉴 Carmeli 和 Schaubreock（2006）的企业衰落量表，并进行了翻译和修订，包含 5 个题项。如"企业预测或判断威胁企业生存环境变化的能力不足"等。探索性因子分析结果表明企业衰落是一个单维结构，累积方差解释率达到 57.34%，各题项均具有较大的因子载荷。一阶 CFA 检验表明数据拟合较好（$\chi^2/df=1.49$，GFI=0.988，CFI=0.99，RMSEA=0.046）。

2. 组织创新

根据王雁飞和朱瑜的研究（2009），组织创新量表包括管理创新和技术创新两个维度，管理创新包括 4 个题项，如"通过改善工作流程或方法提高工作效率"等，技术创新包括 3 个题项，如"引进优化工作流程的新技术"等。在实证分析中，本书采用管理创新和技术创新的平均值作为组织创新的测度值。探索性因子分析结果表明组织创新是一个两维结构（管理创新、技术创新），累积方差解释率达到 58.341%，各题项均具有较大的因子载荷。经过验证性因子分析（CFA），检验结果表明符合 2 阶因子模型，并且数据拟合较好（$\chi^2/df=2.037$，GFI=0.968，CFI=0.967，RMSEA=0.066）。

3. 管理者风险规避

本书参考 Carmeli 和 Sheaffer（2009）开发的管理者风险规避量表，并对其进行了完善，共有 3 个题项，如"企业管理者会寻求共识而非试图提出破坏现状的方案"等。探索性因子分析结果表明管理者风险规避是一个单维结构，累积方差解释率达到 74.34%，各个项目均具有较大的因子载荷。一阶 CFA 检验表明数据拟合较好（$\chi^2/df=1.93$，GFI=0.984，CFI=0.983，RMSEA=0.063）。

4. 制度化组织使命

根据 Mone 等（1998）的研究，制度化组织使命包括 4 个题项，如"组织使命不随环境而改变"等。探索性因子分析结果表明制度化组织使命是一个单维结构，累积方差解释率达到 53.14%，各个项目均具有较大的因子载荷。一阶 CFA 检验表明数据拟合较好（$\chi^2/df=1.634$，GFI =0.993，

CFI =0.992，RMSEA=0.052）。

此外，根据人力资本、组织生命周期和风险认知等理论，管理者素养、企业规模的大小和企业成立年限等变量很可能对管理者的风险偏好、组织使命更新与组织创新倾向等产生重要影响（查成伟等，2016）。为此，本书把管理者学历、企业规模和企业年龄作为控制变量。

四、数据处理与结果分析

（一）效度与信度分析

前文对四个变量（企业衰落、组织创新、管理者风险规避和制度化组织使命）分别进行了探索性因子分析和验证性因子分析，其中，探索性因子分析表明，各变量测量题项的因子载荷符合统计学要求（大于0.5），基本结构契合理论预期。全量表验证性因子分析结果表明，观测模型与数据的匹配度具有较高的一致性（χ^2/df=1.618，GFI=0.909，CFI=0.945，TLI=0.934，RMSEA=0.051）。各主要变量的测量指标与潜变量之间路径系数的T值大于2，说明具有较好的收敛效度。然后，根据表3-1可知，企业衰落、组织创新、管理者风险规避和制度化组织使命的平均变异数抽取量（AVE）值依次为0.501、0.513、0.744、0.532，均大于50%，并且各变量AVE值的平方根均大于其所在行和列的相关系数，说明具有较好的区分效度。此外，采用Cronbach'A（简称CA）系数和组合信度（CR）测度变量的信度水平，如表3-1所示，四个变量的CA系数均大于0.7，组合信度（CR）均大于0.8，说明量表具有良好的信度。

（二）同源偏差检验

鉴于本研究在数据调研过程中主要通过被试者自我报告的形式得到样本数据，考虑到被试者填答问卷的自相关特性，因而可能带来同源偏差问题。为了检验同源偏差程度，以确保样本数据质量的有效性，本研究主要采用三种方法进行检验。①对可能存在的同源偏差采用 Harman 单因素方法检验同源偏差是否对研究结果造成显著影响（罗瑾琏等，2016）。通过对本研究的所有变量进行探索性因子分析，发现特征根大于 1，同时在未做任何旋转的情况下，第一个主成分的解释力为 21.749%，所占比重未达到总变异解释量的 50%，初步表明同源偏差问题不会对数据的有效性造成影响。②采用验证性因子分析法检验同源偏差。其中，单因子模型的拟合情况（χ^2/df=3.594，CFI=0.756，GFI=0.803，TLI=0.724，RMSEA=0.105）最差，而四因子模型的（χ^2/df=1.618，GFI=0.909，CFI=0.945，TLI=0.934，RMSEA=0.051）拟合效果明显优于单因子模型，表明不存在严重的同源偏差。③采用控制非可测潜在方法因子对同源偏差进行检验（谢俊和严鸣，2016）。在测量模型（T1）中加入一个共同潜变量（CMV）构成竞争模型（T2）。对比 T1（χ^2/df=1.618，GFI=0.909，CFI=0.945，TLI=0.934，RMSEA=0.051）和 T2（χ^2/df=1.532，GFI=0.923，CFI=0.959，RMSEA=0.048）的拟合指标，两模型的 GFI、CFI、RMSEA 变化幅度均在 0.02 以下，表明控制后的模型并未得到显著改善，而且，CMV 变量的 AVE 仅为 17.58%，远低于 50% 的最低临界条件。根据以上分析，说明样本不存在严重的同源偏差问题。

（三）相关分析

各变量间的相关系数如表 3-2 所示。根据相关研究，如果相关系数大于 0.7，则表明概念区分不合理或存在共线性威胁（于晓宇等，2016），表 3-2 显示各变量间的相关系数均小于 0.7。同时，主要变量间的相关系数显著，为实证检验提供了前提。

表 3-2 各变量间的相关系数

变量	1	2	3	4	5	6	7
学历							
企业规模	0.100						

续表

变量	1	2	3	4	5	6	7
企业年龄	0.003	0.202**					
企业衰落	−0.125	−0.080	−0.064	(0.708)			
组织创新	−0.111	−0.038	−0.062	0.678**	(0.716)		
管理者风险规避	−0.129*	0.048	−0.042	0.257**	0.283**	(0.863)	
制度化组织使命	−0.191**	−0.038	−0.004	0.606**	0.590**	0.301**	(0.729)

注：** 表示相关系数在5%上显著（双尾检验）；对角线上括号内的数字表示AVE值的平方根。

（四）回归分析

根据陈晓萍等编著的《组织与管理研究的实证方法》，并结合理论假设之间的逻辑关系，本书的理论框架属于单层次类型Ⅱ被中介的调节效应模型。对被中介的调节效应模型的检验有多种方法（叶宝娟和温忠麟，2013），如依次检验法、混合模型的依次检验法、直接检验中介效应法、检验总效应和直接效应的差异及以基本的中介模型为基础的检验等。这些方法一是存在盲目检验自变量和调节变量的交互项是否通过中介变量影响因变量的问题，二是存在检验中介效应的第一类错误率较大的问题，三是存在被中介的调节模型与有调节的中介模型混淆问题。为避免以上问题，叶宝娟和温忠麟整合相关研究提出了被中介的调节效应模型的检验程序，但这种方法主要以被中介的调节效应模型Ⅰ为基础推理提出，因此，适用于被中介的调节效应模型Ⅰ，但对于被中介的调节效应模型Ⅱ未必适用。为此，本书根据《组织与管理研究的实证方法》及Grant和Berry（2011）提出的验证单层次类型Ⅱ被中介的调节效应模型的方法，同时，参考了马君和王迪（2015）的研究，构建了5个检验有效性的理论模型，如表3-3所示。其中，模型1旨在检验企业衰落对组织创新的影响（假设H1）；模型2检验管理者风险规避对企业衰落和组织创新关系的调节作用（假设H2）；模型3检验管理者风险规避对制度化组织使命的影响（假设H3）；模型4检验制度化组织使命对企业衰落和组织创新关系的调节作用，即验证假设 H4；模型 5 检验制度化组织使命是否中介管理者风险规避对企业衰落和组织创新关系的调节作用，同时采用 Bootstrap 方法进一步验证假设 H5。

表 3-3　层次回归分析

变量	模型 1 组织创新	模型 2 组织创新	模型 3 OMS	模型 4 组织创新	模型 5 组织创新
学历	−0.029	−0.019	−0.150*	0.001	0.006
企业规模	0.023	0.019	−0.040	0.020	0.017
企业年龄	−0.024	−0.021	0.016	−0.042	−0.037
企业衰落	0.674***	0.618***		0.481***	0.468***
管理者风险规避（MRA）		0.142**	0.284***		0.089♀
制度化组织使命（OMS）				0.247***	0.224**
企业衰落 × MRA		−0.113*			−0.050
企业衰落 × OMS				−0.112*	−0.098♀
R^2	0.461	0.484	0.611	0.520	0.527
调整后的 R^2	0.451	0.470	0.602	0.508	0.511
F	49.318***	35.761***	7.536***	41.421***	31.666***

注：♀、*、**、*** 分别表示在 0.1、0.05、0.01、0.001 水平上显著。

根据表 3-3 的检验结果，由模型 1 可知，企业衰落显著正向影响组织创新（β=0.674，p<0.001），H1 获得支持。模型 2 显示，管理者风险规避与企业衰落的交互项显著负向影响组织创新（β=−0.113，p<0.05），表明企业衰落与组织创新的关系受到了管理者风险规避的负向调节。同时，借鉴 Aiken 和 West 的做法，根据简单斜率估计绘制了图 3-2，由图可知，管理者风险规避弱化了企业衰落对组织创新的正向影响，即与低风险规避倾向相比，当管理者具有高风险规避倾向时，企业衰落与组织创新的正向关系更弱，假设 H2 得到验证。由模型 3 可知，管理者风险规避对制度化组织使命有显著正向影响（β=0.284，p<0.001），假设 H3 得到验证。模型 4 结果显示，制度化组织使命与企业衰落的交互项显著负向影响组织创

新（β=-0.112，p<0.05），表明企业衰落与组织创新的关系受到了制度化组织使命的负向调节，同时，根据其调节效应图（见图3-3）可知，制度化组织使命弱化了企业衰落对组织创新的正向影响，即与低制度化使命相比，当企业具有高制度化组织使命时，企业衰落与组织创新的正向关系更弱，假设H4得到验证。

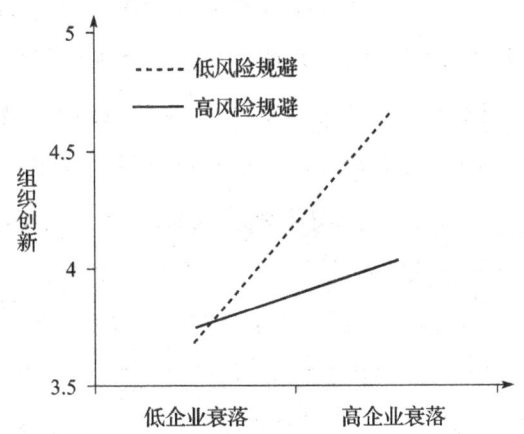

图3-2 风险规避调节企业衰落与组织创新的关系

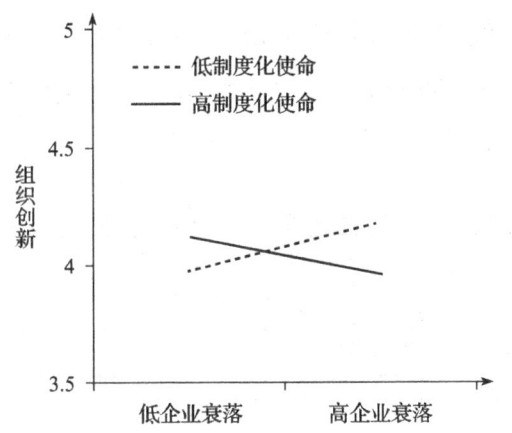

图3-3 制度化组织使命调节企业衰落与组织创新的关系

根据表3-3模型5可知，制度化组织使命与企业衰落的交互项显著负向影响组织创新（β=-0.098，p<0.1），管理者风险规避与企业衰落的交互项由模型2的显著（β=-0.113，p<0.05）变得不再显著（β=-0.05，p>0.05）。

根据被中介的调节模型的检验标准（Grant 和 Sumanth，2009），模型 5 的检验结果表明制度化组织使命可能中介了管理者风险规避对企业衰落与组织创新关系的调节作用，即假设 H5 成立。

为此，本书还需要采用区间估计 Bootstrap 方法进一步验证制度化组织使命是否中介了管理者风险规避对企业衰落与组织创新之间关系的调节效应，主要采用重新抽样自助法检验调节变量（管理者风险规避）如何通过中介变量（制度化组织使命）对自变量（企业衰落）与因变量（组织创新）之间关系的间接调节效应。本研究运用 Mplus7.0 软件，根据单层次类型 II 被中介的调节效应程序，对所有样本进行 2000 次抽样，以检验制度化组织使命是否中介了管理者风险规避对企业衰落与组织创新之间关系的调节效应。根据表 3-4 的检验结果可知，来自全样本的间接效应值为 -0.051，95% 的偏差矫正和加速置信区间为（-0.101，-0.005），不包括 0。这些结果表明制度化组织使命中介了管理者风险规避的调节效应，进一步验证了假设 H5。这一方面意味着制度化组织使命完全传导了管理者风险规避的调节效应，但另一方面，从理论上来说，也许制度化组织使命部分中介管理者风险规避的调节作用更为合理。出现这种情况可能是受到了样本选择和样本规模的影响，此外，也可能是受到被中介的调节效应模型的检验方法成熟性的限制（叶宝娟和温忠麟，2013）。

表 3-4　被中介的调节模型分析结果

中介变量： 制度化组织使命	被中介的调节效应			95% 置信区间	
	间接效应值	标准差	t 值	上限	下限
间接效应	-0.051[*]	0.055	-1.917	-0.101	-0.005

注：*、**、*** 分别表示在 0.05、0.01、0.001 水平上显著。

五、结论与讨论

本书基于风险决策和风险偏好理论，构建了一个被中介的调节效应模型，探讨了管理者风险规避和企业衰落如何影响组织创新，以及制度化组织使命是否中介管理者风险规避的调节作用,结果显示如下:①企业衰落对组织创新具有促进作用,表明正确认识企业衰落,重视组织绩效偏差的价值,以积极的态度开展创新活动有助于衰落企业的发展;②管理者风险规避对企业衰落与组织创新之间的关系具有负向调节作用,并且制度化组织使命对这一调节机制存在中介作用,这表明当管理者表现出风险规避倾向时,将会减弱企业衰落促进组织创新的动力,但这种调控机制需要借助制度化组织使命来实现。换言之,在组织创新过程中,管理者风险规避对企业衰落与组织创新关系的调节机制通过制度化组织使命的传导而产生作用。这说明企业衰落会给组织管理者带来一定压力和挑战,管理者能否采取组织创新战略在一定程度上受到管理者风险规避和制度化组织使命等因素的综合影响。

  本书的理论价值包括以下几点。①采用实证研究方法检验了企业衰落对组织创新的关键作用。目前,相关研究仅从定性层面探讨了企业衰落对于组织创新的影响(Mone 等,1998;McKinley 和 Braun,2014),忽视了企业衰落对组织创新的警示作用。本书发现企业衰落是管理者能否做出战略变革、实施组织创新的重要驱动因素。与组织成功相比,企业衰落一方面会给管理者带来更大的管理挑战,但另一方面也会给管理者带来更深的心理认知和行为变革动力。因此,企业衰落具有更高的学习价值,在驱动组织变革(创新)方面会产生更强的激励作用。②深化了人们对企业衰落与管理者风险认知、组织使命相互间关系的理解。关于创新前因变量的研究主要关注社会资本(孙善林等,2017)、组织学习(林春培和张振刚,2017)、领导风格(周飞等,2015)等相关因素,忽视了管理者风险认知和组织使命固化在组织面临衰落情形下开展组织创新战略中的角色。研究发现面对企业衰落,管理者风险规避和制度化组织使命在管理者利用企业衰落的特殊价值驱动组织创新过程中起调节作用,说明企业衰落的学习价值在一定意义上受到管理者风险认知和组织发展路径的影响,也揭示了组织创新的实现需要管理者建构风险认知与实施组织惯例更新策略。③本书发现管理者风险认知对制度化组织使命具有重要作用，制度化组织使命中介了管理者风险规避的调节作用。已有文献研究指出制度化组织使命的主要作用是增加组织的合法性（Singh等，1986），而本书的研究结论表明制度化组织使命弱化了企业衰落与组织创新之间的关系，即制度化组织使命会产生组织刚性、增强组织发展的路径依赖性、降低组织运营的弹性，从而阻碍了组织创新。从组织创新的角度看，重塑管理者风险认知并不足以确保其能从企业衰落中挖掘出激励组织创新的价值，如果不能实现制度化组织使命的更新，重构管理者风险认知很可能仅是管理者控制危机的"一厢情愿"的想法，难以突破"组织刚性"的鸿沟（Bolton，1993）。此发现对理解管理者风险认知与组织环境如何影响组织创新有重要启发。

本书对企业衰落情形下的企业管理者开展组织创新活动具有一定的实践价值。①企业衰落是管理者所不期望的，但企业衰落中蕴藏着巨大的价值，对于组织通过创新实现恢复和成长具有预警和激励作用。企业衰落是组织发展过程中难以避免的现象，能否从衰落中挖掘激励创新的动力和价值尤为重要。为此，管理者需要建立正确的衰落认知，识别衰落模式（D'Aveni，1989），积极采取创新战略以驱动组织恢复和发展。②管理者能否从企业衰落中捕捉组织创新的价值和机遇取决于管理者的风险认知。企业衰落是组织发展过程中的"沉没成本"，根据前景理论，管理者往往会重构风险认知，倾向于大胆变革、勇于创新，激发创新热情，增强创新动力和决心，从而通过创新驱动实现衰落企业的恢复和发展。③管理者在实施组织创新过程中必须把企业衰落与较低的制度化组织使命结合起来。面对企业衰落，低制度化组织使命不仅有利于管理者减弱在创新过程中的组织刚性，而且能够在一定程度上降低因企业衰落而显现出来的路径依赖性。为此，组织管理者亟需认识到低制度化组织使命在企业衰落驱动组织创新过程中的宝贵价值。面对企业衰落，需要管理者变革、更新组织使命，增强组织使命的有机性，从而提升组织创新的决策质量，进而促进创新绩效。

本书也存在一些局限性。首先，本书探讨企业衰落与组织创新的关系，考察了管理者风险规避和制度化组织使命对其关系的调节作用。除此之外，在企业衰落与组织创新之间可能存在着其他的调节变量，如衰落归因、权力集中度等（McKinley 和 Braun，2014）因素，未来研究可进一步探索其他相关变量对企业衰落与创新关系的调节机制。其次，过往研究对于企业衰落的测量主要依赖于财务指标，本书借鉴 Carmeli 和 Sheaffer（2009）等开发的研究量表探索企业衰落对创新的影响。由于尚未考虑中西方文化的差异性，可能对研究结论的有效性造成一定的偏差。未来研究将致力于开发适合中国情境下的企业衰落量表，为后续实证研究和中西方对比研究提供参考依据。再次，由于本书采用的是横截面设计，研究结论与纵向研究或实验研究可能存在差异，未来研究则需要考虑互补应用多种研究方法，以便更全面地研究理论模型的有效性。最后，尽管本书得出了一些有意义的结论，但由于受到样本设计和被中介的调节效应模型检验方法的限制，在未来研究中，本书理论模型的有效性还需要在优化样本选择、扩大样本规模和完善控制变量选择的基础上采用更加科学、有效的方法进一步验证分析。

第二节　企业衰落与组织创新的关系：失败学习与组织惯例更新的影响

一、引言

据统计，2010 年有将近一半的标准普尔 500 公司经历过 3 年的衰落期，面对全球经济的低迷态势，企业衰落现象将会变得更为突出（杜运周，2015），如果任其发展而不采取适当的复苏战略（Panicker 和 Manimala，2015），势必削弱企业的市场竞争力，制约企业的可持续发展，甚至使企业走向衰亡。企业衰落自20世纪80年代提出以来，逐渐成为西方战略管理领域重要的研究议题。学者们围绕企业衰落的概念、原因、模式和复苏战略等方面进行了探讨（杜运周，2015），并取得了一定的研究成果。已有研究表明，企业衰落是组织创新的重要驱动力（McKinley和Braun，2014）。这与以往从社会资本（朱慧，2013）、组织学习（许晖，2013）和领导风格（周飞，2015）等视角研究组织创新路径不同。那么，在企业衰落背景下应该通过怎样的作用机制影响企业创新呢（Dan和Geiger，2015）？从本质上来讲，企业衰落是组织绩效持续下滑的现象（Robbins，1992），组织管理者不仅需要转变传统的思维观念，重视企业衰落，化衰落为机遇，而且更需要在行动上前瞻谋划，实施创新驱动发展战略。为此，深入探讨企业衰落驱动组织创新的作用机理对于企业普遍存在的企业衰落问题具有一定的参考价值。

组织学习理论认为，失败学习是驱动组织创新的一个非常重要却容易被忽视的要素（唐朝永等，2014）。企业衰落作为组织成长的特殊经验，被认为是激发组织失败学习的重要来源，而失败学习对组织创新具有积极的预测作用（于晓宇，2012）。根据企业衰落理论，失败学习可能充当企业衰落驱动创新的中介变量。换言之，在企业衰落背景下，组织管理者往往会启动创新搜寻战略，开展本地搜寻和远程搜寻，以实现利用式失败学习和探索式失败学习，进而通过失败学习提升组织的变革性、适应性和创新性（Gino，2013）。为此，本书将从失败学习视角解读企业衰落效应的传导机制，即检验失败学习对企业衰落与组织创新关系的中介作用。另外，探索能够影响企业衰落效应的情景因素是企业衰落研究的另一个重要方面。作为组织情景重要因素的组织惯例更新，反映了组织惯例的变革和创新机制。考虑到组织管理者基于组织惯例更新视角去剖析在此情境下的企业衰落问题并做出相应的反应，组织惯例更新可能会影响到企业衰落效应及其传导机制。而且企业衰落与制度化组织使命（组织惯例）的整合研究也说明企业衰落效应受到制度化使命（组织惯例更新）的影响

(McKinley 和 Braun，2014）。然而，目前尚未有直接的研究检验企业衰落效应是否依赖于组织惯例更新的调节作用。为此，本书将考察组织惯例更新在企业衰落与失败学习关系中的缓冲作用。组织惯例更新的快慢使组织在应对失败学习的方式上存在一定的差异性，从而对失败学习的态度和行为也会产生不同的影响。以此为基础，本书不仅研究组织惯例更新的调节作用，还进一步构建一个中介模型，以期阐释组织惯例更新调节企业衰落对组织创新间接作用的机制。

综上所述，本书主要探讨以下三个问题。①检验企业衰落对组织创新的影响机理，丰富组织创新路径的研究。②探讨失败学习在企业衰落与组织创新关系中的中介作用，从失败学习视角揭示企业衰落驱动组织创新的"黑箱"。③考察组织惯例更新在企业衰落与失败学习之间关系的调节作用，并进一步验证组织惯例更新对失败学习的中介作用的调节机制，揭示企业衰落影响组织创新的情景因素，为深入理解企业衰落影响组织创新的边界条件提供依据。

二、理论回顾与研究假设

（一）相关概念与理论

1. 企业衰落

多数研究关注于对企业成长机理的探讨，而忽视了对企业衰落的分析。伴随着外部环境的不确定性与复杂性，企业衰落对任何一个企业的持续成长而言都是一个巨大挑战。如何面对企业衰落成为企业运营实践中一个亟需解决的命题。企业衰落与组织失败是两个紧密联系，但又有区别的概念。企业衰落强调组织绩效或资源基础的持续下滑，同时也表明了企业衰落的速度和结果；而组织失败更侧重于组织运营的结果。此外，组织失败仅是企业衰落的可能结果。针对衰落企业的复苏问题，许多学者研究出了一些方法，如两阶段复苏模型和复杂的复苏模型（Trahms 等，2013）等。

2. 失败学习

学者们从不同的视角界定失败的概念。从决策理论角度来讲，可以将失败理解为组织实际绩效低于期望绩效的情形（Gino，2013）；从组织行为视角来看，失败是指组织绩效因在运营过程中出现失误和问题而未达到预期目标的结果。与成功相比，失败是组织学习的特殊来源，一些学者从过程视角阐释了失败学习的概念，如 Tucker 和 Edmondson（2003）指出失败学习包括失败发生后为了确保组织的存续而进行的及时调整，同时还包括探析失败原因并警示组织成员。Cannon 和 Edmondson（2005）认为失败学习由认定失败、分析失败和审慎试验三个环节构成。失败学习旨在通过反思经验、挖掘失败根源、修正组织行为和组织制度，从而增强企业创新绩效。此外，还有学者研究了失败学习的效应，如降低创新风险、提高可靠性、提升组织绩效（Tucker 和 Edmondson，2003）等。

3. 组织创新

目前，学术界对组织创新的概念尚没有统一的界定（朱慧，2013），学者们从不同角度进行了解读。例如，从创新对象视角，分为产品创新、服务创新、流程创新等；从管理目标视角，包括管理创新与技术创新；从创新性质视角，有渐进创新和破坏创新；从广义视角，组织创新是指一种新的组织方式在企业实践、组织结构和外部关系方面的应用。此外，在组织创新的实证研究中，组织创新的概念包括产品、过程和多元等观点（谢洪明，2007）。但多数研究认为多元观点更符合企业创新实践，即组织创新的过程是技术创新和管理创新协同作用的过程。为此，本书借鉴组织创新的多元观点，采用技术创新和管理创新的均值测度组织创新。另外，组织创新与组织变革密切相关，组织变革是一个或一系列尝试去修正一个组织的结构、目标、技术或者工作任务的过程（尹晓峰，2014）。组织变革侧重于组织战略的转变，目的在于适应环境，提升组织的生存力和发展力。组织创新是实现组织变革的手段，嵌入于组织变革的过程。

4. 组织惯例更新

组织惯例是组织具有的固定的运作或做事方式。已有研究指出组织惯例会随环境变化而变化（Chassang，2010），以提升组织的柔性和适应性（Gittell，2002）。然而，组织惯例一旦与环境不能有效耦合，其效能就会减弱，甚至成为组织发展的桎梏。组织惯例更新是指当组织惯例的执行环境发生变化时，组织惯例能够主动地进行搜寻，进而使组织惯例与新环境相适应，以增强组织惯例效能的过程（王永伟，2012）。由此，组织惯例更新由更新和创新两个机制构成。更新机制强调组织惯例和环境因素的互动融合，并通过遗传和复制机制实现组织惯例的优化过程和自我扬弃过程，同时通过搜寻和选择机制摒弃环境匹配度低的惯例，实现更新或修正组织惯例以适应环境变化，提升组织惯例效能；组织惯例创新机制表现为环境的变化导致新的组织惯例的形成。对于外部环境变化，组织需要适应环境建立新的组织惯例。此时，组织需要开展惯例搜寻和选择，通过试错机制实现惯例的优胜劣汰（Rerup 和 Feldman，2011），并通过市场选择机制采用效率较高的组织惯例。因此，组织惯例更新能够达到企业组织惯例与环境耦合匹配的目的，为组织创新提供支持。

5. 组织行为与前景理论

以梅奥为代表的学者于 20 世纪 30 年代提出了组织行为理论，旨在研究个体、群体及结构对组织行为的影响，并以此提升组织的有效性和运行绩效。组织行为理论指出，面对复杂、动荡的商业环境，组织最具战略价值的核心任务是持续创新，从而提升组织绩效和竞争力（Shimizu，2007）。根据行为理论，不良绩效将导致组织实际绩效与管理者、利益相关者的预期绩效之间的不一致性，为了弥补绩效缺口，组织将会尝试启动搜寻程序寻找问题解决方案。如果实际绩效与管理者的预期存在较大偏差，所导致的企业衰落将会驱动组织实施组织变革和创新战略。

前景理论是由 Kahneman 和 Tversky（1979）提出的，主要用于解决风险决策问题。即根据风险预期的差异性条件预测人们的行为倾向，并以此推理人们做出决策的过程是有限理性的。正如 March 和 Shapira（1992）所指出的，管理者基于组织的历史绩效或行业平均绩效设定未来绩效的目标，同时根据对未来环境的认知判断未来绩效预期的水平。其中，前景理论主要应用于研究决策过程中人们面对损失和收益的态度和行为倾向，具体而言，包括以下四个结论：①大多数人在面临获利的时候是风险规避的（确定效应）；②大多数人在面临损失的时候是有风险喜好的（反射效应）；③大多数人对得失的判断往往根据参考点决定（参照依赖）；④大多数人对损失比对收益更敏感（损失效应）。因此，面对确定性收益时，人们往往会规避风险、谨慎行事，面对损失时则会非常不甘心、不屈服，倾向于风险追逐、大胆冒险。

（二）研究假设

1. 企业衰落与组织创新

已有研究表明企业衰落对组织创新有重要影响（Mone 等，1998），但作用过程和机理尚未被深入阐释，而且研究结论也尚未统一，还需要进行深入的理论分析和实证研究。根据绩效评价理论，企业衰落可以理解为组织在一个阶段内绩效持续下滑的状态（Trahms 等，2013），如果不能及时采取有效的创新战略，企业衰落很可能导致组织失败。因此，对于组织管理者而言，开展组织创新是治理企业衰落、实现组织复苏的重要战略选择。从行为理论视角分析，如果组织不能有效实现预期的目标和绩效，将会启动创新搜寻机制，搜寻新的问题解决方法和技术（Rerup，2011），以便于改善组织创新绩效。也就是说，由绩效偏差所导致的企业衰落现象是组织创新的重要驱动力量，管理者在面对组织低绩效问题时，将努力寻求新的途径解决当前的经营困境。因此，企业衰落作为一种驱动力量能够激发组织的创新动力和创新活动。正如 Bolton（1993）的研究所指出的，对比行业中实现高绩效的卓越企业而言，低于预期绩效的企业往往会尝试开展创新活动。此外，从前景理论视角分析，企业衰落也有助于组织创新。

前景理论指出，备选方案可以分为收益和损失两类；人们对损失更为敏感；人们对收益决策往往持风险规避态度，对损失决策往往持风险承担态度。根据前景理论，当管理者面临组织绩效损失时，将更倾向于承担风险。但对于组织创新而言，一方面能够抑制因企业衰落而产生的低绩效或组织的低适应性等问题；另一方面，组织创新也面临着极大的风险和不确定性。因此，在面临绩效不佳的环境下，管理者往往会表现出风险追逐偏好，更可能选择创新决策。另外，综观企业管理实践，企业衰落对创新也有重要的刺激作用。因此，提出如下假设。

H1：企业衰落对组织创新具有显著的正向影响。

2. 企业衰落与组织失败学习

企业衰落与组织失败的概念相似，但在程度和结果上存在较大差别。企业衰落侧重于组织绩效持续下降的现象，实际绩效可能大于或等于预期绩效，也可能低于预期绩效，如果衰落趋势不能得到有效遏制，在结果上必然导致组织失败。换言之，组织失败是量变导致质变的结果。此外，根据衰落速度，企业衰落分为快速衰落、渐进衰落和拖延衰落三种情形，不同情形产生的结果也具有差异性。总体而言，可分为组织失败和企业复苏两种。因此，对于管理者而言，如何使衰落的组织走向复苏是一个重要的战略管理问题。失败学习理论的提出和应用为企业衰落治理提供了新的视角和路径选择。根据决策理论（杜运周，2015），管理者基于满意原则而非最优原则对战略方案进行评价，令管理者满意的决策可以提升组织绩效，建立组织的竞争优势；如果管理者对决策不满意，就会搜寻其他的方案。换言之，如果管理者是基于期望导向的，那么持续的企业衰落必然导致组织失败，从而产生组织绩效低于期望绩效的情形。因此，满意的决策会提升组织的竞争力和组织绩效，而对于不满意的决策结果，往往会造成企业衰落。此时，管理者往往会基于组织承诺和组织心理所有权认真探析企业衰落的原因，针对组织存在的问题，根据企业衰落情形开展问题式搜寻和创新式搜寻。其中，渐进衰落和拖延衰落因衰落周期长、速度较慢适用于问题式搜寻，并触发组织开展利用式失败学习，这种学习形式往往基于组织已有的知识和技术，挖掘已有创新失败的经验教训，增强组织的环境反应力、适应力和判断力，促进已有技术与环境的匹配性，提升创新战略的执行力，从而能够加快创新速度，提高创新成功率。快速衰落因衰落周期短、速度快，适用于创新式搜寻，并触发组织开展探索式失败学习。探索式失败学习基于搜索、发现、实现、创新与风险承担等特征（林春培，2015），本质上属于跨越组织边界的失败学习活动，旨在对外部新颖的失败知识和技术的追寻，通过丰富组织的新颖性和异质性知识，提升组织新产品开发的成功率，从而契合顾客需求，实现组织复苏。此外，从比较研究方法的视角，一些学者探讨了成功经验和失败经验对于组织学习的作用。研究认为，对比成功经验，失败经验更能驱动衰落组织抛弃传统观念和既有的思维模式，增强组织的学习意愿和能力，致力于搜寻解决问题的新方法（Carmeli，2011）。因此，提出如下假设。

H2：企业衰落对失败学习具有显著的正向影响。

3. 失败学习与组织创新

国外学者在研究失败学习效应时，对失败学习与组织创新的关系进行了分析，认为失败学习能够降低创新的失败率，提升组织的可靠性、适应性和稳定性，进而提高组织绩效（Hirak，2012）。国内学者对失败学习与组织创新的关系进行了实证研究，主要围绕技术信息获取（于晓宇，2012）、社会资本（唐朝永，2014）、外部创新搜寻（唐朝永，2014）、知识治理（朱雪春，2014）和高质量关系（查成伟，2016）等角度展开。综合已有文献，失败学习对组织创新的影响机理可以归纳为以下三个方面。①学习经验曲线。随着曲线的移动，创新效益会递减，如果想获得更好的创新绩效，必须转移到另一个技术曲线，即动态的、开放的、不连续的创新才能保持组织过去可持续的竞争优势。而在转换技术曲线的过程中，失败学习起着重要作用。比如，通过跨组织边界的创新搜寻战略，组织可以获取异质性、新颖性的失败创新、失败战略等方面的案例资源，开展案例学习，总结经验教训，提高创新技术的市场匹配性，从而有助于组织创新。②单环学习和双环学习。单环学习重在修正目标实施过程中的错误行为、工作失误、差错（Putz，2013），而对组织的政策、制度、惯例、思想等控制变量不做根本改变。双环学习是在单环学习的基础上，不仅修正组织行为，更为重要的是对环境或控制变量进行改变或重构。从一定意义上来讲，单环学习是失败学习的初级阶段，双环学习是失败学习的高级阶段。因此，在企业衰落情境下，开展双环学习更有利于打破僵化的思维、惯例、体制，促进组织管理和技术创新。③从演化经济学视角分析，组织的成长同其经历的成功与失败的事件密切相关，组织对于失败经验的系统学习、借鉴对组织的发展具有重要作用（林春培，2015）。因为组织从失败中挖掘出有价值的经验，并开展失败学习可以有效避免类似的失败，或者从小的失败中得到启发，以便未雨绸缪，以防止更大的失败。因此，提出如下假设。

H3：失败学习对组织创新具有显著的正向影响。

组织创新是一种需要组织内所有人共同参与的集体活动。企业衰落在影响组织战略决策的过程中，组织管理者及其员工需要经历衰落认知、衰落分析和衰落治理的心理和行为过程。根据企业衰落与失败学习的概念，这一过程在一定程度上也是失败学习的过程。组织失败学习是组织存在和运行的关键环节，企业衰落能够激发管理者及其员工开展失败学习活动，进而实现组织创新。因此，本书认为失败学习在企业衰落与组织创新之间起中介作用。具体而言，基于管理决策理论，企业衰落是激发失败学习的重要驱动力，而基于双环学习和学习曲线驱动的失败学习更有利于提升组织的创新能力。换言之，企业衰落是决策执行结果失败的表征，对于不满意的结果，组织开展失败学习是提升决策满意的重要途径。而在失败学习战略的指引下，组织将更加重视失败的价值，识别新的发展机会（于晓宇，2016），激励组织搜寻新的问题解决方法。正如陈君达（2011）所指出的，创新是通过组织管理者及其员工反复的试验和试错来实现的。因此，提出如下假设。

H4：失败学习在企业衰落与组织创新之间起中介作用。

4. 组织惯例更新的调节作用

组织惯例的生命周期包括五个阶段，即孕育期、形成期、稳健期、变质期和废止或修正期（Greve，2003）。从本质上来讲，组织惯例的演化过程蕴含了组织惯例更新的过程。所谓组织惯例更新是指组织惯例为了匹配环境的变化而主动进行组织惯例更新和创新的过程，通过组织惯例更新实现淘汰环境适应性低的组织惯例、更新适应环境变化的组织惯例和引入新组织惯例的过程（王永伟，2012）。企业衰落表现为组织绩效的持续下滑，或者组织适应性差、合法性不足的状态（Robbins，1992；Carmeli，2009），本质上归结为组织与环境的不匹配所产生的运营困境。组织惯例更新不仅与组织学习（包含失败学习）直接相关，而且能够影响管理者对企业衰落的认识和治理策略（Trahms，2013）。当组织惯例更新较快时，表明了组织惯例的变革性、适应性和创新性，属于组织惯例"有意识的努力结果"（Feldman，2002），意味着在组织与环境不匹配时，组织外部环境的变化将会刺激管理者认真反思企业衰落的根源，识别导致衰落的关键因素，并通过搜寻和创新两种方式打破常规，接受新生事物，主动学习新知识、新技能，思考并提出解决问题的新想法、新方案，从而促进组织失败学习活动的开展；当组织惯例更新较慢时，表明了组织惯例的相对稳定性，但在企业衰落情境下，组织与环境出现了高度的不匹配现象，而组织惯例尚未修正或建立新的惯例，组织惯例的稳定性增强了路径依赖性和结构刚性（Kahneman，1979），组织管理者及其成员往往会出现思维认知和决策行动的趋同性，表现出墨守成规的态度和组织惯性，结果很难对组织的发展问题提出质疑和反思，这样大大减少了试错和试验的机会。同时，由于组织中"群体思维"的存在更难以产生失败学习之举。换言之，组织惯例更新较慢，将会阻碍失败学习行为，导致组织以更慢的速度吸收外部的新知识和整合内部的创新资源。因此，提出如下假设。

H5：组织惯例更新增强了企业衰落对失败学习的正向影响，即组织惯例更新越快，企业衰落对失败学习的正向影响越显著。

假设 H4 和 H5 所揭示的关系进一步表现为被调节的中介作用模型（陈瑞，2014）。即失败学习中介了企业衰落对组织创新的正向影响；而且，该中介作用的大小在一定程度上取决于组织惯例更新的调节作用。根据决策理论，企业衰落属于组织决策失败的结果，管理者将会启动搜寻程序，开展利用式失败学习和探索式失败学习。此外，根据失败学习理论，失败经验是企业创新的独特资源，企业通过识别失败、分析失败、开展试验以提升组织创新的动力和成功率（Tucker 和 Edmondson，2003）。同时，组织惯例更新作为一种组织惯例调控机制，能够在企业衰落对失败学习和组织创新的影响过程中发挥缓冲作用。具体而言，在组织惯例更新较快的组织中，基于企业衰落的驱动，组织惯例具有高灵活性、变革性和适应性特征，更能够有效匹配新环境的变化。但是，在组织惯例更新较慢的组织中，在企业衰落的驱动下，组织惯例稳定性的积极效应几乎消耗殆尽，伴随而来的是组织僵化、不思变革，导致企业衰落对失败学习的影响较弱。这时，企业衰落对组织创新的作用就难以通过失败学习来传递。因此，提出如下假设。

H6：组织惯例更新调节了失败学习对企业衰落与组织创新间关系的中介作用，表现为被调节的中介作用模型，即组织惯例更新越快，失败学习对企业衰落与组织创新之间关系的中介作用就越强，反之越弱。

综上所述，本书的理论模型Ⅱ如图 3-4 所示。

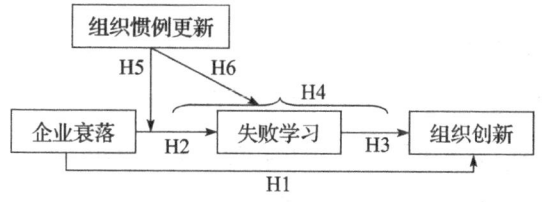

图 3-4　本书的理论模型Ⅱ

三、研究设计

(一) 变量测量

本书所采用的量表主要借鉴国内外研究中已使用过的具有较高信度和效度的成熟量表,并结合我国企业的情况进行了调整和修订。主要变量采用李克特7级量表设计。

1. 企业衰落

本书根据企业衰落的概念(Robbins,1992;Cameron,1987;Carmeli,2009),借鉴Carmeli和Sheffer(2009)设计的企业衰落量表,并进行了翻译和修订,包含5个题项,如"企业预测或判断威胁其生存环境变化的能力不足"等。

2. 失败学习

本书基于Edmondson(2011)对于失败学习概念的界定,采用Hirak等(2012)开发的6个题项的失败学习量表,如"企业鼓励员工询问'有没有更好的方式来制造产品或提供服务'"等。

3. 组织创新

根据王雁飞和朱瑜(2009)的研究,组织创新量表包括管理创新和技术创新两个维度,管理创新包括6个题项,如"改善工作流程或方法来提高工作效率"等,技术创新包括5个题项,如"引进优化工作流程的新技术"等。在实证分析中,采用管理创新和技术创新的均值作为组织创新的测度值。

此外,为了确保研究结果的有效性,避免其他相关变量影响主要变量而出现推理偏差,借鉴相关文献的做法(查成伟等,2016),本书把所有制类型、企业规模和行业竞争程度作为控制变量,测度其对失败学习与组织创新可能存在的影响。

4. 组织惯例更新

本书参考王永伟等（2012）的组织惯例更新量表，并进行了修订和调整，包括6个题项，如"企业鼓励员工参与修订组织规范"等。

（二）样本情况

国外学者主要在医疗、交通、银行、航空航天等行业开展失败学习的相关实证研究（胡洪浩，2011），但企业衰落对很多行业都具有普遍性，尤其在制造业和高技术产业中表现得更为明显，研究这些企业的企业衰落对组织创新的积极效应是否需要借助失败学习来实现，以及企业的制度变革（组织惯例更新）是否会对这一过程产生驱动效应，对于衰落企业的复苏发展具有重要价值。本书的调查样本来源于太原、南京、郑州等地的军工、钢铁、航空航天、电子等制造企业与高技术企业，2015年7~12月进行了大约半年的样本搜集和数据整理工作。本书的调研对象以企业的管理者与核心员工为主，采用以实地调研为主、网络调研和电子邮件调研为辅的方式获取样本资料。为了提高问卷的回收率和确保问卷的填答质量，在问卷调研过程中我们通过多种途径（面对面、电话、邮件和QQ等）对于问卷调研目的、问卷内容及问卷填写规范等方面与被调研者进行了较为充分的沟通和交流。

本研究共发放280份问卷，实际回收214份，回收率为76.4%，并按照问卷填答完整性、内在逻辑一致性和填写认真程度等指标对回收问卷进行筛选，剔除无效问卷18份，最终有效样本为196份，有效回收率为70%。其中，从企业性质看，国有企业占23.8%，私营企业占59.5%，外资企业占10.3%，其他企业占6.4%。从销售收入看，近三年平均销售额在500万元以下的企业占21.6%，在500万~1000万元的企业占14.8%，在1000万~5000万元的企业占15.3%，在5000万~1亿元的企业占28.2%，在1亿元以上的企业占20.1%。

四、实证结果与探讨

(一) 信度与效度分析

本研究采用组合信度（CR）和 Cronbach's alpha 值评估变量的内部一致性。如表 3-5 所示，企业衰落、失败学习、组织创新和组织惯例更新的组合信度和 Cronbach alpha 值均大于 0.7，表明变量的信度较高，能够满足后续研究的需要。

表 3-5　研究变量的信度和效度

变量	测量题项	因子载荷	解释方差占比/%	Cronbach alpha	CR	AVE
企业衰落	企业应对环境变化的反应能力弱	0.690	54.856	0.789	0.858	0.549
	企业应对环境变化的反应不及时	0.744				
	企业在一定程度上缺乏构建竞争力的基础	0.757				
	企业的行为被认为是不合法的	0.781				
	企业预测或判断威胁其生存环境变化的能力不足	0.728				
失败学习	如果缺乏完成任务的某些资源，企业员工不仅可以及时地提供解决方案，而且会把这个情况告知管理层和相关部门	0.656	56.052	0.843	0.884	0.561
	当员工犯错误时，他的合作者或同事并不会责怪他，而是从中学习经验	0.766				
	当员工犯错误时，经理会督促其他员工从中学习	0.674				
	企业鼓励员工询问"我们为什么这么做"	0.793				
	企业鼓励员工询问"有没有更好的方式来制造产品或提供服务"	0.765				
	企业经常鼓励员工畅所欲言地讨论问题	0.824				

续表

变量		测量题项	因子载荷	解释方差占比/%	Cronbach alpha	CR	AVE
组织创新	管理创新	积极采取新的措施提高企业绩效	0.852	70.859	0.917	0.936	0.706
		通过改善工作流程或方法来提高工作效率	0.854				
		采用新的薪酬制度更好地激励员工	0.832				
		对企业未来发展具有独到见解	0.848				
		及时根据环境变化制订应急方案	0.860				
		根据实际情况及时调整部门和员工绩效	0.803				
	技术创新	根据客户需求更新服务的内容和形式	0.854	63.127	0.852	0.895	0.631
		引进新的技术和设备以提高产出效率	0.809				
		引进优化工作流程的新技术	0.805				
		开发市场需要的新产品	0.760				
		及时更新并整合企业的知识资源	0.740				
组织惯例更新		员工提出的改善组织规范的建议能很快被采纳	0.780	50.235	0.796	0.856	0.502
		企业鼓励员工参与修订组织规范	0.757				
		企业定期考察和评估已有规范的作用	0.740				
		员工能够很快接受并运用新的组织规范	0.779				
		企业对实施新规范的效果进行定期评估	0.648				
		企业主动进行规范变革以迎接内外新的挑战	0.507				

本研究主要通过收敛效度和判别效度来检验变量的效度。首先，通过采用因子载荷和解释方差占比检验研究变量的收敛效度。如表3-5所示，企业衰落、失败学习、组织创新和组织惯例更新的KMO（Kaiser-Meyer-

Olkin)值均符合大于0.7的统计要求,且Bartlett球形检验显著,因而可以进行验证性因子分析。同时,所有研究变量的因子载荷系数均超过了0.5。此外,企业衰落、失败学习、组织创新和组织惯例更新的解释方差占比均远大于变量解释方差占比临界值30%。因此,研究变量具有较高的收敛效度。其次,采用AVE(平均提取方差)检验变量的判别效度,表3-5中主要潜变量的AVE值均大于0.5,这表明潜变量具有较好的判别效度。

(二)相关分析

进行变量间的相关性分析能够初步检验理论假设的正确性。如表3-6所示,企业衰落、失败学习、组织创新和组织惯例更新之间存在比较显著的正相关关系,这为后续的理论假设的检验提供了依据。

表3-6 描述性统计与相关系数

变量	均值	标准差	1	2	3	4	5	6	7
所有制类型	2.015	0.734	1						
企业规模	3.112	0.751	0.409**	1					
行业竞争程度	4.138	0.677	0.383**	0.215**	1				
企业衰落	5.563	0.739	−0.033	−0.033	−0.039	1			
失败学习	5.616	0.717	−0.076	−0.005	−0.040	0.791**	1		
组织创新	5.833	0.787	−0.043	−0.021	−0.041	0.724**	0.781**	1	
组织惯例更新	5.997	0.721	−0.100	−0.077	0.003	0.610**	0.673**	0.701**	1

注:** 表示相关系数在5%上显著(双尾检验)。

(三)回归分析

本研究采用回归分析检验理论假设的有效性,结果如表3-7所示。

1. 企业衰落与组织创新

如表3-7所示,模型2对组织创新的解释力优于模型1,调整后的R^2从−0.013上升到0.515,增加了0.528。模型2的F值为52.83,$p<0.001$,统计检验显著。此时,企业衰落($\beta=0.724$,$p<0.001$)对组织创新具有显著的正向影响。假设H1获得支持。

表 3-7 回归分析结果

变量		模型1 组织创新	模型2 组织创新	模型3 失败学习	模型4 失败学习	模型5 组织创新	模型6 组织创新	模型7 失败学习	模型8 失败学习
控制变量	企业所有制	-0.031	-0.021	-0.084	-0.073	0.035	0.020	-0.065	-0.078
	企业规模	-0.002	0.013	0.033	0.050	-0.028	-0.015	0.002	0.003
	行业竞争程度	-0.029	-0.008	-0.015	0.008	-0.017	-0.012	0.018	0.019
自变量	企业衰落		0.724***		0.790***		0.283***	0.473***	0.551***
	失败学习					0.782***			
中介变量	失败学习						0.558***		
调节变量	组织惯例更新							0.239***	0.335***
交互项	企业衰落×组织惯例更新								0.296***
R^2		0.003	0.525	0.007	0.630	0.611	0.640	0.453	0.515
调整后的R^2		-0.013	0.515	-0.009	0.622	0.602	0.631	0.441	0.502
F		0.165	52.830***	0.439	81.385***	74.856***	67.636***	38.106***	40.497***

注：*** 为 0.001 水平下显著，** 为 0.01 水平下显著，* 为 0.05 水平下显著。

2. 企业衰落与失败学习

由表 3-7 可知，模型 4 对组织创新的解释力优于模型 3，调整后的 R^2 从 -0.009 上升到 0.622，增加了 0.631。模型 4 的 F 值为 81.385，p<0.001，统计检验显著。此时，企业衰落（β=0.79，p<0.001）对失败学习具有显著的正向影响。假设 H2 获得支持。

3. 失败学习与组织创新

由表 3-7 可知，模型 5 对组织创新的解释力优于模型 1，调整后的 R^2 从 -0.013 上升到 0.602，增加了 0.615。模型 5 的 F 值为 74.856，p<0.001，统计检验显著。此时，失败学习（β=0.782，p<0.001）对组织创新具有显

著的正向影响。假设 H3 获得支持。

(四) 失败学习的中介效应检验

根据中介效应检验步骤，第一步，检验企业衰落对组织创新的影响（表 3-7 中的模型 2）；第二步，检验企业衰落对失败学习的影响（表 3-7 中的模型 4）；第三步，将控制变量、自变量和中介变量一并纳入回归方程（表 3-7 中的模型 6），模型 6 的 F 值为 67.636，$p<0.001$，统计检验显著。同时，中介变量失败学习的回归系数 $β=0.558$，$p<0.001$，回归系数显著。自变量企业衰落对因变量组织创新的回归系数 $β=0.283$，小于模型 2 中的回归系数，且 $p<0.001$，回归系数显著，表明失败学习在企业衰落和组织创新之间起部分中介作用，假设 H4 成立。

(五) 组织惯例更新的调节作用

本书采用层级回归方法检验组织惯例更新在企业衰落与失败学习之间的调节作用，结果如表 3-7 中模型 7 和模型 8 所示。将控制变量、企业衰落、组织惯例更新、企业衰落和组织惯例更新的交互项加入回归方程后，模型 8 对失败学习的解释力得到提高，使调整后的 R^2 从模型 7 的 0.441 提高到 0.502。模型 8 的 F 值为 40.497，且 $p<0.001$，并且统计显著。同时，企业衰落和组织惯例更新交互项的回归系数 $β=0.296$，$p<0.001$，表明组织惯例更新正向调节企业衰落对失败学习的作用。假设 H5 成立。

因假设 6 属于被调节的中介作用，因此，需要采用被调节的中介模型检验方法。本书根据 Preacher 等提出的 Bootstrap 方法，应用 PROCESS Bootstrap 程序解决有调节的中介检验问题。即将中介和调节效应纳入同一个分析框架中加以整合以验证有调节的中介模型（李育辉，2016）。检验结果如表 3-8 所示，组织惯例更新在不同水平上（低于均值一个标准差、均值和高于均值一个标准差），企业衰落通过失败学习间接影响组织创新的关系是显著的。即在低组织惯例更新时，企业衰落对组织创新的间接效应显著（95%置信区间为［0.054，0.267］，不包含0）；在高组织惯例更新时，间接效应显著（95%置信区间为［0.176，0.488］，不包含0）。说明组织惯例更新越快，失败学习在企业衰落和组织创新之间的中介作用越强。假设6得到支持。

表 3-8 失败学习在组织惯例更新不同水平下的中介效应

组织惯例更新	间接效应	SE（标准误）	95%的置信区间	
低组织惯例更新	0.163***	0.055	0.054	0.267
中组织惯例更新	0.246***	0.056	0.145	0.364
高组织惯例更新	0.329***	0.083	0.176	0.488

注：*** 为0.001水平下显著。

五、结论与启示

（一）研究结论

本书基于文献梳理和理论推演，构建了有调节的中介模型，探讨了企业衰落影响组织创新的机理，考察了失败学习的中介作用，分析了组织惯例更新的调节效应，并通过问卷调研和假设验证，得出如下研究结论。

（1）本研究证实了影响组织创新的两个关键因素，即企业衰落和失败学习。已有的组织创新研究多从社会资本（朱慧，2013）、组织学习（许晖，2013）、领导风格（周飞，2015）等方面探讨其对组织创新的影响。本研究发现，企业衰落和失败学习能够显著影响组织创新，并通过了实证数据的检验和支持。这一研究结论从实证角度进一步佐证了Mone等（1998）的研究结论，即揭示了企业衰落是企业创新的驱动力量，同时，失败学习也是组织创新的重要途径。因此，在组织创新中，需要积极关注企业衰落和失败学习的重要价值。

（2）本研究发现失败学习在企业衰落与组织创新的关系中起部分中介作用。即企业衰落能够显著影响失败学习，继而通过失败学习促进组织创新。这可以从决策理论、绩效反馈理论和创新搜寻理论的视角来解释，即企业衰落是企业绩效持续下滑的表征（Robbins，1992），本质上属于组织失败范畴。根据绩效反馈理论，分析失败、开展试验和调整战略是企业的必然选择，进而通过创新搜寻和问题搜寻新知识、新技术和新方法以促进组织创新，从而为破解企业衰落困境提供学习资源和解决方案。

（3）本研究验证了组织惯例更新在企业衰落和失败学习之间关系的调节作用，在此基础上，组织惯例更新调节失败学习在企业衰落与组织创新之间的中介作用的假设也得到检验。这一方面反映了在企业衰落背景下，组织惯例更新越快，越能够更好地适应和匹配环境的变化，高层管理者更愿意并主动接受变革，致力于开展失败学习活动；另一方面，也表明了失败学习的中介作用也要受到组织惯例更新的影响和制约。即组织惯例更新越快，失败学习的中介作用就越大，反之，就越小。

（二）理论意义

已有研究对企业衰落与组织创新之间的关系还存在争论（Latham，2009），并且对两者之间的作用机理还没有进行深入地剖析和实证检验。针对以往研究的疏漏之处，本研究从行为理论和前景理论视角阐释了企业衰落对组织创新的影响机理，并进一步考察了失败学习的中介作用和组织惯例更新的调节作用，为组织的恢复和发展提供了一定借鉴。以往研究多从战略管理视角探究企业衰落、创新与组织复苏的关系（Robbins，1992；Trahms，2013），如 Trahms 等（2013）提出了包括辨识衰落、公司响应、公司行动和结果的复苏战略模型，为衰落组织的复苏发展提供了有益借鉴。根据相关文献，失败被认为是一个重要的"学习之旅"，蕴含着大量比成功更有价值的信息，更需要衰落组织积极开展失败学习实践（谢雅萍，2016）。为此，本书尝试将失败学习运用到企业衰落对组织创新的影响过程中，补充了企业衰落与组织创新的中间要素，验证了企业衰落通过失败学习驱动组织创新的机理。这有助于揭示企业衰落影响组织创新的因素，为解读组织创新路径选择提供了新视角。

过去关于企业衰落与组织创新的研究局限于主效应的定性分析，并在可利用冗余资源（Latham，2009）、制度化组织使命、衰落归因等（McKinley，2014）方面探讨其对二者关系的调节机制。本书从失败学习和组织惯例更新视角探讨了企业衰落对组织创新的作用机理，构建了一个有调节功能的中介模型，分别考察失败学习的中介作用和组织惯例更新的调节机制。首先，企业衰落作为组织变革的动力，促进了组织失败学习，而失败学习为组织创新提供了重要的资源保障（唐朝永，2014；于晓宇，2012）；同时，失败学习在企业衰落与组织创新之间起中介作用。其次，企业衰落和失败学习的关系受到组织惯例更新的影响。组织惯例更新快意味着组织的环境匹配能力强，因此，能够增强企业衰落对于失败学习的积极作用，而组织惯例更新慢则会减弱企业衰落对于失败学习的作用。以此为基础，本书还剖析了组织惯例更新对失败学习的中介作用，构建了被调节的中介模型。一方面，将组织惯例更新、企业衰落、失败学习和组织创新嵌入统一的模型中，拓展了企业衰落影响组织创新的分析框架。另一方面，在理论上进一步明确了衰落组织在什么条件下更倾向于开展组织创新的问题。

（三）管理实践启示

本书通过理论分析和实证检验得到了一些有益的结论，为有效促进组织创新提供了新的借鉴，对我国企业管理实践具有一定的启示，主要表现在以下几点。①研究结果有助于重视和研究企业衰落问题，并对企业衰落进行实时监控。根据实证研究结果，企业衰落会通过失败学习影响组织创新。因此，组织在面对衰落情形时，应该充分利用失败学习的重要作用，对企业衰落进行深入剖析，及时调整或修正创新战略，提升组织的创新力和适应力。②重视失败学习的关键价值。根据实证研究结果，失败学习是提升组织创新的途径之一（唐朝永，2014；于晓宇，2011；查成伟，2016）。因此，当企业面临着衰落的风险，存在可能发生经营失败的问题时，如何构建适合组织自身的失败学习机制，营造失败学习的氛围，进而提升组织的创新能力及更好地适应环境变化已经成为组织亟需解决的重要问题。③组织惯例更新正向调节企业衰落与失败学习之间的关系及失败学习的中介作用。在企业衰落态势下企业管理者应重视组织惯例更新的价值，提升组织惯例更新速度，增强组织惯例的灵活性、适应性和生命力，以使组织惯例与企业资源和外部环境相匹配。

(四) 研究局限和未来展望

本研究也存在一些局限性，同时也为后续研究提供了方向。①企业衰落研究在国外已有一定的研究成果，但是国内很少有学者关注这一研究领域。未来研究需要在已有研究的基础上，对中国企业衰落的影响因素、企业衰落治理及衰落组织冲突管理等方面作进一步的深入探讨。②本研究将失败学习变量纳入企业衰落与组织创新的关系中，考察其中介作用，具有一定的探索性，研究结果表明了失败学习在企业衰落和组织创新之间的中介作用。但其他变量在企业衰落与组织创新之间也可能具有中介作用。因此，在未来研究中，可进一步探索其他的相关变量，以便更为全面地诠释二者关系的影响机理。③基于相关文献，本研究把所有制类型、企业规模和行业竞争程度作为控制变量。但检验结果表明，控制变量不显著，说明在控制变量选择上可能存在着片面性问题，在未来研究中将进一步完善控制变量，把企业产权属性、年龄、行业等变量纳入控制变量中，以便更好地解释模型的有效性。

第三节　企业衰落、失败学习和战略柔性对组织创新的影响

20世纪80年代，企业衰落研究长期受到忽视，逐渐受到学者们的关注（Cameron，1987；D'Aveni，1989；Trahms等，2013）。其中，企业衰落与组织创新的关系逐渐成为研究的热点问题（连燕玲，2016；贺小

刚，2017），但研究结论并不统一。例如，一些学者认为衰落是创新之源（Mone，1998；McKinley，2014）；也有学者认为衰落是刚性之母（Staw，1981；Shimizu，2007）；还有学者指出两者之间存在着"倒U形"关系（贺小刚，2017）。这些研究得出的结论不尽一致，甚至完全相反，不仅限制了相关理论的发展，也会对企业的衰落认知和复苏决策造成负面影响。基于此，进一步探索企业衰落与组织创新关系的边界条件对于更为深入地探析其影响机理具有重要的理论和现实意义。

从失败学理论来看，企业衰落被称为"近失败"，通过失败学习可有效挖掘企业衰落的价值，对其负面效应起缓冲作用。同时，企业衰落源自组织内部的结构惯性和威胁—刚性因素所产生的不良特性，以致受到利益相关者的更多监督和限制，给管理者实现组织复苏带来严峻挑战。在此情形下，失败学习通过变革观念和认知模式可能会影响管理者面临衰落时的行为反应，并对企业衰落转化为组织创新具有重要影响。然而，鲜有研究从失败学习视角探析企业衰落驱动组织创新的边界条件。

此外，本研究将进一步验证失败学习对企业衰落与组织创新关系的调控效果是否会受到战略柔性的影响。根据压力转换原理，压力（衰落）是组织与环境交互作用的结果，在压力（衰落）的驱使下企业失败学习将完全或部分地通过影响战略柔性（王铁男，2011）实现企业衰落向组织创新的转化。同时，战略柔性通过整合创新资源、把握机遇，有助于企业开展创新活动。基于此，在失败学习调节企业衰落与组织创新关系的过程中，战略柔性可能是一种重要的中介机制。综合以上分析，本书构建了一个被中介的调节效应模型，一方面，分析失败学习如何促进企业衰落向组织创新的转变，进一步辨析企业衰落对组织创新的作用边界；另一方面，揭示失败学习如何通过战略柔性促进企业衰落转化为组织创新，从而更为深刻地探析失败学习调节作用的发生机制。

一、研究假设

（一）企业衰落与组织创新

随着对企业衰落理论的深入研究，越来越多的研究者发现虽然衰落组织进行创新存在巨大压力，但更蕴含着无限机遇（贺小刚，2017）。正如Schmitt和Raisch（2009）所指出的，企业衰落是组织创新的动力，能够为创新提供经验和机会，企业更应重视企业衰落的价值，并通过创新改变或维护其市场地位。此时，企业亟需通过创新解决现存的问题，以提升组织绩效。为此，提出如下假设。

H1：企业衰落对组织创新具有正向影响。

（二）失败学习的调节作用

失败是指偏离预期或期望结果而出现的一系列负面的结果（Cannon，2005）。失败学习可理解为探寻问题根源，通过质疑、反思和吸取教训以实现预期或避免重蹈覆辙的过程（谢雅萍，2016）。失败学习驱动组织创新的价值已得到学者的关注（于晓宇，2013；查成伟，2016；邢丽微，2017）。但失败学习作为调节变量影响企业衰落与组织创新关系的研究很少。本书认为具有不同失败学习认知和能力的企业对其从企业衰落中挖掘出驱动组织创新的意愿和动力存在差异性影响。

企业衰落也被称为近失败，它涵盖了组织从遭遇失败到组织变革和恢复发展的过程。在这个过程中管理者需要承担极大的心理风险和内外压力，具有对失败的学习意识的管理者在面对近失败时，往往具有更强的风险承担能力和直面失败的能力（Cannon M D，Edmondson，2005）。其将会对企业衰落建立一种正确的态度和行为变革实践，一方面，从企业衰落中挖掘出促进组织创新的价值，致力于剖析衰落根源，获取宝贵经验或预警信息，从而进行深刻反思；另一方面，能更快地识别机遇、做出决策。

相反，低水平的失败学习将使企业难以从企业衰落中识别出驱动组织创新的价值，这是因为低水平失败学习的企业往往对企业衰落缺乏正确的认知，坚持原有的价值观和行为规范，甚至为适应旧惯例而改变对现实的看法（周宪，2013），倾向于把企业衰落归为外因，从而难以求新求变，这对企业冒险变革和创新决策具有阻碍作用。为此，提出如下假设。

H2：失败学习正向调节企业衰落与组织创新的关系。

（三）战略柔性对失败学习调节作用的中介机制

1. 失败学习与战略柔性

战略柔性是知识、技能和能力的融合，是企业利用资源和能力适应环境的缓冲器，包括资源柔性和能力柔性（王铁男，2010）。其中，资源柔性可解释为资源在使用方面的可选择性，或者资源在一定转化机制下成为可开发与利用新资源的属性。能力柔性是指企业为适应环境变化，通过环境扫描搜寻新资源，并整合、配置已有资源以实现资源协同的能力。在企业成长过程中，因路径依赖所产生的"记忆陷阱"制约了创新搜寻的速度和绩效，导致惯例更新滞后，削弱了企业的战略柔性。如何提高战略柔性成为企业践行创新变革、提高生存力和竞争力的重要保障。

失败学习是打破旧行为模式、建立新行为模式的过程（于晓宇，2013）。其本质是组织对旧知识的忘却及对新知识的重构。忘却意味着组织通过衰落情景发现不合时宜的惯例、规范、规则和观念等，并对其进行替代、废除和扬弃；而重构意味着组织通过衰落情景（失败）获取新知识、新惯例和新理念。换言之，组织通过失败学习开展创新搜寻，获取新知识、新技术、市场情报及其他商业运营知识，实现知识共享、应用和整合创新，修正或替代旧惯例，从而削弱路径依赖性，提升战略柔性。一方面，由失败学习所导致的新惯例、新规则和新规范能够重新解读企业现有资源的使用范围，扩大资源规模和优化资源质量，降低资源转换的时间和成本。另一方面，通过失败学习扬弃旧惯例，形成新惯例、规则和标准等，有助于企业获取新的外部资源和把握市场动态，而且通过失败学习还可以更为准确地判断和识别外部环境中存在的机会和威胁，更具针对性地实现资源用途转换，提升资源配置效率。正如于晓宇等（2016）所指出的，失败学习能够突破企业长期固守的旧的运营模式、规章制度、观念和方法，激励企业积极开展试验、探索和冒险等活动，提升企业识别和开发新的商业机会的能力，增强企业的适应力、创新力和发展力。为此，提出如下假设。

H3a：失败学习对资源柔性具有正向影响。

H3b：失败学习对能力柔性具有正向影响。

2. 战略柔性的调节作用

（1）资源柔性。人们对企业衰落的认知取决于企业资源的禀赋，如果企业有丰富的资源，则会把衰落视为可解决的问题，对创新活动投入更多的资源来解决问题（Cannon和Edmondson，2005）。因此，资源柔性有利于衰落企业制定和实施创新决策。具体而言，当资源柔性较低时，企业的专用资源少，使用范围小，面对企业衰落因实施创新所产生的资源需求，难以拓展资源用途，这将为企业创新增加了资源障碍。相反，如果资源柔性较高，这就意味着资源配置的弹性和延展性更强，有利于发现资源的新用途和重构资源组合模式，实现资源低成本、高效率的转换。因此，在企业衰落背景下进行创新活动时，资源柔性越高，一方面，可以增加企业在更大范围内搜寻创新的机会，扩展创新空间，增强创新的选择权和灵活性（连燕玲，2016）；另一方面，也能够解决企业在衰落状态下创新所产生的资源稀缺问题，吸收和配置知识、技术、人才和资金等创新资源，缩短创新要素适应创新决策的动态响应时间，实现创新资源的快速调整和配置（殷俊杰，2017），提升创新动力、创新能力和创新成功率。为此，提出如下假设。

H4a：资源柔性正向调节企业衰落与组织创新的关系。

（2）能力柔性。企业创新不仅需要企业内部的资源，还需要搜寻新的资源，能力柔性有助于企业利用、开发和整合资源，为企业创新提供能力基础（王铁男，2010）。本书认为能力柔性正向影响企业衰落与组织创新的关系。首先，能力柔性高的企业以外部资源评估为基础，能更为清晰地界定资源的功能，挖掘现有资源的新用途，增强资源柔性的使用价值，从而为衰落组织快速、精准地配置各种资源、构建资源链接和转移途径提供能力保障（殷俊杰，2017）。其次，能力柔性越高，越有利于开展创新搜寻活动，通过内外环境分析和机会识别，吸收包括新知识、新技术、新市场和新管理等方面的资源，并通过融合内外资源使有限的资源发挥最大效用。最后，能力柔性能够实现与资源柔性的互动耦合，发挥两种柔性的协同作用，实现资源的最大价值，从而增强对环境的应变能力和创新力。为此，提出如下假设。

H4b：能力柔性正向调节企业衰落与组织创新的关系。

3. 被中介的调节作用

企业衰落的理论贡献和应用价值正逐渐被学术界和管理界所认识、挖掘和应用。比如，学者们普遍认为企业衰落是组织创新的动力和"催化剂"，是创新变革的重大机遇（于晓宇，2016），对创新冒险动机具有激发作用（贺小刚，2017）。从创新实践层面上来看，国内外有很多企业在其成长过程中都经历过近失败过程。从失败学习视角上来看，失败学习能力和水平必然对衰落企业的创新决策和绩效产生重要影响。此外，企业创新也离不开战略柔性的支持，而且，对失败的学习也为战略柔性的形成和提升提供了支持，而战略柔性又为企业创新提供了资源保障和高效的资源优化配置机制（卢艳秋，2014）。基于此，本书进一步推断失败学习对企业衰落与组织创新关系的调节作用很可能受到战略柔性的影响，即存在一个被中介的调节模型。

被中介的调节模型需满足以下条件（Grant 和 Berry，2011）：①调节变量对自变量和因变量的关系产生调控作用；②调节变量对中介变量产生直接影响；③中介变量对自变量和因变量的关系具有调节作用。此时，可以认为调节变量对自变量和因变量的关系受到中介变量的影响。根据本书假设论证过程，失败学习调节了企业衰落与组织创新的关系；失败学习与资源柔性和能力柔性正相关；资源柔性和能力柔性分别调节了企业衰落与组织创新的关系。因此，本书认为资源柔性和能力柔性在失败学习对企业衰落与组织创新关系的调节过程中起到了中介作用。为此，提出如下假设。

H5a：资源柔性在失败学习对企业衰落与组织创新的调节过程中起到了中介作用。

H5b：能力柔性在失败学习对企业衰落与组织创新的调节过程中起到了中介作用。

综上所述，本书的概念模型如图3-5所示。

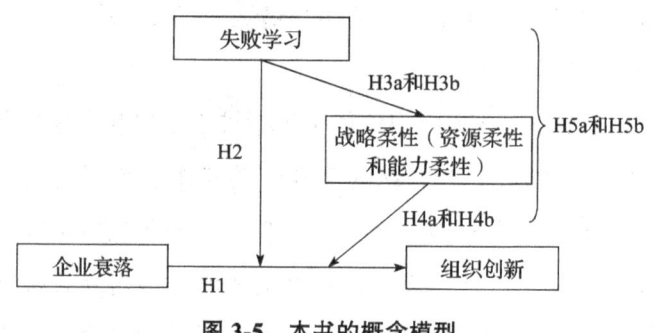

图 3-5　本书的概念模型

二、研究设计

（一）样本收集

本研究在样本选择方面，考虑到企业衰落（组织绩效至少连续两年下滑）及其与组织创新关系的时滞性，要求样本企业年龄至少在三年以上。从 2017 年 4 月至 2017 年 6 月，主要采用线上和线下两种方式进行数据收集。其中，线上方式通过专业调研网站——问卷星，并对企业中高层管理者的性别、年龄、学历及企业规模和企业年龄等变量进行限制，共发放问卷 200 份，剔除存在问题的无效问卷，回收有效问卷 193 份，有效回收率为 96.5%。在线下方式中，主要通过对太原、南京两地的高新技术企业、资源型企业、化工企业等通过实地走访和委托企业管理者的方式进行样本收集，共发放问卷 40 份，回收有效问卷 27 份，有效率为 67.5%；此外，通过 MBA 学员中任职中高层的管理者或联系其所在企业的中高层管理者进行填写，共发放问卷 30 份，回收有效问卷 23 份，有效率为 76.7%。243 个样本的描述性统计结果表明：在性别方面，男性占 58.44%；在管理者年龄方面，小于等于 30 岁的占 13.58%，31～40 岁的占 29.22%，41～50 岁的占 33.74%，50 岁以上的占 23.46%；在学历方面，大专及以下占 23.86%，本科占 44.86%，研究生占 31.28%；在企业所有制类型方面，国有企业占 30.45%，外资企业占 19.34%，民营企业占 40.74%，其他企业占 9.47%；在企业规模方面，小于等于 100 人的企业占 44.03%，101～500 人的企业占 33.74%，500 人以上的企业占 22.23%；在企业年龄方面，3～5 年的企业占 16.05%，6～10 年的企业占 25.93%，11～20 年的企业占 46.5%，20 年以上的企业占 11.52%。此外，考虑到调研中样本来源较多，本研究对来源于不同渠道样本的企业规模、企业年龄等因素进行了 t 检验，发现来源于不同渠道的样本数据并不存在显著差异；同时，本书还将早期回收样本与晚期回收样本进行对比，未发现显著差异。因此，非响应偏差不影响样本数据的质量。

（二）变量测量

本书所采用的测量量表均来自国内外重要期刊已发表的文献，量表的信度和效度已得到较好的检验。所有量表均采用李克特量表，从 1 到 5 依次为"非常不认同"到"非常认同"。企业衰落采用 Carmeli 和 Sheaffer（2009）开发的量表，共 5 个题项，如"企业预测或判断威胁其生存环境变化的能力不足"，内部一致性系数为 0.822。组织创新借鉴王雁飞和朱瑜（2009）的量表，包括技术创新和管理创新。其中，技术创新有 3 个题项，如"引进优化工作流程的新技术"等；管理创新有4个题项，如"改善工作流程或方法提高工作效率"等，采用两者的均值作为组织创新的测度值，内部一致性系数为0.801。失败学习借鉴于晓宇和蔡莉（2013）的研究，包括4个题项，如"企业非常鼓励员工询问'有没有更好的方式制造产品或提供服务'"等，内部一致性系数为0.760。战略柔性借鉴卢艳秋等（2014）的研究，包括资源柔性和能力柔性。其中，资源柔性有3个题项，如"现有资源的有效使用范围较广"等；能力柔性有4个题项，如"企业能够不断获取、运用新资源"等，内部一致性系数分别为0.752、0.706。

（三）效度与同源偏差检验

本研究采用验证性因子分析检验主要变量间的区分效度。通过对比5因子模型、4因子模型、3因子模型、2因子模型和单因子模型，结果表明5因子模型的适配指标最佳（$\chi^2/df=1.81$，RMSEA=0.05，CFI=0.93，GFI=0.902，TLI=0.917），具有较好的区分效度。此外，本研究所有变量的AVE值均在50%以上，表明具有较好的判别效度。本研究采用Harman单因素方法和单一共同方法因素法（李宁娟，2017）检验同源偏差问题。①采用Harman单因素方法对问卷可能存在的同源方法偏差进行检验，结果显示第一个因子解释了31.47%的变异，未达到总变异解释量的一半。表明问卷不存在严重的同源方法偏差问题。②采用单一共同方法因素法，在测量模型（T1）中加入一个共同潜变量（CMV）构成竞争模型（T2）。控制同源偏差因子后，模型的RMSEA、CFI、GFI等指标变化幅度在0.02以下，说明控制后的模型并未得到显著改善，不存在严重的同源偏差问题。

三、研究结果

（一）描述性统计分析

根据相关分析结果，企业衰落与组织创新（r=0.589，p<0.01）呈显著的

正相关关系，失败学习与企业衰落（r=0.681，p<0.01）、资源柔性（r=0.445，p<0.01）和能力柔性（r=0.606，p<0.01）呈显著的正相关关系，同时，失败学习与组织创新（r=0.594，p<0.01）具有正相关性，这为研究假设提供了初步的检验。

（二）研究假设检验

本书采用 Grant 和 Berry（2011）所建议的被中介的调节效应模型检验方法构建了 6 个模型，并进一步根据《组织与管理研究的实证方法》（陈晓萍，2012）一书给出的被中介的调节效应模型的 Mplus 程序，计算间接效应和偏差矫正置信区间，检验被中介的调节效应是否成立，假设检验结果如表 3-9 所示。

表 3-9 假设检验结果

变量	组织创新		资源柔性	能力柔性	组织创新	
	模型 1	模型 2	模型 3	模型 4	模型 5	模型 6
所有制类型	−0.021	0.057	0.060	−0.109	0.042	0.060
企业规模	−0.048	−0.050	−0.019	−0.003	−0.050	−0.045
企业年龄	0.002	−0.017	−0.043	0.045	−0.019	−0.012
企业衰落	0.586***	0.464***	0.506***	0.326***	0.356***	0.284***
资源柔性					0.143**	0.106*
能力柔性					0.536***	0.445***
失败学习		0.465***	0.110♀	0.360***		0.271***
企业衰落 × 失败学习		0.359***				0.212**
企业衰落 × 资源柔性					0.161**	0.106*
企业衰落 × 能力柔性					0.187***	0.079
R^2	0.350	0.505	0.339	0.438	0.590	0.624
△R^2	0.342	0.496	0.328	0.430	0.579	0.612
F	43.566***	54.705***	33.060***	50.398***	57.467***	52.682***

注：♀、*、**、*** 分别表示在 0.1、0.05、0.01、0.001 水平上显著。

1. 检验企业衰落对组织创新的直接效应

根据表 3-9 中的模型 1 可知，企业衰落对组织创新具有显著的正向影响

（β=0.586，p<0.001），假设 H1 成立。

2. 检验失败学习的调节效应

表 3-9 中的模型 2 显示，企业衰落与失败学习的交互项对组织创新具有显著的正向影响（β=0.359，p<0.001）。失败学习调节企业衰落与组织创新的关系，如图 3-6 所示，当失败学习水平较高时，企业衰落和组织创新之间的正向关系较强；当失败学习水平较低时，企业衰落和组织创新之间的正向关系较弱，假设 H2 成立。

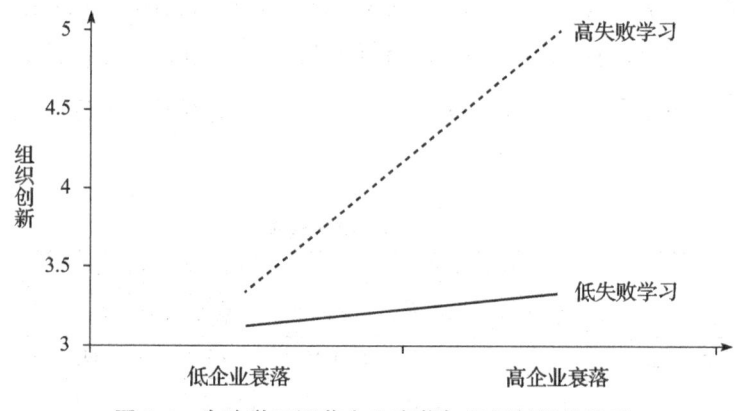

图 3-6　失败学习调节企业衰落与组织创新的关系

3. 检验失败学习调节效应的中介机制

（1）检验失败学习与战略柔性之间关系。根据表 3-9 中的模型 3 和模型 4 可知，失败学习对资源柔性（β=0.11，p<0.1）和能力柔性（β=0.36，p<0.001）具有显著的正向影响。由此，假设 H3a 和假设 H3b 成立。

（2）检验战略柔性的调节效应。从表 3-9 中的模型 5 可知，企业衰落与资源柔性的交互项对组织创新具有显著的影响（β=0.161，p<0.01），企业衰落与能力柔性的交互项对组织创新具有显著的影响（β=0.187，p<0.001）。可知，假设 H4a 和假设 H4b 得到支持。同时，根据其调节效应图（见图 3-7、图 3-8）。当资源柔性较高时，企业衰落与组织创新的正向关系较强；而在资源柔性较低时，企业衰落与组织创新的正向关系较弱。同理，根据图 3-8 所示，当能力柔性较高时，企业衰落与组织创新的正向关

系较强；当能力柔性较低时，企业衰落与组织创新的正向关系较低。假设 H4a 和假设 H4b 获得进一步检验。

（3）检验被中介的调节效应。根据表 3-9 中的模型 6 可知，能力柔性对企业衰落与组织创新的调节作用未得到验证（β=0.079，p>0.1），初步认为假设 H5b 不成立。此外，根据表 3-9 中的模型 6 可知，企业衰落与资源柔性的交互项系数显著（β=0.106，p<0.05），而企业衰落与失败学习的交互项系数显著且变小（β=0.212，p<0.01），失败学习对企业衰落与组织创新的调节效应被资源柔性所中介，假设 H5a 成立。

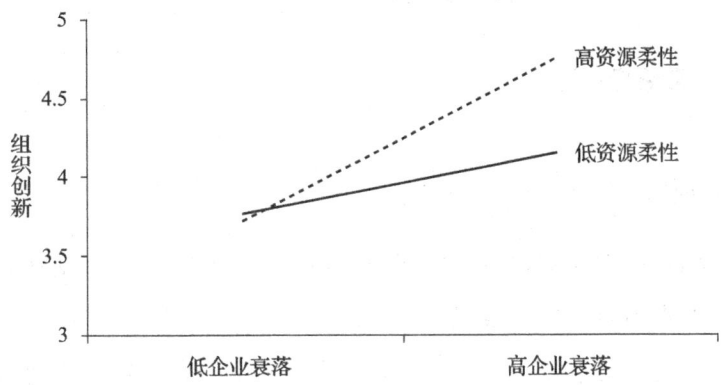

图 3-7 资源柔性调节企业衰落与组织创新的关系

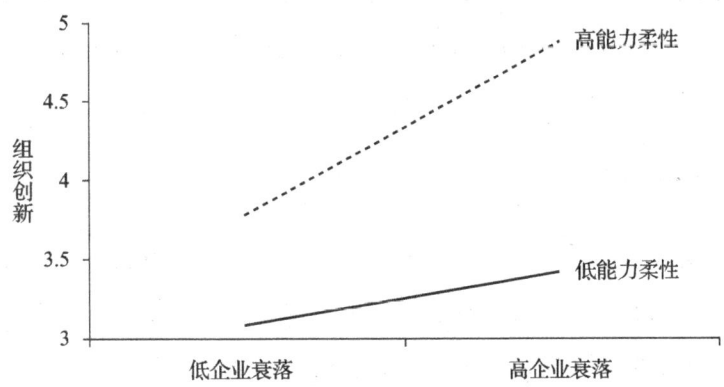

图 3-8 能力柔性调节企业衰落与组织创新的关系

为进一步确认假设 H5a 和假设 H5b 是否成立，本书借鉴 Grant 和 Berry（2011）建议的方法检验失败学习对企业衰落与组织创新关系的调节作用是否被资源柔性所中介。在本研究中，有 243 个样本作为"母本"，通过有放回抽样法获取 243 个样本，共得到 2000 组样本，以此为基础计算出间接效应的估计值。结果表明，间接效应值为 0.038，95% 的偏差校正置信区间为（0.002，0.107），不包含 0，假设 H5a 得到进一步验证。同理，检验了失败学习通过能力柔性影响企业衰落与组织创新关系的间接效应。结果表明，间接效应值为 0.012，95% 的偏差校正置信区间为（-0.001，0.052），包含 0，假设 H5b 未获得验证。

四、结论与探讨

（一）研究结论

本书构建被中介的调节效应模型旨在探索失败学习对企业衰落与组织创新关系的调节机制，考察战略柔性的中介作用。结果表明：企业衰落对组织创新具有显著的正向影响；失败学习对企业衰落与组织创新的关系具有正向调节作用；失败学习正向影响资源柔性和能力柔性；资源柔性和能力柔性分别对企业衰落与组织创新的关系具有正向调节作用；资源柔性在失败学习与企业衰落、组织创新的关系中起中介作用，能力柔性对失败学习调节作用的中介机制未得到检验。

（二）理论意义

（1）现有文献过度强调领导风格、社会资本、信息技术等对组织创新的贡献，忽视了企业衰落的价值。本书发现企业衰落是组织创新的重要驱动力量。与组织成功相比，虽然企业衰落会造成企业管理失衡、冲突频发及员工士气低落等诸多问题，但在企业衰落中蕴含着比成功更有价值的信息，急需管理者以"置之死地而后生"的决心挖掘、识别和汲取企业衰落的价值。鉴于企业衰落的近失败（Kim 和 Mine，2007）特征，本书细化了组织失败的研究范畴，为丰富组织失败影响创新的机理提供了理论参考。

（2）现有研究对企业衰落与组织创新关系的探讨并无定论。对此，有学者尝试引入边界条件（如组织使命制度化、冗余资源和集权结构等）进一步阐释企业衰落对组织创新的影响机理（连燕玲，2016；贺小刚，2017）。然而，既往研究缺乏从失败学习视角剖析企业衰落对组织创新的影响。本书研究发现失败学习对企业衰落与组织创新的关系具有促进作用。这一结论为企业衰落与组织创新关系的研究提供了新的解释，拓展了两者关系的研究边界。

（3）本书发现失败学习对企业衰落与组织创新关系的调节作用部分是通过资源柔性来实现的，这说明失败学习驱动衰落组织去创新需要战略柔性的支持。然而，仅构建一个高失败学习的组织氛围并不足以确保管理者挖掘和最大化地利用企业衰落的价值，如果没有战略柔性的传导作用，失败学习的调节作用很可能会因战略刚性（Shimizu，2007）而被削弱。此发现揭示了战略柔性对失败学习调节作用的中介机制，为衰落组织的创新提供了新的视角。

（三）管理启示

（1）"穷则思变"。企业管理者从企业衰落中挖掘促进组织创新的动力至关重要。部分学者基于威胁—刚性假说和承诺升级理论认为企业衰落产生组织刚性，使组织趋于机械化（杜运周，2015；Shimizu，2007），能否从衰落中识别出新机遇显得尤为重要。企业衰落能够对企业创新产生促进作用。为此，企业管理者应当摒弃错误的衰落观，建立正确的衰落认知，不应把衰落视为"坏事"，而应把衰落作为企业恢复和振兴的"机遇"，视其为组织学习的动力和创新的源泉，从而不断尝试新的发展模式，实现创新求生和创新发展。

（2）"失败是成功之母"。企业管理者能否从企业衰落中挖掘出促进组织创新的动力和机遇决定于组织失败学习。这是因为,失败学习是企业应对失败的良方,企业衰落本质上属于组织失败的范畴,具有向失败学习的企业能够探析衰落根源,并审时度势地发挥战略柔性优势,从而进行变革和创新,最终实现企业的复苏和发展。为此,企业应建立失败学习战略及其体制机制,激励员工主动投入失败的学习活动中,鼓励员工反思、质疑和创新,培养向失败学习的意识和能力。

(3)失败学习的价值实现需要战略柔性的支持。这表明重视、培育和应用战略柔性有助于充分发挥失败学习促进企业衰落向组织创新转化的关键作用。为此,企业管理者亟需通过战略柔性增加资源储备、扩大资源使用范围、降低资源转换成本并优化资源结构和配置效率,从而为企业创新提供资源保障和灵活的创新选择权。同时,也需要通过战略柔性降低组织刚性,增强组织的有机性和创新活力,提升对环境的适应性和动态能力(殷俊杰,2017),推动企业衰落向组织创新转化,并为失败学习促进衰落组织的创新提供传导作用。

(四)局限性及展望

本书也存在以下几点局限性。①本书从企业衰落的单一维度研究其对组织创新的影响,未来研究可探讨快速衰落、渐进衰落和拖延衰落等模式(D'Aveni,1989)对组织创新的影响机制。②获取新资源和开发现有资源在不同衰落情境下对于组织创新具有重要价值(Trahms,2013),未来可研究探索式失败学习和利用式失败学习分别对战略柔性的影响机制及作用,以及其对组织创新的调节机制。③衰落组织的创新活动受到多个因素(环境、组织和个体)的影响(McKinley,2014),未来可进一步开展跨层次研究,以便更为准确地把握衰落组织创新过程中各因素的不同价值。

第四节　失败学习对企业绩效的影响机制研究

一、问题提出

很多企业跌宕起伏的发展历史在很大程度上都揭示了企业在遭遇失败后如何通过失败学习推动其思想变革、惯例更新，不断创新产品和服务，实现业绩提升，进而获取持续竞争优势的过程。Kim 和 Miner（2007）研究后所发现，现实中存在很多经历过衰落而处在失败边缘最终却又起死回生的案例。这种"起死回生型失败"给学习者演绎了一场企业经历衰落史与复活史的戏，提供了鲜活的学习信息和资源，不仅让人认识到企业为何衰落，还能让人识别出企业怎样复活，呈现双重的学习价值（2016），这从理论层面诠释了失败学习在企业成长过程中的关键作用和重要意义。因此，研究失败学习如何提升企业绩效并实现其复苏发展成为理论界和实务界共同关注的核心议题。

梳理相关文献发现，失败学习与企业绩效关系的研究分为以下三个视角。一是以 Cannon 和 Edmondson（2010）为代表的组织学习学派提出失败学习包括识别失败、分析失败和审慎试验三个关键环节，并构建失败学习信念共享模型，从失败讨论、求同存异和冲突处理等方面挖掘失败学习行为驱动企业绩效的机理，认为失败学习在满足顾客需求和提升顾客满意度方面具有重要价值。二是以 Davenport 等（2001）、陈国权和宁南（2010）为代表的经验学派构建理论模型并遵循"经验挖掘→知识发现→绩效提升"或经验曲线的思路阐释失败学习影响企业绩效的机理，揭示了失败学习是企业实现绩效复苏的重要路径。三是以于晓宇和蔡莉（2013）、郝喜玲等（2017）为代表的创业学派就失败学习与企业绩效的关系进行了实证研究，认为无论是利用式或探索式失败学习都能够从企业内外获取宝贵的经验、知识和技术，推动企业再造组织战略、结构、惯例，开发新产品以适应动态变化的内外环境，创造可持续的竞争优势，从而提升企业绩效。

虽然学者们从不同角度解读了失败学习对企业绩效的作用，并确认了二者间的积极关系，但二者关系的内在作用机理和影响路径尚需进一步完善。

（1）对于失败学习与企业绩效的关系，早期研究指出失败学习在降低失败风险、事故发生率及提高组织的可靠性、适应性和顾客满意度等方面具有积极价值（胡洪浩和王重鸣，2011）。有学者研究发现失败学习是相关经验、知识、技能等资源积累与创造的过程，有助于掌握企业的运营规律、更新知识、变革惯例和促进创新，为企业绩效增长奠定基础（郝喜玲等，2017；于晓宇等，2019）。然而，既往文献大多局限于新创企业，缺乏基于成熟企业视角的研究。成熟的企业往往囿于自我更新机制障碍、核心能力刚性和组织惰性等导致其遭遇内外环境变化时难以实现战略转型。与成功学习相比，失败学习更有助于跨越能力惰性陷阱、推动组织惯例更新、变革资源管理策略和增强机会识别能力，这对于企业转型升级和提升绩效具有重要的现实意义。

（2）不能简单地将失败学习与企业绩效相联系，还应当深入考察两者之间的中介作用机制。根据资源基础理论，挖掘失败学习促进企业复苏的价值不仅取决于人对机会的识别能力，而且需要资源拼凑策略的协同匹配。①现有资源拼凑的研究大多局限于新创企业，鲜有文献研究成熟企业如何利用资源拼凑克服资源约束进而实现企业绩效提升的问题（邓巍等，2018）。从本质上来讲，企业能够以拼凑思维和拼凑行为操作为内核的拼凑理论为指导，按照满意原则对现有资源进行创造性识别、整合、重组、创新和应用以达到资源配置的协同效应，在资源价值上实现"无中生有"的效果，从而提升企业绩效。②以于晓宇等为代表的学者提出假说，认为企业能从失败中识别出更多的新机会（于晓宇等，2019）。一方面，企业通过失败学习能够探索新的市场机会，为新产品的设计、开发和新市场的开拓提供智力资本和战略决策依据。另一方面，一个能够及时抓住市场机遇的企业在提升绩效方面可能更具有借鉴意义，这对于践行失败学习导向、提升企业绩效将会起到积极作用。③"资源—机会一体化模式"成为企业应对资源约束和匹配环境机会以实现复苏的基石（Timmons，1999）。这从理论上回答了资源拼凑和机会识别的有机组合将是企业实现绩效提升的重要路径。基于资源基础观视角，企业绩效复苏与其资源管理策略密切相关。但对于资源匮乏的企业而言，即便捕捉到商业机会，也可能由于高昂的资源获取成本和较长的资源整合周期导致缺乏充足的资源而错失良机（赵健宇等，2019）。事实上，企业通过失败学习能够识别出更多的与资源能力匹配的机会，但必须辅之以有效的资源管理策略为市场机会识别、开发和评估提供手段、方法和策略（Baker 和 Nelson，2005），进而为提升企业绩效提供可行方案。

（3）企业在提升绩效过程中的拼凑思想与策略应用不仅受到学习行为的影响，而且在一定程度上取决于组织层面管理要素的作用。作为应对环境变化兼具管理手段多样性特征和快速响应敏捷性特征的特殊动态能力，战略柔性是以资源柔性和协调柔性为内核的管理多样性和灵活性的统一（王永健等，2012）。本书认为战略柔性能够激活并强化资源拼凑与企业绩效的关系。这是因为在战略柔性的支持下，企业更重视现有资源的未来价值，更有动力、意愿和能力开发现有资源的功能属性，提升对现有资源的拼凑效果。同时，资源柔性的特征也使现有资源的价值转换能够以更为迅捷和低成本的方式实现。此外，协调柔性的资源配置功能将会加速资源重构转化为企业产品和服务的进程，从而实现通过资源整合、配置应用促进企业绩效提升的战略目的。

综上所述，本书以资源拼凑和机会识别为中介变量，构建失败学习影响企业绩效的多路径模型，探索二者间的作用路径和影响机制，为推行失败学习导向、促进企业绩效提升提供理论依据和实践指导。本书的理论贡献有如下几点。

（1）研究失败学习对企业绩效的影响，进一步丰富失败学习与企业绩效关系的研究。既有文献大多从创业企业层面探讨失败学习对企业绩效的影响，很少从成熟企业视角研究失败学习与企业绩效的关系。失败学习旨在挖掘失败原因，创新组织、制度、流程和惯例，突破核心能力刚性和组织惰性，从而提升企业绩效。该研究将为成熟企业的复苏和成长及再造竞争优势提供理论依据。

（2）以往关于失败学习与企业绩效关系中介机制的探讨多从企业内部或外部等单一维度展开研究（于晓宇和蔡莉，2013；郝喜玲等，2017；于晓宇等，2019），本书综合内外视角，将资源拼凑（内部）和机会识别（外部）引入失败学习与企业绩效关系的理论模型中，分别阐释资源拼凑和机会识别对于失败学习和企业绩效关系的中介机制及二者在失败学习与企业绩效关系中的中介作用，研究结论丰富了失败学习与企业绩效之间关系中介机制的研究。

（3）考察失败学习间接影响企业绩效的调节机制。在有关失败学习与企业绩效关系的研究中很少探讨二者间关系的调节作用，本书通过战略柔性解读失败学习影响企业绩效的情景机制，弥补了已有研究的不足，有助于更全面地认识失败学习对企业绩效的影响机理和形成路径。

二、理论基础

（一）失败学习

人们对失败学习的认识经历了一个从组织学习到失败学习的蜕变过程。早期学者对失败学习的认识是从 Argyris 和 Schon（1978）创造性地提出了单环学习和双环学习的概念开始的。他们认为与单环学习强调仅修订行动策略相比，双环学习既注重行动策略的修订，又强调组织惯例的更新，认为双环学习是一种更高质量、更彻底、更深刻的学习方式。这一概念似乎并未明确失败学习的内涵，但它基本上确定了失败学习的架构和方向，成为失败学习概念提出的重要理论基础。后期学者在对单环学习和双环学习理解、提炼的基础上，对其概念进行了拓展、整合和应用，探索性地提出了失败学习的概念并将失败学习与组织运营绩效联系起来，阐释如何借助于失败学习提升企业活力和企业绩效的内在逻辑。谢雅萍和梁素蓉（2016）的研究强调失败学习的本质是解决潜在或已发生的问题，不仅要探究问题根源，更要采取措施使原有的期望结果得以实现。综合以上观点，本书尝试把失败学习界定为企业通过对存在问题的反思、质疑和系统思考，剖析问题根源，进而改变管理逻辑和行动方案以提升企业绩效的过程。已有研究表明，失败学习对企业获取更好的生存能力和可持续竞争优势具有重要价值的观点得到普遍认同（Cannon 和 Edmondson，2010；Davenport，2001；陈国权和宁南，2010；于晓宇和蔡莉，2013；郝喜玲等，2017）。这为探究失败学习对企业绩效的作用机理，以及企业如何实现复苏提供了研究方向（Kim 和 Miner，2007；谢雅萍和梁素蓉，2016）。

（二）资源拼凑

资源拼凑最初来源于人类文化学领域的研究，被解读为如何将旧的神话创造为新的神话的哲学思想和行动方案（于晓宇，2017）。Baker 和 Nelson（2005）将资源拼凑引入创业领域，把资源拼凑解释为通过对手头资源的创造性整合并积极采取行动来解决问题的过程，包括资源将就使用、利用手边资源、为新目的而重构资源三个核心环节。作为一种新的资源管理逻辑，资源拼凑对企业生存和发展具有关键作用。Smith 和 Baker（2009）发现资源拼凑对初创企业绩效具有正向影响，祝振铎和李非（2014）、赵兴庐（2016）等研究指出资源拼凑对企业的成长具有积极价值。此外，有学者在资源拼凑的前因研究中发现，组织对失败的认知（赵兴庐，2016）、组织学习氛围、组织学习实践（Ferneley Bell，2006）等要素有助于提升资源拼凑的意愿和效果。可见，作为一个试验试错、不断创新的资源管理策略，资源拼凑能够提升企业的绩效，是企业通过学习获取复苏动力和重塑竞争优势的重要途径。此外，有学者倡议（邓巍等，

2018），资源拼凑理论亟需突破新创企业研究范畴，呼吁将拼凑理论应用于对成熟企业的研究。他们认为企业在重组和开发现有资源的过程中也存在一定的资源约束问题，同样需要应用拼凑理论降低成本、挖掘和创造现有资源的价值。因此，本书将资源拼凑引入理论模型，并探究其中介机制，既呼应了先前研究提出的新兴议题，又拓展了资源拼凑理论的应用领域。

（三）机会识别

机会识别是指企业识别新想法，通过资源整合将想法转化为能够创造价值的商业概念行为（Lumpkin 和 Lichtenstein，2005）。当前，相关研究主要聚焦于创业领域，重点探讨机会识别的形成机理及其影响效应。其中，张秀娥等基于创业经验学习理论探究了创业者经验、创业学习影响创业机会识别的机理。张红和葛宝山（2014）认为学习行为对机会识别的作用表现在其能够提升企业发现和挖掘创新性机会的可能性。赵兴庐等（2017）、Guo 和 Tang（2017）研究发现企业识别的商业机会将会对企业绩效产生促进作用。此外，赵兴庐等（2016）的研究还发现机会识别能力在顾客拼凑、制度拼凑和新创企业绩效之间存在中介作用。综合现有文献可知，机会识别既受学习行为的驱动，也会对企业绩效的提升具有积极贡献（于晓宇等，2019）。然而，一方面，关于机会识别前置变量的研究更多集中于创业领域；另一方面，关于机会识别的结果对企业绩效的影响研究相对很少（张红和葛宝山，2014）。基于此，在失败学习驱动企业复苏的过程中，识别和捕捉外部市场机遇，并通过资源拼凑策略实现市场机遇向产品和服务的转化对于重塑竞争优势至关重要。为此，本书拟对机会识别在这一过程中所发挥的作用进行探讨，完善从失败学习视角企业复苏路径的研究。

（四）战略柔性

企业的生存和发展离不开战略柔性的培养。战略柔性是指企业识别、调整和重构资源、进程和战略以应对环境变化的能力（Sanchez，1997），包括资源柔性与协调柔性。其中，前者衡量资源的用途，涉及资源的使用范围、转换时间和成本；协调柔性揭示企业有效利用资源的能力，涉及界定、合成、重构、创造和配置既有资源以支持企业战略的能力。已有研究表明，战略柔性能够拓展资源的使用范围，提高资源的使用效率（李柏洲和高硕，2017），增强现有资源的灵活性、闲置资源的可利用性和潜在资源的创造性与积累性，发挥资源的协同价值，有效缓解资源窘境，从而降低运营风险，提升企业绩效（Celuch 等，2007）。本书认为在通过利用资源拼凑提高企业绩效的过程中，战略柔性可能发挥调节作用。为此，本书拟将战略柔性引入理论模型，探讨战略柔性的调节机制，进一步揭示失败学习间接影响企业绩效的机理。

三、研究假设

（一）失败学习与企业绩效

与新创企业不同，成熟企业往往存在诸如抵制变革、懒于创新、核心能力刚性及路径依赖性等突出问题，导致企业在发展过程中出现绩效下滑等诸多问题。因此，如何通过失败学习提升企业绩效成为学者们关注的重要问题。有学者研究表明失败学习与企业绩效密切相关，实施失败学习战略是企业复苏的重要路径（Kim 和 Miner，2007；Canon 和 Edmondson，2010）。本书将从学习曲线、经验学习、双元学习和行为决策理论等多个角度解读二者之间的关系。①学习曲线的意义。部分文献基于学习曲线视角认为失败学习通过降低运营成本、增强生存能力、提升创新性和服务品质等方面对企业绩效具有正向促进作用（Canon 和 Edmondson，2010；于晓宇等，2013；胡洪浩和王重鸣，2011）。②经验学习的价值。Davenport 等（2001）构建包括背景、转化和成果的概念框架，通过案例研究演绎企业如何获取经验、挖掘及应用知识以提升绩效的过程，揭示了组织从经验中学习进而更新惯例、修正战略决策行为、提升组织绩效的内在机理。Stengel等（2003）通过获取数据—剖析问题—履行"宝洁复兴计划"的学习逻辑，展现了宝洁公司活力复苏和绩效提升的过程。③双元学习视角。Baum和Dahlin（2007）从双元学习角度认为在组织绩效偏离预期的情况下，向外部失败学习更有助于提升组织绩效，否则，向内部失败学习更有助于提升组织绩效。④行为决策理论的作用。当企业在财务指标上表现为利润、销售等的持续下降，导致企业实际绩效与预期绩效出现偏差。根据Cybert和March（1963）的观点，决策者是期望导向的，而失败属于组织绩效低于期望的情形。企业将会启动问题式搜寻和创新式搜寻驱动失败学习过程，不仅要搜寻问题解决策略，更要强调对问题的反思和探讨，挖掘和获取失败经验，并将经验知识转化为提升企业绩效的方法，从而制订优化绩效的创新方案，实现失败学习与企业绩效协同发展。为此，提出如下假设。

H1：失败学习对企业绩效有正向影响。

（二）资源拼凑在失败学习与企业绩效之间起中介作用

传统的资源管理逻辑难以使企业摆脱资源枯竭的困境，亟需新的资源管理方式为企业复苏提供有效的资源创新、建构方法与工具。值得关注的是，强调"对现有元素重新解构和整合，进而创造出新的规则和手段"的资源拼凑理论为企业复苏提供了可行的资源管理策略。资源拼凑旨在整合现有资源，通过资源创新策略重构企业资源，以获取资源竞争优势。其作为一种对实践性知识和不同类型资源的持续挖掘、创造和利用，亟需企业突破传统的资源管理模式，重塑资源管理的建构主义思维，创造性地发挥资源的最大价值（Baker和Nelson，2005）。既有研究发现企业基于已有经验或观察学习等传统学习方法推动资源管理战略变革并非一定有效，资源拼凑的有效性在很大程度上受到失败学习行为的影响（Ferneley和Bell，2006）。这是因为资源拼凑在很多情况下是一个试验试错的过程，失败学习能够让人保持对知识和机会的敏感性，将拼凑的智慧、经验进行反思、提炼、总结和完善，这种"干中学"的形式有助于获取新的知识，以及处理资源短缺问题，从而提升拼凑的有效性。同时，有研究指出对失败和不确定性容忍度高的企业及开展失败学习实践多的企业更可能通过拼凑找到更优的解决方案（Halme等，2012）。还有研究发现财务、时间、人力资源短缺等资源困境会激发企业引入失败学习战略、开展资源拼凑活动（赵兴庐等，2016）。综上所述，企业可以通过构建开放、高效的失败学习体系对已有的知识和经验进行反思和重构，从根本上消除旧的资源管理逻辑与行为，摒弃传统的资源管理惯性思维、观念和方法，以改变原有的学习路径和规则，降低路径依赖性，进而通过持续学习、反复尝试、不断试错和调整，探索资源管理的新方法和新模式以整合现有资源，提高资源管理效率，促进企业开展创造性拼凑，拓宽和创新资源用途，达到破解企业资源约束的目的。

资源拼凑对新创企业绩效、企业成长和竞争优势等有促进作用（赵健宇等，2019；赵兴庐等，2016；Ferneley和Bell，2006），通过实施资源拼凑突破"新进入缺陷"，解决新创企业资源约束问题，实现快速创新、低成本创新和新价值创造。但已有研究明确指出拼凑的研究情景亟需进一步拓展，认为资源拼凑不仅适用于新创企业情景，而且应挖掘成熟企业等在位企业的资源拼凑价值（邓巍等，2018）。这是因为，伴随国际经济不景气综合影响，成熟企业获取外部资源更加困难，使企业内部资源整合利用受到约束，结果削弱了企业的适应能力、生存能力和竞争力，亟需通过拼凑思维整合产品、原材料、工艺流程和商业模式等增强创新能力进而实现对企业绩效的驱动作用。类似研究如Smith和Baker（2009）、李非和祝振铎（2014）的研究结论也表明资源拼凑行为显著促进了企业的市场竞争能力和组织绩效。综上所述，企业不仅需要利用资源拼凑的"即刻行动"理念识别和把握外部市场机会并克服内部资源约束问题，更需要借助拼凑的战略思维重新审视现有资源的价值，实现不同资源的创新组合以创造新的产品和服务，进而提升企业绩效。为此，提出以下假设。

H2：资源拼凑在失败学习与企业绩效之间起中介作用。

（三）机会识别在失败学习与企业绩效之间起中介作用

机会识别旨在过滤出能创造或增加市场价值的产品或服务，其本质是识别创新型产品或者服务的过程（Timmons，1999）。失败学习是一个通过共享机制创造特殊知识的过程，其核心在于获得经验、转换知识和实现知识应用，现已成为识别机会的行为基础（于晓宇等，2019）。基于绩效反馈理论和前景理论，企业实施失败学习战略识别出能够提升绩效的商业机会是获取利益相关者认同和竞争优势的重要途径。以往研究表明学习不对称是促进机会识别的关键变量（张红和葛宝山，2014），本质上可以解读为不同的失败学习方式。经验学习理论认为，具有不同失败学习风格的个体通过经验共享、思想碰撞，能够促使企业修正和提升现有知识水平和机会识别能力（于晓宇等，2019）。正如Lumpkin和Lichtenstein（2005）的研究所指出的，基于认知和行动视角，失败学习与机会识别协同耦合有助于机会的发现和形成。还有研究发现，通过失败学习不仅能够整合、分享、吸收和利用产品创新的知识和经验，促进企业创新和搜寻到更多的市场机会，而且能够反思和修正产品创新中的问题，并借助环境扫描获取新技术和新市场以发现开发新产品的机会（Zhang，2011）。此外，作为失败学习重要知识来源的先验知识也是机会识别与应用的重要驱动因素。涵盖行业政策、行业发展规律、产品、供应商、竞争者、客户等的先验知识能够强化企业对外部环境的洞察力，其难以模仿和替代的思考和学习模式可以让人产生独特的认知，有助于提升企业识别出有价值、潜在的市场机会的能力（Shepherd等，2000）。

Li等（2001）的研究对机会识别与企业绩效的关系给出了初步答案，他们构建了一个涉及机会、威胁、战略选择和企业绩效的理论模型，认为机会或威胁通过企业的战略选择对企业绩效产生间接影响。根据资源观视角，识别出的商业机会将对企业绩效产生促进作用。换言之，机会识别所产生的原创性商业创意会使企业获取更高的绩效。一方面，企业不仅遭遇资源困境和成本压力等问题，也会受到利益相关者的更多监督和限制，企业将会倾向于尝试采用完善现有产品开发的技术、流程和工艺等低成本的利用式机会识别活动提升产品创新程度和新产品开发绩效（于晓宇等，2019）。另一方面，从长期来看，企业通过利用式机会识别实施紧缩战略能够释放资源、刺激知识共享、产生短期利润，从而支持企业通过探索式机会识别做出复苏战略的承诺，以支持企业持续获取新知识、新技术，开发新产品和新服务（于晓宇等，2019），增强企业的环境适应能力和市场竞争力，进而提高企业绩效。为此，提出以下假设。

H3：机会识别在失败学习与企业绩效之间起中介作用。

（四）机会识别和资源拼凑在失败学习与企业绩效之间起链式中介作用

根据H2和H3可知，失败学习既可以通过机会识别提高企业绩效，也可以通过资源拼凑提升企业绩效。那么，资源拼凑和机会识别在失败学习与企业绩效之间究竟有什么作用呢？本书认为，资源拼凑对机会识别具有积极价值。这是因为企业要实现其持续成长亟需在纷繁复杂的外部环境中不断创新资源管理模式。一方面，企业面临生存和竞争力提升的压力，亟需改变传统的资源管理理念和方法，增强资源重构能力、创新能力和应用能力；另一方面，伴随外部机遇的成功捕捉和开发，企业需要以资源投入和整合为基础，实现机会与资源的有效匹配，从而提升企业绩效。此外，机会的识别、成功开发与拼凑活动关系密切，资源获取、整合、创新等活动贯穿于整个机会识别和开发的过程，高效的资源拼凑行为能够促进企业对商业机会的识别。基于资源禀赋和未来价值创造视角，机会识别需要企业不断获取、调动和配置相应的资源，直至成功开发机会。正如王玲等（2017）的研究所指出的，机会识别与利用受到资源拼凑活动的驱动，从而能够适应外部机会所引发的各种可能问题。类似地，孙红霞（2016）构建了从资源拼凑到机会识别的过程模型，认为资源拼凑能够启动资源以满足机会识别的要求，有助于开发既有机会、创造新机会。赵兴庐等（2016）的研究也验证了资源拼凑对机会识别的重要价值。为此，提出以下假设。

H4：资源拼凑和机会识别在失败学习与企业绩效之间起链式中介作用。

（五）战略柔性对资源拼凑与企业绩效之间的调节作用

遵循Sanchez（1997）对战略柔性维度划分方法，本书将从资源柔性和协调柔性视角分析战略柔性对资源拼凑与企业绩效关系的调节作用。

（1）资源柔性的调节机制。当资源柔性较低时，企业原有的资源管理方式居于主导地位，导致资源拼凑逻辑和拼凑策略的作用大打折扣，这不仅束缚了资源使用范围的可拓展性，造成难以识别现有资源的新用途，而且还将在一定意义上浪费手头资源的未来价值，无法为企业发展提供有效的资源支持，从而弱化了资源拼凑驱动企业绩效的效果。相反，当资源柔性较高时，将会增强资源拼凑驱动企业绩效的有效性。一方面，高资源柔性提高了已有资源的多用途识别和开发的可能性，增强了资源多用途之间灵活转换的能力。另一方面，高资源柔性不仅更有利于拼凑出新的资源、提升资源重构的成功率，而且还能够以低时间成本、低人力成本和低财务成本的方式创造现有资源的新价值（Sanchez，1997），提升资源拼凑的有效性，并以低成本创新方式提供优秀的产品和服务。

（2）协调柔性的调节机制。在企业复苏的过程中，资源拼凑破解资源约束的效果不仅受到资源柔性的影响，而且会受到协调柔性的制约。协调柔性侧重于探索、开发资源的新属性、新功能，以及配置和应用资源的能力。第一，通过开发已有资源的新用途，能够高效地明确资源的使用方式，实现资源用途多样化，并通过组合资源，扩展资源功能，提高资源的利用率，为企业绩效提升提供支撑。第二，协调柔性不仅涉及自身组成要素的协同，还包含灵活运用资源和重新配置资源的能力（Gilbert，2005），增强了企业应对动态环境的反应能力及解决问题时的灵活性与创造性（李柏洲和高硕，2017）。第三，协调柔性使企业能够抑制现有的资源管理惰性，助力企业突破僵化的资源管理流程，提升资源重构效果，并通过优化资源配置方式提升现有资源的最大价值。为此，提出以下假设。

H5：战略柔性正向调节资源拼凑与企业绩效之间的关系。

（六）战略柔性对资源拼凑中介作用的调节机制

根据前文假设 H1、假设 H2 和假设 H5 的理论推演，资源拼凑在失败学习与企业绩效之间起中介作用，失败学习与企业绩效之间存在正相关关系，战略柔性正向调节资源拼凑与企业绩效之间的关系。本书认为战略柔性将会进一步调节资源拼凑在失败学习与企业绩效之间的中介作用，形成有调节的中介模型。为此，提出以下假设。

H6：战略柔性正向调节资源拼凑在失败学习与企业绩效之间的中介作用。

综上所述，本书的理论模型Ⅲ如图 3-9 所示。

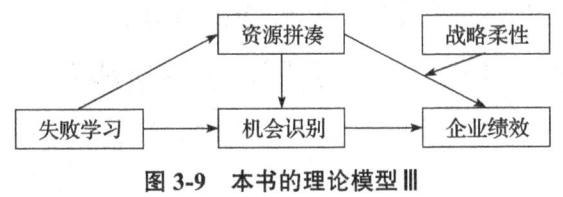

图 3-9　本书的理论模型Ⅲ

四、研究设计

（一）数据收集

本研究调研时间为 2018 年 11 月至 2019 年 4 月，包括网络调研和非网络调研。网络调研主要利用问卷星网站进行问卷收集，共获取有效问卷 145 份。非网络调研主要通过学校 MBA 学员、校友会、同学和同事等渠道获取，共发放问卷 150 份，得到有效问卷 91 份。两种方式共得到有效问卷 236 份。样本企业具体情况如下。在企业年龄方面，5～10 年的企业占比17.80%，11～15年的企业占比28.81%，16～30年的企业占比41.53%，30年以上的企业占比11.86%；在行业分布方面，食品加工企业占比19.07%，纺织服装企业占比26.69%，家具制造企业占比37.71%，医药制造企业占比16.53%；在企业规模方面，100人及以下的企业占比22.45%，100～499人的企业占比48.31%，500人及以上的企业占比29.24%。此外，为确保样本质量，避免无响应偏差、样本多源性和同源偏差对研究结果可能带来的影响，对样本有效性进行检验。第一，检验未返回选择偏差的问题，本研究对先收回与后收回的问卷进行t检验，未发现在企业年龄、企业规模、行业分布等方面存在显著差异。第二，检验网络调研和非网络调研两个来源的样本是否存在显著差异。t检验结果表明，企业年龄、企业规模、行业分布等方面的内容不存在显著差异，说明两个来源的样本数据可以混合使用，不会影响研究结果的可靠性。第三，为避免共同方法偏差问题，本书采用Harman方法进行检验，结果表明主成分分析所得第一因子仅解释了34.334%的整体变异，小于50%的统计学要求，表明数据不存在明显的共同方法偏差。此外，VIF值均小于2，所有变量之间容忍度均大于0.60。因此，本研究并未受到共线性和共同方法偏差的严重影响。

（二）变量测量

本书借鉴国内外重要文献的量表进行变量测量，采用李克特5点评分法，1为"非常不认同"，5为"非常认同"，量表的具体题项内容如表3-10所示。①失败学习。借鉴于晓宇和蔡莉（2013）的研究，失败学习量表包括4个题项，如"企业鼓励员工询问有无更好的方式提供产品或服务"等。②资源拼凑。借鉴Salunke等（2013）的研究，资源拼凑有3个题项，如"企业以质疑传统商业实践的方式整合资源"等。③机会识别。参考赵兴庐等（2017）的量表，机会识别包括4个题项，如"能准确地发现因环境变化产生的新机会"等。④战略柔性。参考Sanchez（1997）及李柏洲（2017）等的量表，资源柔性和协调柔性各有3个题项，采用二者的均值测度战略柔性，如"同一种资源用于开发不同产品或服务时，其转换用途的成本和难度较小"等。⑤企业绩效。本书参考并完善了李非和祝振铎（2014）的量表，企业绩效包括6个题项，如"与前一年相比，企业的投资收益率更高"等。⑥控制变量。借鉴以往文献（李非和祝振铎，2014；赵兴庐等，2016），本书把企业年龄、行业分布和企业规模作为控制变量纳入研究模型。

表 3-10 主要变量测量题项与信度、效度检验

变量	题项	因子载荷	CR 值	Cronbach's a
失败学习	企业鼓励员工询问"我们为什么这么做"	0.801	0.830	0.726
	企业鼓励员工询问有无更好的方式提供产品或服务	0.736		
	企业提醒员工停下手中的事情，反思当前的工作流程	0.724		
	企业提醒员工在讨论中考虑得出结论的前提或假设	0.701		
资源拼凑	企业以质疑传统商业实践的方式整合资源	0.775	0.778	0.685
	企业以创造性的方法和技术有效利用资源	0.747		
	企业以挖掘很少使用的资源的方式整合资源	0.699		
机会识别	对新机会有特殊的警觉性或敏感性	0.836	0.843	0.751
	能够觉察到环境中潜在的机会	0.747		
	比竞争对手更善于发现新机会	0.740		
	能准确地发现因环境变化产生的新机会	0.701		
战略柔性	同一种资源用于开发不同产品或服务的范围很广	0.821	0.884	0.771
	同一种资源用于开发不同产品或服务时，其转换用途的成本和难度较小	0.786		
	同一种资源开发不同产品或服务的转换时间较短	0.616		
	可以快速发现企业既有资源的新用途或新的组合方式	0.864		
	可以快速运用资源的新用途或新的组合方式	0.821		
	可以有效利用企业资源应对动态环境	0.545		

续表

变量	题项	因子载荷	CR 值	Cronbach's a
企业绩效	与前一年相比，企业的投资收益率更高	0.777	0.863	0.818
	与前一年相比，企业新产品的成功率更高	0.723		
	与前一年相比，企业新产品的开发速度更快	0.715		
	与前一年相比，企业的适应能力更强	0.709		
	与前一年相比，企业的整体声誉更好	0.686		
	与前一年相比，企业的资源基础更好	0.678		

五、数据分析与结果

（一）信度和效度检验及相关性分析

本书采用 Cronbach's a 对问卷进行信度检验，一般情况下，要求 Cronbach's a 大于 0.7，但如果其值在 0.65～0.7 也可认为具有较好的信度。本书的核心变量均采用了重要期刊文献中使用或开发的成熟量表，根据表 3-10 的检验结果可知，失败学习、资源拼凑、机会识别、战略柔性和企业绩效的 Cronbach's a 依次为 0.726、0.685、0.751、0.771、0.818，大于或接近 0.7，表明本研究变量的信度较好。

本书采用验证性因子分析检验测量模型的区分效度，结果表明五因子模型的拟合指标较好（x^2/df =1.589，CFI=0.927，TLI=0.915，IFI=0.928，RMSEA=0.050），说明测量模型具有良好的区分效度。失败学习、资源拼凑、机会识别、战略柔性和企业绩效的 AVE 值分别为 0.55、0.539、0.574、0.565、0.512，均大于 0.5，表明变量的内部具有较高的一致性，总体上量表的收敛效度较好。同时，本书所用的变量测量量表均借鉴已有研究的成熟量表，且根据研究内容进行了修正，确保了内容效度。

此外，表 3-11 列出了变量的均值、标准差与相关系数。根据表 3-11

可知，失败学习、资源拼凑、机会识别、战略柔性和企业绩效等5个变量之间存在显著的相关关系，这为理论模型的检验奠定了基础。

表 3-11　变量的均值、标准差与相关系数

变量	1	2	3	4	5	6	7	8
企业年龄	1							
行业分布	−0.016	1						
企业规模	−0.055	0.089	1					
失败学习	0.049	−0.022	0.043	1				
资源拼凑	−0.010	−0.083	−0.006	0.500**	1			
机会识别	−0.038	−0.076	−0.079	0.557**	0.487**	1		
战略柔性	−0.034	−0.061	0.005	0.499**	0.422**	0.597**	1	
企业绩效	−0.086	−0.114	0.007	0.638**	0.604**	0.678**	0.569**	1
均值	2.475	2.670	2.068	4.189	4.179	4.056	4.047	4.081
标准差	0.920	1.149	0.717	0.554	0.507	0.576	0.533	0.503

注：** 为 0.01 水平下显著，* 为 0.05 水平下显著（双尾检验）。

（二）中介效应检验

本书采用分层回归分析方法检验资源拼凑在失败学习与企业绩效间的中介作用，结果如表 3-12 所示。根据表 3-12 中的模型 2 可知，假设 H1 为"失败学习对企业绩效有正向影响"，结果表明失败学习对企业绩效的回归系数为 0.626（$p<0.001$），H1 成立。对于假设 H2，本书进行了层次回归分析（模型1、模型2和模型3），结果发现，失败学习正向影响资源拼凑（$\beta=0.502$，$p<0.001$），当中介变量资源拼凑和自变量失败学习同时加入模型时（模型3），失败学习与企业绩效之间的关系仍然显著（$\beta=0.437$，$p<0.001$），但回归系数从 0.626 下降到 0.437，且资源拼凑正向影响企业绩效（$\beta=0.377$，$p<0.001$），说明二者间的直接效应减弱，这表明资源拼凑在失败学习与企业绩效之间起部分中介作用，假设 H2 得到支持。

表 3-12　资源拼凑、机会识别在失败学习与企业绩效间的中介作用检验结果

变量	资源拼凑	企业绩效	机会识别	企业绩效		企业绩效	
	模型1	模型2	模型3	模型4	模型5	模型6	模型7
企业年龄	0.003	−0.032	−0.033	−0.073	0.037	−0.069	−0.075
行业分布	−0.060	−0.035	−0.012	−0.045	−0.014	−0.028	−0.037
企业规模	−0.028	−0.069	−0.059	0.007	−0.072	0.006	0.007
失败学习	0.502***	0.626***	0.437***	0.542***	0.371***		
资源拼凑			0.377***			0.442***	0.479***
机会识别					0.471***		
战略柔性						0.377***	0.384***
资源拼凑 × 战略柔性							0.141**
△R^2	0.254	0.415	0.521	0.332	0.563	0.490	0.508
F	19.649***	40.896***	49.968***	28.682***	59.263***	44.270***	39.460***

注：*** 为 0.001 水平下显著，** 为 0.01 水平下显著。

同理，采用层次回归分析方法检验机会识别在失败学习和企业绩效之间的中介作用。根据表 3-12 中的模型 4 可知，失败学习对机会识别具有显著的正向影响（β=0.542，p<0.001）；同时，失败学习正向影响企业绩效（模型 2）（β=0.626，p<0.001）。表 3-12 中的模型 5 显示，当中介变量机会识别加入模型 5 后，失败学习与企业绩效之间的关系依然显著（β=0.371，p<0.001），但回归系数从 0.626 下降到 0.371，且机会识别和企业绩效之间的关系显著（β=0.471，p<0.001），说明二者之间的直接效应减弱，表明机会识别在失败学习与企业绩效之间起部分中介作用，假设 H3 成立。

传统的中介效应检验方法存在统计效果差、检验结果不佳及样本分布要求高等缺陷，近年来受到越来越多的质疑和挑战。Bootstrap 方法有效弥补了传统中介检验方法的不足，逐渐成为中介检验实证研究中的主流方法。据此，本书采用偏差校正非参数百分比 Bootstrap 检验方法进一步检验资源拼凑和机会识别的中介作用，重复抽样 2000 次并构建 95% 的

无偏差校正置信区间，检验结果如表 3-13 所示。资源拼凑的中介效应为 0.172，95% 置信区间为 [0.117，0.245]，不包括 0，说明资源拼凑具有显著的中介作用；失败学习对企业绩效的直接效应为 0.407，95% 置信区间为 [0.313，0.501]，不包括 0，这进一步说明资源拼凑在失败学习对企业绩效驱动过程中具有部分中介作用。因此，假设 H2 得到进一步验证。同理，机会识别的中介效应为 0.236，95% 置信区间为 [0.159，0.336]，不包括 0，说明机会识别具有显著的中介作用；失败学习对企业绩效的直接效应为 0.343，95% 置信区间为 [0.249，0.437]，不包括 0，这进一步说明机会识别在失败学习对企业绩效驱动过程中具有部分中介作用。因此，假设 H3 得到进一步验证。

表 3-13 资源拼凑与机会识别的单独中介路径系数检验结果

中介路径	直接效应 效应值	95% 置信区间 下限	95% 置信区间 上限	中介效应 效应值	95% 置信区间 下限	95% 置信区间 上限
失败学习→资源拼凑→企业绩效	0.407	0.313	0.501	0.172	0.117	0.245
失败学习→机会识别→企业绩效	0.343	0.249	0.437	0.236	0.159	0.336

根据 Taylor 等的研究，在检验链式中介效应之前，需要对理论模型进行如下检验。①正态性检验。采用 Shapiro-Wilk（W 检验）和 Kolmogorov-Smirnov（D 检验）检验分别对所有变量进行正态分布检验，结果表明所有变量均在 0.001 水平上显著，表明样本数据符合正态分布。②多重共线性检验。前文多重共线性分析表明样本数据不存在多重共线性问题。③验证性因子分析。前文效度检验分析表明，本书的理论模型具有较好的拟合效度。以上检验结果表明样本数据符合 Bootstrap 检验的条件，可以采用偏差校正非参数百分比 Bootstrap 对资源拼凑和机会识别在失败学习与企业绩效之间的链式中介效应进行检验。重复取样 2000 次，计算 95% 的置信区间，资源拼凑和机会识别在失败学习与企业绩效之间的链式中介效应值为 0.049，偏差校正置信区间为 [0.024，0.087]，不包括 0，假设 H4

成立，即资源拼凑和机会识别在失败学习与企业绩效之间存在链式中介效应。

(三) 调节效应及被调节的中介效应检验

本书利用阶层式回归方法检验战略柔性的调节效应（见表3-12），根据模型6、模型7，战略柔性正向调节资源拼凑与企业绩效的关系（β=0.141，p<0.01），假设H5成立。这表明战略柔性越高，资源拼凑对企业绩效的影响越强。此外，采用Bootstrap法进一步检验战略柔性的调节效应。结果表明，资源拼凑与战略柔性的交互项系数显著（β=0.216，p<0.01），95%置信区间为[0.062，0.369]，不包括0。其中，当低战略柔性时，间接效应显著（r=0.359，BootLCI[0.244，0.473]）；当高战略柔性时，间接效应显著（r=0.589，BootLCI[0.442，0.735]）。假设H5得到进一步验证。

根据Bootstrap方法进行有调节的中介效应检验。分析当战略柔性不同时，资源拼凑在失败学习与企业绩效之间中介效应的强弱情况。为此，应用PROCESS程序进行Bootstrap分析，重复抽取样本2000次，偏差校正置信区间为95%。当战略柔性水平较低时，资源拼凑的中介效应成立，95%置信区间为[0.031，0.176]，当战略柔性水平较高时，资源拼凑的中介效应成立，95%置信区间为[0.14，0.32]，其判定指标Index值为0.109，95%置信区间为[0.024，0.221]，不包括0，表明有调节的中介成立，假设H6得到验证。

六、研究结论与启示

(一) 研究结论与探讨

本书以资源拼凑和机会识别为中介变量，以战略柔性为调节变量，探索失败学习对企业绩效的影响机制和作用路径，得出了一些有意义的结论，不仅丰富了失败学习与企业绩效之间关系的内在作用机理和情景条件，也将为企业绩效的提升提供新的思路和决策参考。

（1）失败学习对企业绩效有显著的促进作用。区别以往研究主要从创业视角得出的失败学习促进新创企业绩效的结论（于晓宇和蔡莉，2013；郝喜玲等，2017），本书认为与新企业的"新创弱性"相比，成熟企业存在着组织刚性、管理决策惰性及缺乏创新和抵制变革等特点，通过借助失败学习理论与实践有助于增强组织柔性、更新组织惯例、提高组织活力和修正战略行为。由此，本书把失败学习理论引入企业复苏和业绩提升过程，结论表明失败学习是企业实现复苏的方法之一，通过失败学习和梳理失败经验，归纳出规律性知识并推广应用到企业的创新实践中，有助于降低失败风险、实现低成本运营、提升企业绩效。研究结论不仅呼应了失败学习在提升企业绩效方面具有重要价值的观点（陈国权和宁南，2010；于晓宇和蔡莉，2013；郝喜玲等，2017），而且使失败学习的应用领域由新创企业拓展到成熟的在位企业。

（2）资源拼凑、机会识别分别在失败学习与企业绩效之间起中介作用。①资源拼凑的中介作用。在失败学习和资源基础观领域，鲜有研究将失败学习与资源拼凑纳入统一的研究框架，论述其因果逻辑及其对企业绩效的影响。过往研究多局限于新创企业视角并聚焦失败学习与企业绩效或创新绩效的直接路径的探讨（于晓宇和蔡莉，2013；郝喜玲等，2017；于晓宇等，2019）。本书认为资源拼凑有助于企业以一种创造性方式整合和重组资源以获取资源竞争优势，提高企业实现持续发展的能力。该书补充了在失败学习提升企业绩效过程中通过资源拼凑破解资源瓶颈新途径的研究结论，验证了资源拼凑对企业突破资源约束和路径依赖方面的重要作用。②机会识别的中介作用。虽然已有研究提供了部分关于失败学习与机会识别之间关系的证据（于晓宇等，2019），但机会识别如何影响失败学习与企业绩效关系的研究仍然非常有限。本书的研究结论表明失败学习能够借助于机会识别以发现和利用机会，从而实现从失败学习向企业绩效转化的作用路径，验证了机会识别对企业绩效提升的重要价值，深化了学术界对失败学习与企业绩效之间内在关系的认识。

（3）资源拼凑和机会识别在失败学习与企业绩效之间起链式中介作用。该结论表明企业通过失败学习探寻能够驱动企业创新和发展的机遇，必须借助于资源拼凑提升资源整合能力和资源重组的边际收益（赵健宇等，2019），为市场机会转化为新产品进而增强企业的实力提供资源保障。传统组织学习观念认为"反失败偏见"（谢雅萍和梁素蓉，2016；胡洪浩和王重鸣，2011）是许多企业出现失败学习实践缺失的重要原因。本书进一步借助链式中介模型从理论层面揭示如何将失败学习付诸实践的作用路径，尝试把资源拼凑策略与机会识别纳入失败学习驱动企业绩效的理论框架，阐释如何从失败中识别出能够促进企业获取竞争优势的重要机遇，以及如何通过资源拼凑策略把握市场机遇，这在以往的研究中并未被深入探讨。

（4）战略柔性强化了资源拼凑与企业绩效的关系，并正向调节资源拼凑的中介作用。以往文献很少从战略柔性视角分析其在失败学习与企业绩效之间的调节机制。本书将战略柔性引入理论模型，结果表明战略柔性在资源拼凑与企业绩效之间具有正向调节效应，战略柔性越高，资源拼凑对企业绩效的正向影响越强烈。本书进一步研究发现战略柔性还调节了资源拼凑的中介作用。实际上，资源拼凑的实施及其对企业绩效的影响效应与战略柔性密切相关，战略柔性越高，越有能力应对多变的环境和突破旧的资源管理理念和策略（李柏洲和高硕，2017），越能提高资源用途的可拓展性和资源组合的质量及效率，进而推动企业复苏。本书的相关结论拓展了战略柔性的应用领域，补充了失败学习对企业绩效间接影响的权变机制研究。

（二）管理启示

（1）失败学习是增强企业绩效的重要路径和方法。一方面，从认知重构角度来看，企业应从战略层面重视失败学习对企业复苏的重要价值。面对企业运营中存在的诸多失败问题，企业亟需摒弃"反失败观念"，树立正确的失败学习观，不应简单地把失败视为灾难，而应看作是企业实现"峰回路转"的有益战略警示，从而改变认知，通过双环学习探究企业失败与成长的关系，解读企业何以失败、何以成长的发展路径。另一方面，从行为变革角度来看，企业应积极实施失败学习战略，建立一套高质量失败学习系统，制定鼓励失败学习的制度及举措，营造失败学习氛围，积极开展失败学习活动，从失败中获取有价值的经验和知识，为企业成长提供动力和方法。

（2）资源拼凑和机会识别是企业实施失败学习战略及实现其成长的重要策略和手段。失败学习最终能否转化为企业绩效，很大程度上取决于其能否借助于资源拼凑所形成的资源优势和通过机会识别所搜寻和捕获的外部市场机遇，以及能否实现"资源+机会"的两种策略的协同融合。第一，提升资源拼凑能力。企业应转变观念，建立实现资源价值的拼凑观；营造鼓励探索和创新的文化，促进资源组合及用途的拓展；制定资源拼凑的制度安排，重构资源管理流程，形成灵活、柔性的资源管理机制（冯文娜等，2020）。第二，增强对机会的识别能力。企业应降低管理刚性，保持柔性战略决策，摆脱路径依赖，强化失败学习促进机会识别的作用；开展跨界搜索，准确捕捉市场需求，筛选出符合企业战略发展的机会。第三，实现机会识别和资源拼凑的协同匹配。机会识别是企业能否实现可持续发展的动力之源，资源拼凑是企业能否抓住和利用机遇的重要管理策略。企业不仅要从过往失败中通过质疑、学习、反思、变革和创新，提炼经验教训及可以推广应用的宝贵知识，提升对环境的洞察力、判断力，从而识别出能促进企业发展的重要机遇，更要借助于资源拼凑策略开发新机会，营造可持续竞争优势，进而提升企业绩效。

（3）战略柔性是失败学习通过资源拼凑提升企业绩效的重要条件。这说明在实施失败学习战略下企业复苏和发展在一定程度上是资源拼凑与战略柔性协同耦合、共同作用的结果。第一，企业应充分认识到战略柔性通过提升解决问题的能力和灵活性对企业恢复竞争优势的重要意义。第二，企业应优化管理制度，提升企业的资源管理能力和应用能力，增强资源柔性和配置资源的能力（李柏洲和高硕，2017）。第三，企业亟需营造创新、变革的文化氛围，打破已有的资源管理方式、惯例和行为模式，突破资源刚性化倾向，注重组织柔性化设计，加强部门间的沟通与合作，为失败学习驱动企业复苏提供战略支持。

（三）不足与展望

本书也存在一些局限性。第一，失败学习、资源拼凑等变量的量表主要是基于国外企业的情况设计的，与中国企业的时代背景并非完全吻合，未来研究亟需设计具有中国企业文化特色的量表，开展中西方文化背景下的对比研究，并为后续实证研究提供有效的测量工具。第二，本书仅考察了资源拼凑、机会识别的中介路径，可能还存在着其他更为重要的中介变量。未来研究可以检验其他中介变量（如动态能力、战略变革、复合能力等）在失败学习与企业绩效关系中的中介作用，进一步打开失败学习与企业绩效关系的"黑箱"，丰富二者关系内在逻辑的研究。

| CHAPTER 4 | 第四章

制造业企业复苏的逻辑框架构建

已有企业复苏研究为制造业企业复苏理论和实践提供了重要借鉴。然而，当前研究多处于理论探讨和模型构建阶段，缺乏理论成熟度和现实可行性，如何应对企业衰落是亟需解决的重要课题。本书基于失败学习视角构建制造业企业的复苏路径，为我国制造业企业的复苏、发展和转型升级提供理论支持和实践参考。

第一节 企业复苏路径构建的理论依据

一、企业复苏路径的相关研究

企业衰落已引起了国内外学者的关注，学者们对于企业衰落与组织创新关系的探讨尚没有定论，但普遍的观点倾向于认为组织创新对企业衰落或组织变革具有重要的驱动作用。随着对企业衰落研究的不断深入，关于企业衰落的研究引起了国内外部分学者的极大兴趣。Robbins（1992）首次提出了包含紧缩战略与创新战略的两阶段复苏理论模型；Arogyaswamy（1995）完善了该模型，强调了紧缩战略与创新战略的互补关系；后继学者Chowdhury（2002）、Trahms（2013）进一步拓展了复苏模型，构建了涵盖衰落识别/原因分析、开始响应、转变/战略行动和结果的描述性复苏模型。其中，Robbins（1992）提出的两阶段模型和Trahms（2013）提出的拓展模型具有代表性。Robbins（1992）认为企业复苏包括两个阶段，一是采取紧缩性行动，实现组织稳定后，在第二阶段再实施战略性的复苏战略。他认为可以采取两种战略：一是紧缩性行动或称运营行动；二是创业性/战略性行动。紧缩战略旨在减少成本或者资产；创业性行动是一种创新行动，旨在改变或调整企业的经营领域，以便更好地在这些领域竞争。根据Robbins和Pearce（1992）提出的两阶段复苏模型，企业衰落的原因和严重程度影响复苏战略。一是衰落原因（内部运营原因和外部原因）影响复苏战略的选择。当组织感知企业衰落为内部原因时就更可能采取紧缩战略提升效率，当感知为外部原因时就可能会采取战略性行动实现复苏。二是"衰落"的程度影响组织对战略的选择，衰落越是严重，企业越可能采取资产紧缩行动。

在Robbins和Pearce（1992）两阶段模型的基础上，Trahms等（2013）也提出了一个更复杂的复苏战略模型，包括衰落原因、响应因素、战略行动和结果四个部分。衰落原因分为内部和外部。响应因素分为管理层认知、战略型领导和利益相关者管理。战略行为分为战略性和紧缩性。结果分为极好的复苏、优质的并购、复苏、适当复苏、有折扣的复苏、再组织和失败（杜运周，2015）。响应因素影响复苏战略有以下几点。首先，三种管理层认知（衰落警觉、衰落归因、感知严重性）影响复苏战略。更早地警觉到衰落，认识到衰落的严重性，以及归于何种原因，均会影响到衰落组织的战略选择。其次，战略型领导，尤其是TMT（高层管理团队）和能力、CEO的匹配性，以及董事会的组成（外部董事、连锁董事等）和警惰性等均会影响到衰落组织的复苏战略。比如，股票期权在企业成长期，可以产生管理者与股东利益高度一致的效果，但是在衰落企业，这些期权的折现值对于管理者而言，可能要么全获，要么全失。最后，利益相关者管理。利益相关者关系到企业的生存和发展，包括所有者、政府、供应商、消费者、债权人和员工等。在企业衰落期，企业所有者间的目标冲突可能影响所有权的比例，如管理层持股、家族持股、机构持股对复苏会产生影响（Trahms 等，2013）。有研究发现家族企业可能采取更谨慎的战略，以维持家族股份和公司可行性（Gomez-Mejia 等，2007）。债权人在企业衰落期拥有更大话语权，对于企业决策会施加更大的压力。

二、从失败学习视角构建企业复苏路径的可行性分析

（一）失败与衰落存在某种逻辑关联

从绩效角度，企业衰落是持续的企业绩效下滑现象（Barker 和 Mone，1994；Trahms 等，2013）。从资源角度，企业衰落是特定时期（至少两年）组织资源基础的实质和绝对量的下降（Cameron 等，1987；D'Aveni，1989）。还有学者指出企业衰落也可表述为停滞的组织过程（Whetten，1980），是组织适应性差、不断消耗资源、减少合法性的一种状态（Carmeli 和 Sheaffer，2009）。可见，从失败和衰落的概念来看，一定意义上，失败是企业运营的最终结果，而衰落可能更侧重运营的过程或某些关键指标的变化。但从企业绩效的角度看，失败侧重考查运营结果未达到预期目标的状态，衰落是指企业绩效的连续下滑，从这一点上二者的含义具有相通性，只不过失败不强调次数，只要未达到目标均可称之为失败，而衰落必须具有连续性。因此，二者在内涵上具有一定的交叉性和一致性，失败是衰落的前提条件，是衰落的内核，而衰落是包含失败的一种意义存在。同时，失败强调结果，衰落强调过程，二者在逻辑上存在较为密切的联系。

(二)失败学习的积极效应为企业复苏提供了可能性

随着从经验中学习及对失败经验与成功经验比较研究的开展（Fredland，1976；Sitkin，1992；Morris，2000；陈国权，2005），失败被视为一个重要的"学习之旅"，蕴含着更有价值的信息。失败学习研究逐渐受到各界的关注和重视。胡洪浩和王重鸣（2011）、谢雅萍等对失败学习的概念进行了界定。大部分学者研究认为失败学习对企业绩效或复苏具有积极的促进作用（Davenport，2001；Stengel，2003；Cannon，2005；Kim和Miner，2007；于晓宇等，2013；郝喜玲，2017；王华锋等，2017）。Davenport（2001）通过案例研究演绎企业如何获取经验、挖掘及应用知识以提高绩效的过程，揭示了组织从经验中学习提升绩效的内在机理。

(三)失败学习模型为构建企业复苏路径提供了新的思路

当前，制造业企业衰落的复苏研究已取得初步的探索性成果，注重集中于两阶段复苏模型（Robbins和Pearce，1992，1993）、整合的两阶段复苏模型（Arogyaswamy，1995）及涵盖衰落原因、响应因素、战略行动和结果四个部分的复苏战略模型（Trahms，2013）。鉴于失败与企业衰落的内在逻辑关联性，我们认为从失败学习视角构建制造业企业衰落的复苏路径具有一定的可行性。一方面，前述分析表明失败学习在企业创新、企业绩效、企业竞争优势等方面具有积极的促进作用，证明失败学习对企业复苏可能存在着某种内在驱动机制，这为失败学习驱动企业复苏提供了机制上的可能性。另一方面，从失败学习模型的视角，涉及二阶段、三阶段和四阶段等失败学习过程模型。二阶段模型涉及单环和双环学习（Tucker，2003），具有开创意义，但难以系统诠释失败学习过程；三阶段模型包括失败识别、失败分析和审慎试验（Cannon和Edmonson，2005），描述了失败学习的全貌，但多囿于理论探讨；四阶段模型涵盖失败定义、失败解析、储存知识和失败知识运用（Cusin，2012），目前局限于理论模型和案例研究。制造业企业面临的衰落困境，不仅需要利用完全失败学习降低失败风险，更需要利用近失败学习实现企业的复苏和发展。本书借鉴了失败学习模型，从衰落识别、衰落探究和审慎试验三个方面设计制造业企业复苏的路径，为我国制造业企业提供了破解思路。

第二节　从失败学习视角构建制造业企业复苏路径模型

一、衰落识别——基于社会燃烧理论的企业衰落预警模型构建

（一）社会燃烧理论

社会燃烧理论是现代社会物理学的重要组成部分，社会物理学是指应用自然科学的思路、概念、原理和方法，经过有效拓展、合理融汇和理性修正，用来揭示、模拟、移植、解释和寻求社会行为规律和经济运行规律的充分交叉性学科（牛文元和叶文虎，2003）。社会物理学遵从以下逻辑基础。①承认无论自然系统还是人文系统，无一例外地随处随时都呈现"差异"的绝对性。②只要存在各种"差异"或"差异集合"，必然产生广义的"梯度"。③只要存在广义的"梯度"，必然产生广义的"力"。④只要存在广义的"力"，必然产生广义的"流"。⑤社会物理学着重探索广义"流"的存在形式、演化方向、行进速率、表现强度、相互关系、响应程度、反馈特征及其敏感性、稳定性，从而刻画"自然—社会—经济"复杂巨系统的时空行为和运行轨迹，寻求其内在机制和调控要点，在信息技术的支持下，有效地服务于政治、经济、社会等重大问题的决策与管理。由以上理念，可以将企业衰落纳入一个系统的理论体系和统计体系之中，构建预警系统。

社会燃烧理论的贡献在于其解析了系统的解体和系统有序的解构过

程，即从均衡到不均衡的社会系统的劣质化（牛文元，2002）。作为社会子系统的企业系统，同样存在着从均衡到不均衡的转变。企业是一个复杂非线性系统，往往存在着企业环境振动、技术变革、社会变革、产业衰落和竞争变化等外部环境及组织承诺升级、组织结构惯性、威胁—刚性、管理者归因等因素影响企业发展的不平衡性，其必然影响企业发展的速度和方向。而企业预警系统是通过评估企业现有状态与均衡状态的差异，以便采取有效措施对企业系统的状态进行及时调整。

（二）企业衰落预警模型构建

本书根据预警原理和相关文献构建企业衰落预警模型，该模型主要由内部机理分析、警度测度体系、警报体系及调控策略四部分构成，如图4-1所示。其中，机理分析主要从社会燃烧理论的视角解析企业系统可能因劣质性的累积放大效应而出现企业衰落的非经济性，即企业运营的非平衡态。企业运营的非平衡性主要在于企业系统劣质性因素导致的企业系统偏离其稳定的状态，对于偏离的程度及相应的警度判断则需要通过构建企业衰落预警测度体系予以测量。企业衰落警度测度体系由指标体系与警度测量模型构成，旨在评价企业衰落警度。警情预报及调控体系包括阈值判别及警情预报和政策调控等环节，目的在于根据相应警情采用相关策略加以调控，以促进企业的良性发展。

1. 企业衰落预警的机理分析

社会燃烧理论的三个基本条件为燃烧材料、助燃剂和点火温度。①引起企业衰落非平衡的基本动因，即随时随地发生的人与环境关系的不协调和人与人关系的不和谐，可以视为导致企业衰落非平衡发展的燃烧物质，这些因素可以归结为环境振动、技术变革、社会变革和产业衰落升级承诺、结构惯性和威胁—刚性效应等方面。②这些因素的劣质性因子或剥蚀变量经过累积效应，通过媒体误导、心理感知、非理性判断、社会心理的扭曲等助燃剂的不断催化，提升了企业运营系统无序化过程的社会温度，完成了社会熵增可以发生跃迁的能量储备。③在点火温度的作用下，随着系统的涨落和突变，达到一定阈值时,将使企业运营系统由有序变为无序,从稳定变为不稳定,从平衡态到远离平衡态,系统的外部驱动力小于企业的内部驱动力,企业运营趋于分散和平均,致使内部协同合作不足、员工士气低落和信誉损失、抵制变革等。社会燃烧理论指出,当企业与环境之间的关系达到充分的平衡、人与人之间的关系达到完全和谐,整个企业达到理论上的稳定状态,只要发生任何背离上述两大关系的平衡与和谐,都会给企业运营带来不同程度的影响。当此影响积累到一定程度时,在负向舆论的导向下,企业会形成一定程度非平衡状态,并以企业衰落警报的形式表现出来,即安全、轻警、中警、重警和巨警。在一定的条件下,企业可以通过对企业衰落预警的信号状态做出判断,对企业运营系统进行调整,增大促使企业运营稳定发展的正向力量,削弱或消除其剥蚀因素,促使企业运营系统稳定发展。图 4-1 为企业衰落预警模型。

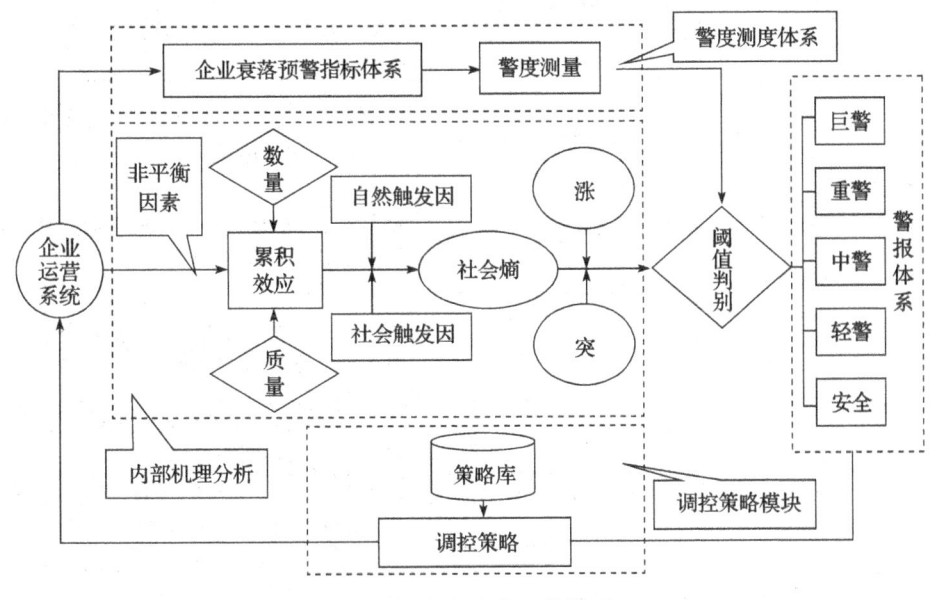

图 4-1 企业衰落预警模型

2. 企业衰落预警指标体系

遵循客观性、统计性、操作性等原则,考虑企业衰落的多维性、动态性和成长性特征，经过咨询专家并参考相关文献，本书构建了企业衰落预警指标体系，如表 4-1 所示。

表 4-1 企业衰落预警指标体系

一级指标	二级指标	计算公式	指标来源
偿债能力	流动比率	流动资产 / 流动负债	李扬等，《平衡数据的企业财务预警模型研究》
	速动比率	（流动资产 – 存货）/ 流动负债	李扬等，《平衡数据的企业财务预警模型研究》
	现金比率	现金及现金等价物期末余额 / 流动负债	胡达沙、王坤华，《基于 PSO 和 SVM 的上市公司财务危机预警模型》
	产权比率	负债合计 / 所有者权益合计	李建，《服务业上市公司财务风险预警模型研究》
	权益乘数	资产合计 / 所有者权益合计	李建，《服务业上市公司财务风险预警模型研究》
运营能力	存货周转率	营业成本 / 存货期末余额	谭久均，《财务指标与违约距离相融合的上市公司财务预警模型》；李建，《服务业上市公司财务风险预警模型研究》
	应付账款周转率	营业成本 / 应付账款期末余额	孙晓琳，《基于 Kalman 滤波的企业财务危机动态预警模型》
	流动资产周转率	营业收入 / 流动资产期末余额	孙晓琳，《基于 Kalman 滤波的企业财务危机动态预警模型》
	固定资产周转率	营业收入 / 固定资产期末余额	孙晓琳，《基于 Kalman 滤波的企业财务危机动态预警模型》
	总资产周转率	营业收入 / 资产总额期末余额	孙晓琳，《基于 Kalman 滤波的企业财务危机动态预警模型》
盈利能力	资产报酬率	（利润总额 + 财务费用）/ 资产总额	廖雄雄，《基于 LS-SVMDT 的上市公司财务困境预警模型研究》
	营业净利率	净利润 / 营业收入	梁宵练，《基于贝叶斯网络图的财务危机预警模型构建及应用研究——以 GN 公司为例》
	长期资本收益率	（利润总额 + 财务费用）/ 长期资本额	李建，《服务业上市公司财务风险预警模型研究》

续表

一级指标	二级指标	计算公式	指标来源
盈利能力	每股收益	归属于普通股股东的当期净利润/当期发行在外普通股的加权平均数	廖雄雄,《基于LS-SVMDT的上市公司财务困境预警模型研究》
	销售毛利率	(销售净收入－产品成本)/销售净收入	廖雄雄,《基于LS-SVMDT的上市公司财务困境预警模型研究》
成长能力	所有者权益增长率	(所有者权益本期期末值－所有者权益本期期初值)/所有者权益本期期初值	关欣,王征,《基于Logistic回归和BP神经网络的财务预警模型比较》
	资本积累率	(所有者权益合计本期期末值－所有者权益本期期初值)/所有者权益本期期初值	李扬等,《平衡数据的企业财务预警模型研究》
	总资产增长率	(资产总计本期期末值－资产总计本期期初值)/资产总计本期期初值	关欣,王征,《基于Logistic回归和BP神经网络的财务预警模型比较》
	净利润增长率	(净利润本年本期单季度金额－净利润上一个单季度金额)/净利润上一个单季度金额	胡达沙,王坤华,《基于PSO和SVM的上市公司财务危机预警模型》
	营业收入增长率	(营业收入本年本期单季度金额－营业收入上一个单季度金额)/营业收入上一个单季度金额	关欣,王征,《基于Logistic回归和BP神经网络的财务预警模型比较》
现金流量	净利润现金净含量	经营活动产生的现金流量净额/净利润	谢赤,赵亦军,李为章,《基于CFaR模型与Logistic回归的财务困境预警研究》
	销售收入现金净含量	销售商品、提供劳务收到的现金/营业收入	梁宵练,《基于贝叶斯网络图的财务危机预警模型构建及应用研究——以GN公司为例》
	营业利润现金净含量	经营活动产生的现金流量净额/营业利润	谢赤,赵亦军,李为章,《基于CFaR模型与Logistic回归的财务困境预警研究》
现金流量	全部现金回收率	经营活动产生的现金流量净额/资产总计	谢赤,赵亦军,李为章,《基于CFaR模型与Logistic回归的财务困境预警研究》
	营运指数	经营活动现金净流量/经营应得现金	梁宵练,《基于贝叶斯网络图的财务危机预警模型构建及应用研究——以GN公司为例》

3. 企业衰落警度测量模型的构建

关于预警模型的构建通常有多种方法和工具，这些方法要么受到样本容量及样本结构的影响，要么主观性较强或者强调极值作用或者使用条件苛刻，导致信息损失多。对于企业衰落预警问题，既要反映多层次、多维度的影响因素，又要体现企业衰落的动态变化。而采用向量夹角对企业衰落系统的实际发展与期望水平的偏离程度进行测量，模型简单，具有一定的可扩充性和灵活性，可以有效避免上述缺点。因此，可以利用向量夹角思想构建企业衰落警度测量模型。

在计算企业衰落偏离度之前，为了消除量纲的影响，要对数据进行标准化处理。本书的预警指标属于效益型指标。公式如下：$x_i^* = x_i / (\sum_{i=1}^{n} x_i)/n$。假设某一时期内企业衰落发展水平的期望值为 $X(0) = \{x_1(0), x_2(0), \cdots, x_i(0), \cdots, x_n(0)\}$，其中，$x_i(0)$ 表示第 i 个指标的期望值，并设第 t 年企业衰落实际值为 $X(t) = \{x_1(t), x_2(t), \cdots, x_n(t)\}$，这里将测量企业衰落的各指标期望值构成的序列看成一个 n 维向量，将各年企业衰落的各指标实际值构成的序列也看成一个 n 维向量，则这两个 n 维空间中的向量夹角能够反映这两个向量在空间上的接近程度。因此，可以用两个向量的夹角测量实际值与期望值的偏离度，夹角越大说明企业衰落的实际值与期望值偏离得越大，反之越小。假定两个向量夹角的余弦值为企业衰落的偏离度 M_t，则有

$$M_t = \frac{X(0) \times X(t)}{\|X(0)\| \times \|X(t)\|} = \frac{\sum_{i=1}^{n} x_i(0) x_i(t)}{\sqrt[2]{\sum_{i=1}^{n} x_i(0)^2} \times \sqrt[2]{\sum_{i=1}^{n} x_i(t)^2}}$$

M_t 值越大，说明夹角越小，实际值与期望值越接近，反之，实际值与期望值越远。定义企业衰落的警度为 $J_t = (1 - M_t) \times 100\%$。

J_t 可以测量企业衰落的实际发展与期望水平的偏差，确定企业衰落的

偏离程度，根据企业衰落的警度，建立企业衰落预警区间，从而发布预警信息。通过对我国 n 年的企业衰落发展的警度测定值和其实际发展状态的分析，并咨询了相关经济领域专家，同时借鉴经济系统的警区划分方法，划分企业衰落的警度与警区如下：当 $0 \leqslant J_t < 5\%$，企业衰落的实际值与期望值非常接近或达到期望水平，则处于安全状态，以绿灯表示；当 $5\% \leqslant J_t < 15\%$，企业衰落的实际值与期望值比较接近，则处于轻警状态，以浅蓝灯表示；当 $15\% \leqslant J_t < 30\%$，企业衰落的实际值与期望值偏差较大，则处于中警状态，以蓝灯表示；当 $30\% \leqslant J_t < 50\%$，企业衰落的实际值与期望值偏差严重，则处于重警状态，以黄灯表示；$J_t \geqslant 50\%$，表明企业处于巨警状态，以红灯表示。

二、衰落探究——制造业企业衰落要素分析

（一）剖析衰落动因

一是外部因素。外部因素包括环境的波动、技术变化、行业衰落和竞争环境的动态变化（Lee 和 Witteloostuijn，1998）。环境波动使组织在微妙的环境和渐变的环境中受到不利的影响（Park 和 Mezias，2005）。环境的突然性变化和不连续的改变会使企业战略失效，从而导致组织的衰落（Meyer，1982）。一种颠覆性技术会从根本上改变一个行业的价值链和行业成功的因子（Tushman 和 Anderson，1986）。人口结构和产品技术的变化，以及创建新的替代品都有可能导致企业衰落，随之而来的则是行业的衰落（Grinyer 和 McKieman，1990）。此外，来自行业内其他企业的竞争压力也会使企业陷入衰落的沼泽中。

二是内部因素。组合战略和权变理论（Lawrence 和 Lorsch，1967）认为组织绩效归因于企业之间的联盟合作、企业资源和环境。如果企业的环境匹配度较差，也会使绩效下滑，进而导致企业衰落（Zajac 等，2000）。组织结构的特点，如规模大小也会影响企业的长远的发展。随着企业规模

的扩大,企业产生了惯性,导致其在环境的变化中逐渐与环境脱节(Cyert和March,1963)。另外,高层管理团队的管理和企业战略的无效性也会导致企业衰落,如管理者不作为、资源使用的无效性、研发投入的减少和并购目标缺乏互补性都会导致企业衰落(Hitt等,2001)。

(二) 诊断衰落过程

衰落过程包括轻微、明显、重症、严重和破产等(张焱,2005)及蒙蔽、无为、错误行动、危机和解体等(Gupta,2010)。根据衰落过程理论,本书结合衰落监测结果对制造业企业的衰落过程进行阶段确认,分析衰落属性、周期、决策行为等。

(三) 确定衰落模式

企业衰落模式包括快速衰落模式、渐进衰落模式和拖延衰落模式(D'Aveni,1989)。快速衰落的企业会快速瓦解,以突然破产为特征,称之为"冲动企业"(Miller和Friesen,1977)。渐进衰落的企业以较慢的、不断增加的衰落程度为特征。拖延衰落的企业会延迟破产数年,长期处于一种财务不足和管理资源紧张的衰落状态。有学者根据衰落模式理论,分析不同模式的特征(战略、集权、强度、范围等),探讨可能的衰落结果(立即退出、复苏、从亏损中退出和慢性失败等)。此外,Cameron等(1987)概括了衰落企业的12种不良组织特性,如很难实施长远规划、创新受到抵制、管理者成为衰落的"替罪羊"、内部冲突加剧、员工士气低落等。他们进一步把12种不良组织特性归为两大类,即高层管理者行为特性(如集权化、没有长远规划、离职和非优先裁员等)和组织其他成员行为特性(没有创新、抵制变革等)。在衰落企业的战略和管理特征方面,D'Aveni(1989)研究发现:衰落组织表现出战略瘫痪特征(减少主动采取措施,很少进行兼并和收购);衰落企业精简业务,清算或剥离更多的二级单位以产生现金;衰落企业存在管理失衡的现象。

三、审慎试验——制造业企业的复苏战略及仿真试验

(一) 制造业企业的复苏战略

1. 复苏模型研究

基于刚性理论和创新理论视角,Robbins 和 Pearce(1992)首次提出两阶段理论模型,即组织在第一阶段采取紧缩性行动,趋于稳定后,在第二阶段实施复苏战略。因此,组织应对衰落通常采取两种措施,当组织感知为内部原因时,往往采取减少成本的紧缩性行动;当组织感知为外部原因时,往往会调整企业在某个领域竞争力的战略性行动。此外,衰落程度越深企业越可能采取资产紧缩行动(Robbins 和 Pearce,1992)。Arogyaswamy(1995)等强调了紧缩性行动与创新战略的互补关系,认为第一阶段战略的执行效果、造成衰落的原因和企业所处的竞争地位会对第二阶段复苏战略的执行产生影响。当企业衰落时,应注重通过战略重建获得新资源。第一阶段和第二阶段的战略相互依存,可以同时执行。Trahms 等(2013)在研究中进一步拓展了复苏模型,构建了涵盖衰落识别/原因分析、开始响应、转变或战略行动和结果的描述性复苏模型。具体来看,衰落识别/原因分析分为内外两个部分,开始响应分为战略型领导、管理层认知,转变或战略行动分为紧缩性和战略性,结果的描述性分为复苏成功、优质并购等六个方面。

2. 复苏对策研究

越来越多的学者开始关注衰落现象发生后,组织怎样才能适应及如何才能克服衰落造成的不利影响,从而摆脱衰落。倘若能够明确实际绩效和目标期望之间存在的差距,那么企业衰落可能会激励组织提升自身适应能力及运行效率,并促使组织积极转型(Cyert 和 March,1964)。

(1) 从理论角度细分。Kahneman 和 Tversky(1980)在前景理论中提出,面临危机时,企业的决策者更愿意根据实际情况采取具有不同风险

程度的挽救行动。根据组织进化理论，当出现危机时，企业应该重新整合资源，利用现有资源进行学习与创新，这是解决经营问题的首要策略。因此，在企业整体发展处于下滑状态时，如果衰落程度越来越深，企业更倾向于通过创新来改善经营。刘海建等（2012）认为组织存在结构惰性，在战略不能及时更新的情况下，企业会陷入某个怪圈。基于利益相关者理论，Chen和Hambrick（2012）聚焦于研究CEO等高层管理者的决策对组织转型如何产生作用。利益相关者（债权人、客户、供应商等）在组织的衰落和转型过程中，能够为企业提供赖以生存的资源。因此，明确并尽早辨别利益相关者对企业衰落的态度对企业扭转局势至关重要。

（2）从企业实践角度细分。王立志和韩福荣（2002）认为企业具有生产性和交易性的性质，当其内部成本长期高于外部成本时，走向衰亡将是必然的趋势。在研究中他们采用人格化方法，分析了企业由盛到衰的生命周期。王玉梅（2007）对部分大型民营企业分析后发现潜在的衰落规律，认为企业应着重提高自身素质，社会应营造促进企业发展的社会环境。孙继伟（2013）通过对部分卓越企业进行深入分析，发展强调问题导向，从问题入手，抓问题、盯问题，导入"问题管理"，采用"以防为主、防消结合"的管理模式，对预防企业衰落有重要作用。王崇锋和张蕾（2020）研究认为，多元化扩张也会给企业带来衰落的风险，因此企业应抓住主营业务，合理利用原有业务资源，拓展现存业务。王喜文和江道辉（2013）主要以松下、索尼、夏普三大电子巨头巨额亏损为线索进行研究，并提出企业要善于洞察市场和技术的变化，通过跨界组合来应对企业衰落。

企业衰落研究已取得了很大进展，为本书提供了重要的理论依据和思路借鉴。但相关研究多属于尝试通过理论分析或案例研究等质性研究方法构建基础理论，尚缺乏定量研究的支撑。未来，如何定量识别（监控、评价、预警）企业衰落，以及如何制定复苏的战略举措，将是新的研究趋势。基于此，本书着重探讨了制造业企业衰落预警指标体系设计和预警模型构建，并基于案例研究对衰落预警模型进行检验分析，在此基础上，提出企业复苏的建议。本书的研究成果不仅丰富了企业衰落预警理论，而且也对我国制造业企业的复苏研究具有重要的现实意义。

（二）制造业企业复苏的仿真试验

制造业企业的复苏具有非线性和复杂性的特点，本章利用系统动力学理论科学分析制造业企业复苏系统中各发展关键要素的相关关系，提出以下概念（王玉梅，2019）。

一是系统边界。建立系统边界的目的是排除系统边界外部因素的干扰。系统边界内部的因素会对系统产生重要的影响，需要进行深入的剖析和研究。

二是因果关系图。因果关系图是系统反馈结构的重要工具，是构建系统动力学模型的基础。因果关系图中包含多个变量，这些变量之间用标有因果关系的箭头连接。

三是系统流图。系统流图是对因果关系图的细化，它不仅展示了因果关系图中所有相关因素之间的关系，还简洁地标示出系统各要素之间的作用，明确地指出系统的反馈形式和各因素之间的关系。

四是数量关系方程。数量关系方程是根据系统流图各要素的关系进行的定量描述，从已知初始状态递推后一状态的关系式。

五是仿真系统。仿真系统是在实际的系统模型和相应的人为设置的环境中，建立有一定逻辑关系的仿真模型，并对逻辑关系进行定量分析，从而获得解决问题的有效信息。

制造业企业的复苏是一个复杂的过程，其会受到内外因素的影响，这些因素相互影响、彼此作用，形成具有特定功能的有机整体。我们可以根据系统动力学原理，分析制造业企业复苏的过程，通过定性和定量的仿真确定制造业企业复苏的关键要素，探索制造业企业复苏的战略。

第五章 | CHAPTER 5 |

制造业企业衰落预警研究

本章以衰落理论和预警理论为基础，以制造业企业为研究对象，构建制造业企业衰落预警模型，主要内容如下：确定研究样本，设置建模组与检验组，采用实证研究、案例研究和统计研究等方法，对样本数据处理后，计算因子得分，确定企业衰落预警指标体系，构建制造业企业衰落预警模型。

第一节 制造业企业衰落预警模型的构建

一、研究样本的选取

（一）样本来源

本书基于以下考虑选取样本。①获取财务报告数据的便利性。从宏观角度看来，虽然制造业企业数量庞大，但非上市公司通常不会对外公开财务报告,在实际研究中我们难以采集到相关企业的数据。由此,本书选取上市公司中制造业作为样本。②本书选取了主营业务明确且具有一定资本和产业规模的制造业企业作为样本。倘若直接从水平参差不齐的制造业企业中选取样本,难免会抽到某些主营业务混乱、财务数据失真等存在极端现象的企业,无法代表平均水平,不具有研究意义。③数据具有可靠性。《中华人民共和国证券法》对企业财务报告做出了明确规定,制定了披露原则,且必须经过外部审计流程。上市企业的财务数据可以保证准确性。本书所使用的数据主要来自国泰安数据库、新浪网财经板块等。

(二) 样本选取标准

1. 定义标准

基于学者对企业衰落的定义［能力观（Whetten, 1980）、绩效观（Robbins 和 Pearce, 1992）、资源观（Freeman 和 Cameron, 1993）等］, 对文献梳理发现, 其一, 我国发生连年亏损和出现衰落状态的制造业企业在财务上均被特别处理（即出现异常或临近死, Special Treatment, ST）, 这表明企业出现财务问题时, 衰落现象也伴随发生。其二, 特别处理是客观的事实, 可度量性高。其三, 本书与国内现有大部分研究的做法保持一致, 可以进行比较分析。其四, ST 企业信息公开全面完善, 便于收集。基于此, 本书最终选取因财务异常即首次被 ST 的企业作为企业衰落研究的样本。

2. 数量标准

在制造业企业中,处于危机和正常企业的样本总体比例差距较大。如果按资产规模相匹配的原则进行抽取,两类样本数量差距较大,一方面模型的预测能力会被错误估计;另一方面也违背了随机抽样的原则,容易忽略市场动态性,最终影响模型预测的准确性。本书根据实证需要,采用非配对抽取方式,以较少的衰落企业和较多的正常企业作为最终研究样本,避免了样本不全的问题。

3. 时间标准

制造业企业样本数量充足，总量超过1000家，为了得到在行业内普遍适用的预警模型，本书选取的研究样本涵盖2009—2018年的制造企业上市公司。纳入样本范围的衰落企业，上市时间超过三年，在被选时首次被ST处理，且前三年财务记录没有异常。同时，选取连续三年没有财务异常记录的企业作为对照组。倘若在观测期间样本改变了主营业务，则应将样本剔除。

4. 选取年限

将被特别处理的年份，即企业衰落发生的年份记为T年，企业衰落发生前一年为（T-1年），前两年为（T-2年），前三年为（T-3年）……

（三）样本的确定

本书以2009—2018年被ST的制造业上市企业为主要研究主体，考虑数据的时效与研究需要，仅选取了2016—2018年首次被ST的55家制造业企业、55家正常公司，共110家作为样本，并进一步分为建模样本和检验样本两组。建模样本为2016—2017年首次被ST的27家制造业企业，并选取对应的27家正常状态的上市公司作为配对样本。检验样本为2016年首次被ST的28家制造业企业，并选取对应的28家正常状态的上市公司作为配对样本。样本分配情况如图5-1所示。

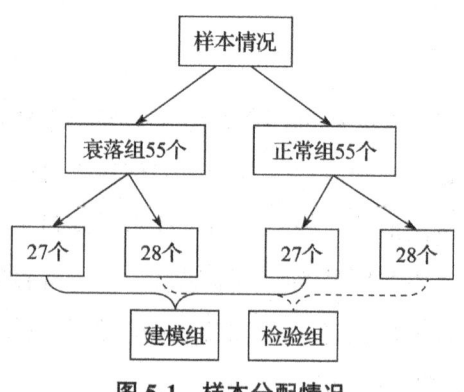

图 5-1 样本分配情况

二、企业衰落预警指标的选取

（一）预警指标的选取原则

1. 先兆性原则

被选指标对未来的企业衰落应该具有可预见性。在企业陷入衰落的前期，通过所选指标对异常情况做出反应，成为企业经营状况的"晴雨表"，实时反映企业在实际经营中存在的问题，达到预警的效果。

2. 全面性原则

被选指标既能反映企业财务层面的情况，又能反映企业非财务层面的情况。财务层面要揭示企业可能存在的衰落风险，真实反映企业的发展状况；非财务层面从自身管理、外在评价等选取指标，保证指标具有互补性。

3. 实用性原则

被选指标有可操作性，数据易获取。构建企业衰落预警模型的目的就是让管理者了解企业的处境，起到预警作用。

（二）预警指标的确定

关于建立预警模型的指标，国内外学者并没有统一的结论，大都在正常样本和衰落样本间对有显著差异的指标进行统计方法检验，并将确定的指标运用到相关模型中。但在前人的研究中，有些指标经常被使用，经验证后可以进入模型中进行预警分析。如Fitzpatrick（1977）、William和Beaver（1966）在研究中得出净资产收益率、产权比率、资产负债率、净资产收益率、现金流量债务比等指标经验证是有效的。Martin（1977）、Altman（1958）和Ohlson（1980）在对财务比率与破产威胁的研究中，经过实证检验得出资产报酬率、销售净利率、现金流动负债比、现金流量净额增长率、总资产现金回收率、资本结构、股东权益周转率等指标是可以有效应用的。Zmijewski（1984）在研究财务困境预测模式时，选取指标资本积累率、总资产增长率、营业利润率、净资产增长率进行回归分析，证明指标是可靠的。Hill 等（1996）利用历史事件分析评估处于财务困境中的公司时，选取审计意见、国有股比例、管理费用率、股权集中度作为研究指标的一部分，实践证明这些指标有效，可以进入预警模型中进行预测。杨淑娥和黄礼（2005）利用 BP 神经网络对上市公司的财务状况进行预警研究时，验证得出流动比率、速动比率、存货周转率、流动资产周转率、总资产周转率、营业收入现金含量、营业收入现金净含量等指标可以被有效使用。刘玉敏等（2016）从非财务角度着手研究，验证得出董事会人数、独立董事占比、Z 指数、审计意见类型等指标对于模型构建有效果。吴世农和卢贤义（2001）等实证检验证明了长期资产适合率、营业收入增长率、净利润增长率、资产净利率等五个指标的合理性。

考虑到不同行业对指标的敏感性不同，必须确保预警指标选取的全面性。本书参考经过实证检验结果有效的财务指标，结合研究需要，适当对指标体系做出扩充，增加了超速动比率、资本保值增长率、有形净值债务率、总资产净利润率等指标，全面体现了企业的偿债能力、盈利能力、营运能力、成长能力、现金流量状况五个方面的财务性指标及非财务指标。非财务指标难以量化，导致部分指标可测性较低。因此，对于不能量化处理的诸如审计意见等非财务指标，本书采取如下方法进行研究：引入虚拟变量，并将结果设为 1 和 0。而且非财务指标大多受到研究者主观认识的影响，没有统一的选择标准与定义要求，虽然选取范围广泛，但相对而言，信息采集难度也较大。在现有研究中，学者们大都从宏观和微观两个角度对分散的非财务信息进行分类。微观视角是基于企业自身情况而设定的衡量标准，宏观视角指样本企业受宏观环境的影响。

为了验证引入非财务类信息与指标是否对优化企业衰落模型具有正向影响，在选取非财务指标时，从微观视角进行探讨，即董事会结构、审计意见、代理成本等角度。最终确定从财务指标（偿债、盈利、营运、成长能力、现金流量状况）及非财务指标六个维度选取 41 个指标作为企业衰落预警指标，如表 5-1 所示。

表 5-1 初选预警指标体系

指标类型	指标名称	指标代码	定义	主要参考文献作者
偿债能力	流动比率	X_1	流动资产 ÷ 流动负债	Fitzpatrick、杨淑娥、黄礼
	速动比率	X_2	（流动资产 − 存货）÷ 流动负债	
	超速动比率	X_3	（货币资金 + 应收票据 + 应收账款 + 其他应收款）÷ 流动负债	
	资产负债率	X_4	负债总额 ÷ 资产总额	
	长期资产适合率	X_5	（股东权益 + 长期负债）÷（固定资产净 + 长期股权投资 + 可供出售金融资产 + 持有至到期投资）	
	产权比率	X_6	负债总额 ÷ 股东权益	
发展能力	资本保值增长率	X_7	期末权益 ÷ 期初权益	吴世农、卢贤义、Zmijewski
	资本积累率	X_8	所有者权益增加额 ÷ 期初权益	
	总资产增长率	X_9	总资产增加额 ÷ 资产总额	
	有形净值债务率	X_{10}	负债合计 ÷ 有形净值	
	营业收入增长率	X_{11}	本期收入 ÷ 去年同期收入	
	净资产增长率	X_{12}	本期净利润 ÷ 去年同期净利润	
	净利润增长率	X_{13}	本年利润增长额 ÷ 上年利润总额	
盈利能力	总资产净利润率	X_{14}	净利润 ÷ 总资产	Fitzpatrick、William、Ohlson
	资产报酬率	X_{15}	投资报酬 ÷ 投资额	
	营业利润率	X_{16}	营业利润 ÷ 销售额	
	资产净利率	X_{17}	净利润 ÷ 平均资产额	
	销售净利率	X_{18}	净利润 ÷ 营业收入	
	净资产收益率	X_{19}	净利润 ÷ 股东权益平均余额	
	销售毛利率	X_{20}	（营业收入 − 营业成本）÷ 营业收入	
经营能力	应收账款周转率	X_{21}	营业收入 ÷ 应收账款余额	Martin、Altman
	存货周转率	X_{22}	营业成本 ÷ 存货平均占用额	
	流动资产周转率	X_{23}	主营业收入 ÷ 平均流动资产	
	总资产周转率	X_{24}	销售收入 ÷ 平均资产总额	
	股东权益周转率	X_{25}	销售收入 ÷ 平均股东权益	
现金流量	净利润现金净含量	X_{26}	经营活动现金净流量 ÷ 净利润	Altman、刘玉敏等
	营业收入现金含量	X_{27}	销售、劳务收到的现金 ÷ 营业收入	
	营业收入现金净含量	X_{28}	经营活动现金净流量 ÷ 营业收入	

续表

指标类型	指标名称	指标代码	定义	主要参考文献作者
现金流量	现金流量债务比	X_{29}	经营净现金流量 ÷ 负债合计	Altman、刘玉敏等
	现金流动负债比	X_{30}	经营净现金流量 ÷ 流动负债	
	现金流量净额增长率	X_{31}	现金流量净额 ÷ 主营业务收入	
	总资产现金回收率	X_{32}	现金流量净额 ÷ 平均资产总额	
	现金适合比率	X_{33}	现金净流量 ÷ 期末流动负债	
非财务指标	国有股比例	X_{34}	公司国有股 / 公司总股数	Zmijewski、刘玉敏等
	董事会人数	X_{35}	董事会人数	
	独立董事占比	X_{36}	独立董事人数 ÷ 董事会人数	
	Z 指数	X_{37}	第一大股东与第二大股东持股比例的数值	
	管理费用率	X_{38}	管理费用率	
	审计意见类型	X_{39}	标准无保留意见取 1，否则取 0	
	股权集中度 1	X_{40}	第一大股东持股占比	
	股权集中度 5	X_{41}	前五大股东持股比例之和	

本书使用 SPSS 24.0 对数据进行处理，对初选指标的显著性进行检验，并选取显著性较高的指标进入衰落预警模型。当满足正态分布条件时，采用 T 检验进一步选取指标，如图 5-2 所示。

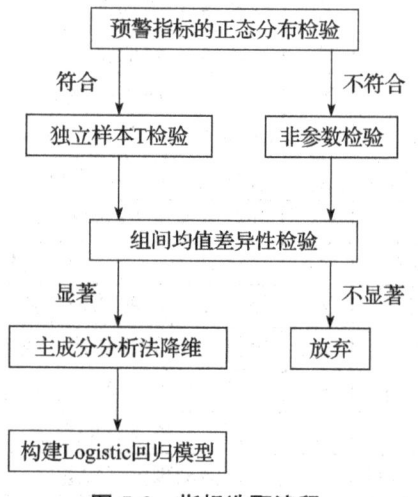

图 5-2　指标选取流程

1. 企业衰落预警指标 K-S 检验

检验初选指标数据是否符合正态分布，采用 K-S 检验，且显著性水平为 5%，利用 SPSS 24.0 得出检验结果，如表 5-2 所示。由表 5-2 可知，X_4、X_6、X_7、X_8、X_{10}、X_{11}、X_{13}、X_{20}、X_{22}、X_{23}、X_{24}、X_{26}、X_{32}、X_{33}、X_{35}、X_{36}、X_{40}、X_{41} 共 18 个指标显著性水平高于 5%，满足正态分布条件。X_1、X_2、X_3、X_5、X_9、X_{12}、X_{14}、X_{15}、X_{16}、X_{17}、X_{18}、X_{19}、X_{21}、X_{25}、X_{27}、X_{28}、X_{29}、X_{30}、X_{31}、X_{34}、X_{37}、X_{38}、X_{39} 共 23 个指标显著性水平低于 5%，不满足正态分布条件。

表 5-2 指标 K-S 检验结果

指标代码	指标名称	Kolmogorov-Smirnov 值	渐进显著性（双侧）
X_1	流动比率	1.879	0.003
X_2	速动比率	1.998	0.001
X_3	超速动比率	1.974	0.001
X_4	资产负债率	0.577	0.893
X_5	长期资产适合率	1.778	0.003
X_6	产权比率	0.675	0.792
X_7	资本保值增长率	0.784	0.467
X_8	资本积累率	0.989	0.833
X_9	总资产增长率	1.660	0.014
X_{10}	有形净值债务率	0.739	0.643
X_{11}	营业收入增长率	1.045	0.228
X_{12}	净资产增长率	2.789	0.000
X_{13}	净利润增长率	1.299	0.067
X_{14}	总资产净利润率	3.103	0.000
X_{15}	资产报酬率	1.486	0.023
X_{16}	营业利润率	1.377	0.048
X_{17}	资产净利率	1.508	0.022
X_{18}	销售净利率	1.355	0.009

续表

指标代码	指标名称	Kolmogorov-Smirnov 值	渐进显著性（双侧）
X_{19}	净资产收益率	1.525	0.020
X_{20}	销售毛利率	1.122	0.162
X_{21}	应收账款周转率	2.952	0.000
X_{22}	存货周转率	1.251	0.092
X_{23}	流动资产周转率	1.187	0.114
X_{24}	总资产周转率	0.977	0.337
X_{25}	股东权益周转率	2.011	0.011
X_{26}	净利润现金净含量	1.101	0.142
X_{27}	营业收入现金含量	1.345	0.032
X_{28}	营业收入现金净含量	1.436	0.045
X_{29}	现金流量债务比	2.064	0.000
X_{30}	现金流动负债比	2.310	0.000
X_{31}	现金流量净额增长率	1.792	0.001
X_{32}	总资产现金回收率	1.343	0.092
X_{33}	现金适合比率	0.864	0.760
X_{34}	国有股比例	3.404	0.000
X_{35}	董事会人数	0.933	0.362
X_{36}	独立董事占比	0.827	0.809
X_{37}	Z 指数	2.294	0.000
X_{38}	管理费用率	1.412	0.035
X_{39}	审计意见类型	4.333	0.000
X_{40}	股权集中度 1	0.457	0.987
X_{41}	股权集中度 5	0.557	0.878

2. 差异性检验

首先，对满足正态分布条件的 X_4、X_6、X_7、X_8、X_{10}、X_{11}、X_{13}、X_{20}、X_{22}、X_{23}、X_{24}、X_{26}、X_{32}、X_{33}、X_{35}、X_{36}、X_{40}、X_{41} 共 18 个指标进行独立

样本 T 检验，T 检验结果如表 5-3 所示。

表 5-3　T 检验结果

指标代码	指标名称	Sig.
X_4	资产负债率	0.013
X_6	产权比率	0.408
X_7	资本保值增长率	0.649
X_8	资本积累率	0.637
X_{10}	有形净值债务率	0.283
X_{11}	营业收入增长率	0.732
X_{13}	净利润增长率	0.009
X_{20}	销售毛利率	0.012
X_{22}	存货周转率	0.235
X_{23}	流动资产周转率	0.006
X_{24}	总资产周转率	0.598
X_{26}	净利润现金净含量	0.003
X_{32}	总资产现金回收率	0.010
X_{33}	现金适合比率	0.017
X_{35}	董事会人数	0.933
X_{36}	独立董事占比	0.827
X_{40}	股权集中度 1	0.011
X_{41}	股权集中度 5	0.014

表 5-3 结果表明，X_4、X_{13}、X_{20}、X_{23}、X_{26}、X_{32}、X_{33}、X_{40}、X_{41} 共 9 个指标通过了显著性检验并进入下一阶段。X_6、X_7、X_8、X_{10}、X_{11}、X_{22}、X_{24}、X_{35}、X_{36} 共 9 个指标的 Sig. 值大于 5%，未通过检验，说明不适合于预警模型，应进行剔除。

其次，对不服从正态分布的其余指标，X_1、X_2、X_3、X_5、X_9、X_{12}、X_{14}、X_{15}、X_{16}、X_{17}、X_{18}、X_{19}、X_{21}、X_{25}、X_{27}、X_{28}、X_{29}、X_{30}、X_{31}、X_{34}、X_{37}、X_{38}、X_{39} 共 23 个指标使用 Mann-Whitney U 进行非参数检验，Mann-

Whitney U 检验结果如表 5-4 所示。

表 5-4　Mann-Whitney U 检验结果

指标代码	指标名称	Sig.
X_1	流动比率	0.006
X_2	速动比率	0.009
X_3	超速动比率	0.011
X_5	长期资产适合率	0.036
X_9	总资产增长率	0.011
X_{12}	净资产增长率	0.045
X_{14}	总资产净利润率	0.007
X_{15}	资产报酬率	0.538
X_{16}	营业利润率	0.023
X_{17}	资产净利率	0.021
X_{18}	销售净利率	0.007
X_{19}	净资产收益率	0.945
X_{21}	应收账款周转率	0.001
X_{25}	股东权益周转率	2.011
X_{27}	营业收入现金含量	0.004
X_{28}	营业收入现金净含量	0.009
X_{29}	现金流量债务比	0.004
X_{30}	现金流动负债比	0.022
X_{31}	现金流量净额增长率	0.006
X_{34}	国有股比例	0.027
X_{37}	Z 指数	0.759
X_{38}	管理费用率	0.833
X_{39}	审计意见类型	0.685

由表 5-4 可知，X_1、X_2、X_3、X_5、X_9、X_{12}、X_{14}、X_{16}、X_{17}、X_{18}、X_{21}、X_{27}、X_{28}、X_{29}、X_{30}、X_{31}、X_{34} 共 17 个指标显著性水平低于 5%，说明 ST 与非 ST 公司在这些指标中存在显著差异，可纳入预警模型，其余应予以剔除。

综上所述，经过筛选，指标体系由原来的 41 个变为 26 个，如表 5-5 所示，这 26 个指标将进行主成分分析，进一步分析探讨。

表 5-5　最终选定指标

指标代码	指标名称	Sig.
X_1	流动比率	0.006
X_2	速动比率	0.009
X_3	超速动比率	0.011
X_4	资产负债率	0.013
X_5	长期资产适合率	0.036
X_9	总资产增长率	0.011
X_{12}	净资产增长率	0.045
X_{13}	净利润增长率	0.009
X_{14}	总资产净利润率	0.007
X_{16}	营业利润率	0.023
X_{17}	资产净利率	0.021
X_{18}	销售净利率	0.007
X_{20}	销售毛利率	0.012
X_{21}	应收账款周转率	0.001
X_{23}	流动资产周转率	0.006
X_{26}	净利润现金净含量	0.003
X_{27}	营业收入现金含量	0.004
X_{28}	营业收入现金净含量	0.009
X_{29}	现金流量债务比	0.004
X_{30}	现金流动负债比	0.022
X_{31}	现金流量净额增长率	0.006
X_{32}	总资产现金回收率	0.010
X_{33}	现金适合比率	0.017
X_{34}	国有股比例	0.027
X_{40}	股权集中度 1	0.011
X_{41}	股权集中度 5	0.014

三、企业衰落预警模型的构建

(一) 因子分析

根据第二部分的研究结果，选出 26 个差异显著的变量，为了确保指标体系建设的全面性，不能随意对指标进行取舍，但另一方面，指标体系过于复杂也会对模型的质量产生影响。基于此，本书对最初选定的 26 个指标进行进一步的提炼。

因子分析是一种通过对多变量数据进行降维处理的统计方法。在保证原有数据结构的条件下，进行简化处理。即运用较少的新变量代替和解释原来的变量，目的是使指标体系更简化，形成一个最基本、最简洁的指标系统。

1. 适用性检验

变量间的相关性强度较高是进行因子分析的前提。非财务数据处于不连续的状态，所以本节只对财务指标进行因子分析。这个过程主要通过 KMO 和 Bartlett 球形检验对样本数据进行检验。当 KMO 值大于 0.5 时，值越大越适合做因子分析。相关系数矩阵是 Bartlett 球形检验的基础，统计量较大，相应概率值较低，则说明变量间相互不独立，有一定相关性，可以做因子分析，如表 5-6 所示。

表 5-6　KMO 和 Bartlett 球形的检验

取样足够度的 KMO 度量		0.726
Bartlett 球形检验	近似卡方	2763
	df	364
	Sig.	0.000

检验结果表明，KMO 值为 0.726>0.5，适合做因子分析；Bartlett 统计量较大，概率值为 0.000<0.05，认为变量间互相相关。

2. 因子数量的确定

通过线性变换，采用几个主成分因子代替原有 26 个指标变量是进行因子分析的主要目的。在现有研究中，主成分成为初始因子的标准是方差贡献率达到80%以上。综上所述，在进行因子提取时，从特征根和方差贡献率两个角度考虑，结果如表5-7所示。

表 5-7 解释的总方差

成分	初始特征值 合计	方差 /%	累计 /%	提取平方和载入 合计	方差 /%	累计 /%	旋转平方和载入 合计	方差 /%	累计 /%
1	7.579	37.430	37.430	7.579	37.430	37.430	5.894	25.607	25.607
2	5.478	16.345	53.775	5.478	16.345	53.775	4.692	19.923	45.530
3	3.405	14.583	68.358	3.405	14.583	68.358	4.167	17.844	63.374
4	2.324	10.003	78.361	2.324	10.003	78.361	2.875	12.498	75.872
5	1.367	6.842	85.203	1.367	6.842	85.203	2.091	9.331	85.203
6	0.944	3.851	89.054						
7	0.923	3.012	92.066						
8	0.749	1.920	93.986						
9	0.635	1.437	95.423						
10	0.611	1.126	96.549						
11	0.450	1.035	97.584						
12	0.401	0.851	98.435						
13	0.329	0.523	98.958						
14	0.310	0.511	99.469						
15	0.098	0.125	99.594						
16	0.087	0.116	99.710						
17	0.069	0.096	99.806						
18	0.043	0.067	99.873						
19	0.039	0.037	99.910						
20	0.027	0.025	99.935						
21	0.024	0.019	99.954						
22	0.019	0.016	99.970						
23	0.017	0.013	99.983						
24	0.009	0.009	99.992						
25	0.005	0.005	99.997						
26	0.001	0.003	100.000						

如表 5-7 所示,特征根大于 1 的主成分有 5 个,方差贡献率达到 85.203%>80%,这五个主成分可看作建模因子,进入预警模型,将其命名为 F_1、F_2、F_3、F_4、F_5。

3. 因子解释

要了解因子所包含的信息并反映其与指标间的关系,仅从指标中提取精简的主成分因子是不够的。因此,本书采用正交旋转中的最大方差法,重新分配各个因子所解释的方差比例,并赋予其更明确的定义,旋转成分矩阵如表 5-8 所示。

表 5-8 旋转成分矩阵

指标代码	指标名称	成分 1	成分 2	成分 3	成分 4	成分 5
X_1	流动比率	0.834	-0.038	0.311	0.132	0.355
X_2	速动比率	0.858	0.023	0.232	0.161	0.014
X_3	超速动比率	0.935	0.148	0.140	0.024	0.044
X_4	资产负债率	0.896	-0.039	0.009	0.064	0.030
X_5	长期资产适合率	0.921	0.302	-0.131	0.035	0.089
X_9	总资产增长率	-0.320	-0.739	-0.138	0.435	0.132
X_{12}	净资产增长率	0.172	0.693	0.083	0.003	0.325
X_{13}	净利润增长率	0.131	0.935	0.037	0.021	0.202
X_{21}	应收账款周转率	0.094	0.961	0.025	0.074	0.091
X_{23}	流动资产周转率	0.342	0.847	0.271	0.092	0.060
X_{14}	总资产净利润率	0.043	0.177	0.933	-0.023	0.051
X_{16}	营业利润率	0.184	0.248	0.832	0.280	0.066
X_{17}	资产净利率	0.275	0.005	0.893	0.432	-0.001
X_{18}	销售净利率	0.077	0.045	0.922	0.402	0.101
X_{20}	销售毛利率	0.315	0.034	0.785	0.124	0.203
X_{26}	净利润现金净含量	0.228	0.184	-0.414	-0.864	0.043
X_{27}	营业收入现金含量	0.285	0.321	0.053	0.932	-0.435
X_{28}	营业收入现金净含量	0.278	0.194	0.051	0.741	-0.419

续表

指标代码	指标名称	成分 1	2	3	4	5
X_{29}	现金流量债务比	-0.133	0.028	0.004	0.680	0.002
X_{30}	现金流动负债比	0.204	-0.037	0.224	0.954	0.232
X_{31}	经营活动现金流量净额增长率	-0.133	0.179	0.034	0.893	0.129
X_{32}	总资产现金回收率	0.205	-0.009	0.003	0.937	0.143
X_{33}	现金适合比率	0.306	0.329	-0.040	0.996	0.004
X_{34}	国有股比例	0.273	0.112	0.036	0.059	0.691
X_{40}	股权集中度1	-0.182	0.356	0.024	-0.265	0.822
X_{41}	股权集中度5	-0.084	0.129	0.035	0.051	0.924

由表5-8可知，因子1载荷较大的是 X_1、X_2、X_3、X_4、X_5 共5个指标，这些指标主要反映了上市企业的偿债能力。因此，本书将该因子定义为 F_1 偿债能力因子。

因子2主要载荷了 X_9、X_{12}、X_{13}、X_{21}、X_{23} 共5个指标，这些指标主要反映了上市企业的营运和发展能力。因此，本书将该因子定义为 F_2 营运发展能力因子。

因子3主要载荷了总资产净利润率 X_{14}、X_{16}、X_{17}、X_{18}、X_{20} 共5个指标，这些指标主要反映了上市企业的盈利能力。因此，本书将该因子定义为 F_3 盈利能力因子。

因子4主要载荷了 X_{26}、X_{27}、X_{28}、X_{29}、X_{30}、X_{31}、X_{32}、X_{33} 共8个指标，这些指标主要反映了上市企业的盈利能力。因此，本书将该因子定义为 F_4 现金流量因子。

因子5主要载荷了 X_{34}、X_{40}、X_{41} 共3个指标，这些指标主要反映了上市企业的盈利能力。因此，F_5 因子主要反映了股权结构，属于非财务层面的因子。

可以看出，F_1、F_2、F_3、F_4、F_5 既包含了企业财务层面的数据，又包含了企业非财务层面的数据。总体而言，5个主因子分类比较全面且综合性较高。

4. 计算因子得分

将原来的预警指标与5个主成分建立线性关系，计算各个样本对应的主成分值，此时，成分系数得分就是相关系数，成分得分矩阵如表5-9所示。

表 5-9　成分得分矩阵

指标代码	指标名称	成分 1	成分 2	成分 3	成分 4	成分 5
X_1	流动比率	−0.031	0.003	−0.028	−0.180	−0.051
X_2	速动比率	−0.027	0.042	−0.061	0.039	0.014
X_3	超速动比率	−0.039	0.101	0.087	−0.001	0.049
X_4	资产负债率	−0.031	−0.015	0.071	0.023	0.084
X_5	长期资产适合率	0.042	0.051	−0.090	0.078	−0.102
X_9	总资产增长率	0.034	0.020	0.019	−0.031	−0.023
X_{12}	净资产增长率	−0.035	−0.043	0.081	−0.018	0.047
X_{13}	净利润增长率	−0.040	−0.031	−0.019	−0.026	−0.028
X_{21}	应收账款周转率	−0.041	0.021	0.053	−0.018	0.001
X_{23}	流动资产周转率	−0.039	−0.034	0.029	−0.004	−0.007
X_{14}	总资产净利润率	0.028	0.072	−0.013	0.024	0.019
X_{16}	营业利润率	0.203	0.069	0.034	−0.031	0.002
X_{17}	资产净利率	0.197	0.103	−0.009	−0.056	0.087
X_{18}	销售净利率	0.165	−0.052	0.032	0.061	−0.047
X_{20}	销售毛利率	0.134	0.082	0.006	0.041	−0.035
X_{26}	净利润现金净含量	0.042	−0.032	−0.008	0.017	0.074
X_{27}	营业收入现金含量	0.145	−0.015	0.026	0.039	−0.012
X_{28}	营业收入现金净含量	0.130	0.021	−0.038	0.005	0.040
X_{29}	现金流量债务比	−0.023	0.091	0.001	−0.043	0.004
X_{30}	现金流动负债比	−0.019	0.015	0.222	0.027	−0.024

续表

指标代码	指标名称	成分 1	2	3	4	5
X_{31}	现金流量净额增长率	0.004	−0.014	−0.068	0.013	0.156
X_{32}	总资产现金回收率	−0.038	0.237	0.016	0.029	−0.138
X_{33}	现金适合比率	−0.034	0.159	0.032	−0.191	0.083
X_{34}	国有股比例	−0.148	0.048	−0.036	−0.321	0.098
X_{40}	股权集中度 1	−0.091	0.042	0.031	0.282	0.061
X_{41}	股权集中度 5	−0.039	0.034	0.028	0.189	0.074

由表 5-9 可知，主成分与原预警指标之间的线性关系，这些值为 Logistic 模型的建立打好基础，结果如下所示。

$F1 = -0.031X_1 - 0.027X_2 - 0.039X_3 - 0.031X_4 + \cdots - 0.148X_{34} - 0.091X_{40} - 0.039X_{41}$

$F2 = 0.003X_1 + 0.042X_2 + 0.101X_3 - 0.015X_4 + \cdots + 0.048X_{34} + 0.042X_{40} + 0.034X_{41}$

$F3 = -0.028X_1 - 0.061X_2 + 0.087X_3 + 0.071X_4 + \cdots - 0.036X_{34} - 0.031X_{40} + 0.028X_{41}$

$F4 = -0.180X_1 + 0.039X_2 - 0.001X_3 + 0.023X_4 + \cdots - 0.321X_{34} + 0.282X_{40} + 0.189X_{41}$

$F5 = -0.051X_1 + 0.014X_2 + 0.049X_3 + 0.084X_4 + \cdots + 0.098X_{34} + 0.061X_{40} + 0.074X_{41}$

（二）建立企业衰落 Logistic 回归模型

1. Logistic 回归原理

由第二章可知，Logistic 回归模型的基本公式为 $LogitP = \ln\left(\dfrac{P}{1-P}\right) = b_0 + b_1x_1 + b_2x_2 + \cdots + b_kx_k$，即 $P = \dfrac{e^{(b_0+b_1x_1+b_2x_2+\cdots+b_kx_k)}}{1+e^{(b_0+b_1x_1+b_2x_2+\cdots+b_kx_k)}}$。

2. Logistic 回归结果

应用 SPSS 24.0，结合主成分值，用代入法进行回归检测，如表 5-10 所示。

表 5-10　方程中的变量

	B	S.E.	Wals	df	Sig.	Exp（B）
F_1	−0.982	0.395	7.291	1.000	0.018	0.472
F_2	−1.102	0.577	3.711	1.000	0.086	0.401
F_3	−1.078	0.549	3.813	1.000	0.040	0.404
F_4	−1.376	0.832	4.932	1.000	0.027	0.220
F_5	−0.563	0.583	0.998	1.000	0.334	0.539
常量	−0.147	0.401	0.232	1.000	0.878	0.866

由表 5-10 可得：

$$P=\frac{1}{1+e^{(0.982F_1+1.102F_2+1.078F_3+1.376F_4+0.563F_5+0.147)}}$$

四、企业衰落预警模型检验

（一）样本检验的准确率

为了验证所得模型的预警能力，本书进一步将 56 个未参加模型构建的检验样本代入模型进行检验，验证制造业企业衰落模型的有效性。区分和评判企业是否即将或已经处于衰落状态，就要选取适当临界值作为阈值，将 Logistic 回归预警模型计算得出的概率值 P 与临界值比较。当 P> 临界值时，则企业处于衰落状态；相反，企业处于正常状态。所以，如何选择阈值至关重要，直接影响模型判定结果的准确性。本书将衰落组与正常组作比较，大样本比例为 55∶55，建模组样本比例为 27∶27，检验组样本比例为 28∶28，均为 1∶1 的比例，即假设发生衰落的概率与不发生衰落现象的概率相同。参照周玉晶（2015）在研究中的做法，把统计软件中的默认值 0.5 作为最低阈值，与回归模型计算出的 P 值作比较。

主要计算步骤如下。

（1）确定进行检验的样本数量为 56 个。依次对检验组的 26 个指标进行因子分析，计算因子得分；

(2) 将①的得分代入企业衰落预警模型中, 计算 P 值;

(3) 将 P 值与阈值 0.5 作比较, 确定企业衰落状态;

(4) 将③的结果与选取的 56 个样本在 2018 年的实际情况作比较;

(5) 判别检验样本应用所构建模型的准确率, 如表 5-11 所示。

表 5-11　检验样本准确率

已观测		已预测 样本类别		总计	预警准确率 /%	总预警准确率 /%
		正常类	衰落类			
样本类别	正常类	23	5	28	82.14	83.53
	衰落类	4	24	28	85.71	

由表 5-11 可知, 该衰落预警模型表明检验样本中衰落类企业预警的准确率达 85.71%, 对处于正常状态的企业, 即检验样本中的正常类企业预警的准确率达到 82.14%, 总体预警准确率达到 83.53%, 说明这一模型对于企业衰落状态预警较为有效。

(二) 企业衰落等级划分

在已有研究中, 侯旭华和彭娟 (2019) 基于功效系数法, 在对保险公司进行预警时, 将预警风险划分为巨警、重警、中警、轻警、无警五个等级。姜志超 (2017) 对制造业上市公司的数据进行整理, 结合财务风险指标计算出各个指标的 1/4、1/2、3/4 分位点, 得出制造业企业预警指标的评分标准。在前人研究的基础上, 本书结合 Zimmerman (2002) 和 Kozlowski (2000) 等对预警等级划分的方法, 尝试将 P 值与阈值间的差额大小作为划分制造业企业衰落等级的依据, 差值越大, 则表明制造业企业衰落的程度越深, 反之, 衰落程度越轻微。本书设 P 值与阈值的差为 c 值 (刘书庆等, 2017), 根据 c 值将衰落程度等级分为未衰落状态、轻微衰落状态、中度衰落状态、重度衰落状态、深度衰落状态五类, 如表 5-12 所示。

表 5-12　衰落预警等级

计算差额 c	预警等级	衰落状态说明	应对措施
c<0	无	未达到衰落预警值，各项指标良好，运作流畅，未出现衰落状态	基本维持现有状态与战略
0<c<0.15	轻微	达到衰落预警值，个别指标异常，运作基本流畅，出现衰落的可能性较小，存在改善空间	建立预警机制、内部激活机制、实现信息传共享
0.15<c<0.3	中度	达到衰落预警值，部分指标异常，运作一般，有可能出现衰落	加大对企业的资金和政策扶持，加快创新步伐，调整产品结构
0.3<c<0.45	重度	达到衰落预警值，大部分指标异常，运作比较差，出现衰落的可能性较大	加强资金管理、降低负债水平，采取资产处置措施
0.45<c<0.5	深度	达到衰落预警值，绝大部分指标异常，运作混乱，衰落严重，企业可能面临破产的风险	申请破产保护，调整高管结构，加大企业自身研发力度

（三）针对性措施

通过对已构建制造业企业衰落预警模型的检验回判，验证了预警模型的可操作性与合理性。更重要的是，要针对企业不同的衰落程度，采取差异化的措施破解衰落的困局，切忌"一刀切"，而应在谨慎、合理的评估后，采取不同的应对措施，防止措施不当导致衍生风险。基于此，本书按照企业衰落的程度提出相应对策。

1. 轻微衰落企业的复苏对策

（1）建立衰落预警机制。构建以企业为主体、政府为主导的企业衰落预警模型。在这个过程中，不可生搬国外的预测模型，要充分考虑我国制造业上市企业的实际情况，建立针对不同行业、不同规模的企业具体分析，并在实际应用中不断改进和完善，优化应用模型。开发与之相对应的监控、分析体系，对亟须转型升级、产能过剩的典型行业进行仔细分析，对其发生衰落现象的可能性进行评估并制订可行的应对预案。

（2）建立信息传递和共享平台，形成行业内互帮互助机制。信息的安全、真实、合理性与企业衰落预警成果有密切关联。因此，实时监控企业存在的风险程度，确保信息的准确性，建立合理的预警系统很有必要。行业应该形成统一认识，监测预警模型中的临界点指标，将各个企业已经对外公开或能够公开的信息汇集到行业共享平台中，便于企业及时、准确地学习，通过有针对性的改进，促进企业自身经营水平的提高，帮助企业发现风险，便于企业做出更有效的决策。

（3）内部激活机制。组织惯性是导致企业形成核心能力和企业衰落的重要根源，突破惯性约束且实现企业惯例更新对于保持企业活力至关重要。一是建立组织遗忘机制。企业亟需制定一个系统的"遗忘策略"，将过时的、无效的知识分离、丢弃并积极寻找新的知识加以利用。建立起整个企业的创新文化氛围，重视培育创新与变革精神，为新观点、新方案及新设计、新产品等提供资源进行试验，鼓励冒险，宽容失败，加强对组织进行"遗忘治理"，避免组织陷入"成功陷阱"，为战略变革提供动力。二是建立学习机制。总结学习过程中的知识与经验，储存成组织记忆，形成长效学习机制。建立反思式开放性的创新系统，反思企业存在的问题，以及有没有更好的替代性解决方案。

2. 中度衰落企业的复苏对策

（1）加大政策扶持力度。出台相关服务政策，支持制造业企业发展，深化企业改革，推进企业股份制改造、兼并和重组，提高产业集中度。一是建立创新系统和创新体系。二是协调产业政策，即某个产业向同一方向发展达成均衡。与此同时，还要注意提升产业政策的精细化程度，为制造业企业创造新的发展空间。

（2）增大资金支持。优化资金支持手段和结构，支持产业升级、集约化与专业化发展，改善融资环境；延长发展资金期限，满足企业多元化发展需求；完善专项资金，创新资金支持模式，发挥其引导作用，适当增加倾斜力度和倾斜规模，结合当地发展状况进行相应扶持，制定配套的财税政策。吸引社会出资，使资源的使用价值达到最大化。

（3）调整产品结构。利用自身的地域和资源优势降低运营成本，以市场需求为导向，促进产业结构改革，寻找适合自身发展的道路，不断更新技术产品，创造更多的盈利方式与机会。当产品销量锐减时，应该积极开拓新的市场，扩展自身业务，及时淘汰落后项目，优化成本，促进企业高速发展，增强企业的市场竞争力。

（4）构建创新联盟。构建创新联盟是企业提升创新能力、增强组织韧性和维持竞争优势的重要策略。一方面，处于衰落中的企业要认识到企业衰落的积极价值，并能够把衰落的预警作用转化为企业变革的动力；另一方面，在生产经营中企业要积极识别合作和创新的机会，从自身衰落的实际情况出发，通过产学研合作或建设新型研发机构，深化与科研机构（院所）、高校等在管理思想、技术创新、商业模式创新、人才合作、技术转让（转移）等方面的长期合作，促进资源技术的流动与整合，构建创新联盟知识共享平台，增强企业的复苏能力和成长能力。

3. 重度衰落企业的复苏对策

（1）加强资金管理。企业要加强对现金流的控制，重视日常的现金收支控制，谨防资金链断裂。从短期来看，一是根据业务的重要程度配置资金；二是严格审查现金支付的合理合规和必要性；三是提升回款速度，提高资金周转率。从长远来看，推动企业核心业务的发展，深入挖掘潜在利润空间，预算现金支出额，并控制企业使用现金支付数额，以此达到留存基本现金余额的目的。

（2）加强筹融资能力。另辟捷径，完善融资机制，提高融资能力。一是解决贷款难的问题。企业可以主动向银行汇报企业的日常经营状况，建立基本的信任关系。二是从社会多渠道募集资金，如风险投资、民间金融等。三是变卖闲置资产，进行典当融资。优化资本结构，降低筹资风险，提高自身偿债能力。合理调整股权和债务资本的比例，不断提高公司防范财务风险的能力。

（3）资产处置策略。在保证企业基本运营的前提下，采取市场紧缩战略，快速退出市场，只保留自身擅长且有盈利机会的领域，退出盈利较低及不盈利的市场，转手处理"僵尸"业务及暂时盈利但未来发展前景不好的业务；处置闲置资产及材料，将企业的资源及精力集中在具有相对优势的项目中，抓住机遇，谋求发展。

（4）降低负债水平。制造业会受到市场和信用的影响，致使经营状况不容乐观。当应收账款额巨大且难以收回时会形成坏账，导致亏损。此时，制造业企业应引起重视，采取打折销售等措施收回应收账款，降低自身负债水平，提高自身弹性经营能力。在销售环节，企业应该根据自身经验构建信用销售制度，还可建立客户信用评级机制，记录客户的信用情况，加强对账龄的分析与分期管理。

4. 深度衰落企业的复苏对策

（1）破产保护策略。企业衰落处于深度状态时，可以提出破产重组申请，并合理安排债务偿还的期限、方式等各项事宜，设计破产重组方案，经由债权人通过，由法院确认后，企业可以继续营业，并在为期两年的整顿时间内抓住最后的发展机会，把握主要发展方向，寻求发展。

（2）调整高管结构。一方面，企业要防止股权过度集中，合理设置董事会结构，重视监事会的监督功能，及时发现企业经营中的风险，保持适当规模的成员持股比例。切实发挥监事会的作用，降低代理成本，提高公司的整体利益。另一方面，企业在处于深度状态时，应考虑是否需要更换管理者给企业补充新的活力，以挽救企业局势。

（3）加大研发强度。在涉及研发问题时，企业应做出合理决策，要确保企业结构健全，坦然面对监督。此外，在研发前期，研发项目及研发方向选择可能造成风险性大、投入大、收益不稳定，项目、回报周期长，因此应慎重考虑，避免出现方向性错误，导致企业在上市初期埋下衰落的因子；研发给企业带来的不仅是新型产品与发展模式，更重要的是研发强度的加大，能够增强企业的核心竞争力。

第二节　制造业企业衰落预警的案例研究

本节将根据第三章构建的制造业企业衰落预警模型，拟选取山西省××集团为例，一方面检验预警模型的适用性和有效性；另一方面通过典型企业的案例研究，把握企业衰落等级，预测其衰落倾向，进行衰落分析，探讨衰落原因并提出应对举措，为制造业企业衰落治理提供可行的衰落识别和分析工具。

一、××集团现状

1993年7月，××集团在工商管理局注册登记，2003年2月在上海证券交易所上市，现在已拥有十多家企业，主要从事产销焦炭、石料、石粉加工和经营、煤炭洗选、生铁等业务，属于压延加工及黑色金属冶炼行业。

××集团在发展中能够实现从单一焦化行业向多元化行业发展的目标，主要就是依托创新，发展循环经济，是试点企业、示范企业。自成立以来，××集团顺应国内外市场形势，抓住发展机遇，先后经历了三次跨越式发展。第一次跨越：四次技术改造后，在"三废"治理、产品质量上取得成效。第二次跨越：多元化发展，构筑独特的环保产业链。第三次跨越：大幅提升钢铁、焦化两大主业。各产业以"物料平衡"为基础，通过"工艺衔接"，实现了"三废"之间的循环利用，形成废水的循环利用、"炼焦—炼铁—炼钢—发电—并网""焦化—炼铁—发电—建材—房地产"三条独特的产业链，实现了资源的综合利用并提高了资源的产出效益。

××集团逐渐发展为跨发电、冶炼、焦化等产业的国家级乡镇企业集团，其产品出口远到欧洲、美国等市场。但在2013年和2014年，××集团因连续两个经营年度的利润持续为负，在2015年变为*ST××，予以退市警示；2016年3月，*ST××恢复为××集团；然而，在2018年4月，××集团再次由于2016年与2017年连续两个经营年度的利润持续为负，又重回*ST××；2018年，××集团运行良好，于2019年3月撤销退市警示后，公司股票再次由"*ST××"变为"ST××"。

纵观××集团的发展历程，其财务状况极其不稳定，一直无法彻底摘帽。如果无法从根本上解决公司的衰落问题，在今后的发展中，××集团仍会再次成为*ST××，并面临更大的退市风险。基于××集团对山西省经济、综合实力、众多连接企业的重要性，以及其在2015年和2018出现两次被实施ST的情况，本书选择××集团作为研究企业衰落预警的案例，并利用其相关数据报告进行预测分析，以期发现衰落的深层次原因，并提出应对措施。

二、企业衰落预警模型的预测结果

利用第四章建立的企业衰落预警模型，本书将××集团在2015年及2018年的相关数据代入模型中，预测2018年和2021年其是否会陷入衰落状态，即用计算结果预测企业是否面临衰落危机，预测结果如表5-13所示。

表 5-13　预测结果

预测模型	表达式	年份	临界值	回归值	预测结果
Logistic 回归模型	$P=\dfrac{1}{1+e^{(0.982F_1+1.102F_2+1.078F_3+1.376F_4+0.563F_5+0.147)}}$	2018	0.5	0.84	ST
		2021		0.67	ST

由表5-13可知，制造业企业衰落预警模型能够准确地预测出××集团在2018年是否处于衰落状态，进一步将回归值P与临界值做差，得到c=0.84-0.5=0.34，属于重度衰落程度，与实际相符；将2021年回归值p与临界值做差，得到c=0.67-0.5=0.17，属于中等衰落程度，这一结果需要在2021年数据报告公布之后进行验证。

三、财务指标及非财务指标分析

为了进一步验证××集团在 2018 年经营活动预测结果的正确性,进一步基于 2013 年至 2017 年的数据,从财务指标和非财务指标两方面分析××集团的盈亏变化,并对其衰落过程进行分析。××集团的相关数据如表 5-14 所示。

表 5-14 ××集团的相关数据

指标类型	指标名称	指标代码	2013	2014	2015	2016	2017
偿债能力	流动比率	X_1	1.78%	1.62%	0.73%	0.66%	0.57%
	速动比率	X_2	1.11%	1.45%	0.67%	0.56%	0.47%
	超速动比率	X_3	1.01%	1.21%	0.45%	0.31%	0.29%
	资产负债率	X_4	66.73%	74.41%	75.80%	77.63%	78.93%
	长期资产适合率	X_5	2.23%	1.98%	1.35%	0.84%	0.39%
	产权比率	X_6	2.11%	2.01%	1.65%	1.23%	0.62%
发展能力	资本保值增长率	X_7	3.17%	2.13%	1.01%	0.88%	0.54%
	资本积累率	X_8	1.39%	1.21%	1.57%	0.33%	0.19%
	总资产增长率	X_9	4.73%	2.17%	1.01%	−1.72%	−2.19%
	有形净值债务率	X_{10}	1.77%	1.92%	2.31%	0.99%	0.47%
	营业收入增长率	X_{11}	−4.93%	0.70%	−13.84%	−33.45%	−45.31%
	净资产增长率	X_{12}	−47.57%	−59.97%	−149.64%	−230.43%	−349.94%
	净利润增长率	X_{13}	−120.45%	−87.94%	−193.46%	−178.05%	−231.43%
盈利能力	总资产净利润率	X_{14}	1.09%	−20.26%	1.60%	−17.19%	−4.46%
	资产报酬率	X_{15}	1.50%	1.99%	1.84%	−3.50%	−17.34%
	营业利润率	X_{16}	−3.25%	0.24%	−5.24%	−38.24%	−194.82%
	资产净利率	X_{17}	0.09%	0.12%	0.34%	−4.36%	−11.25%
	销售净利率	X_{18}	0.39%	0.18%	0.29%	−45.83%	−160.30%
	净资产收益率	X_{19}	0.19%	0.10%	0.11%	−10.87%	−37.39%
	销售毛利率	X_{20}	17.82%	12.49%	7.33%	2.14%	−10.01%

续表

指标类型	指标名称	指标代码	报告年份 2013	2014	2015	2016	2017
经营能力	应收账款周转率	X_{21}	78.94%	45.93%	39.45%	21.27%	19.93%
	存货周转率	X_{22}	89.77%	91.35%	74.39%	65.92%	71.01%
	流动资产周转率	X_{23}	31.32%	32.41%	33.02%	29.43%	22.99%
	总资产周转率	X_{24}	23.45%	23.86%	23.95%	24.34%	21.22%
	股东权益周转率	X_{25}	19.32%	17.11%	23.34%	11.56%	14.40%
现金流量	净利润现金净含量	X_{26}	30.94%	43.92%	26.64%	24.65%	20.99%
	营业收入现金含量	X_{27}	55.75%	46.64%	39.96%	45.35%	67.02%
现金流量	营业收入现金净含量	X_{28}	66.67%	75.54%	64.35%	57.84%	77.54%
	现金流量债务比	X_{29}	−9.02%	−7.82%	6.21%	−6.73%	−0.55%
	现金流动负债比	X_{30}	−13.87%	11.72%	−15.84%	−11.93%	−0.87%
	现金流量净额增长率	X_{31}	13.43%	14.64%	42.34%	47.54%	29.94%
	总资产现金回收率	X_{32}	−5.77%	4.23%	−6.04%	−1.09%	1.21%
	现金适合比率	X_{33}	16.35%	14.64%	27.64%	11.09%	23.01%
非财务指标	国有股比例	X_{34}	23.53%	21.32%	23.34%	26.37%	21.37%
	董事会人数	X_{35}	6	7	7	8	5
	独立董事占比	X_{36}	55.74%	53.63%	56.45%	59.53%	51.43%
	Z 指数	X_{37}	22.34	22.34	37.54	47.54	47.54
	管理费用率	X_{38}	13.23%	10.22%	11.43%	16.34%	15.33%
	股权集中度 1	X_{40}	87.65%	87.65%	87.65%	87.65%	87.65%
	股权集中度 5	X_{41}	77.84%	76.43%	73.54%	78.64%	76.54%

（一）偿债能力

流动、速动、超速动比率三个指标都是反映企业短期偿债能力的指标。一般情况下，流动比率为 2、速动比率为 1 符合先进管理手段下的数值。从表 5-14 中可以看出，流动、速动、超速动比率等指标在 2013 年到 2017 年变化不大，资产负债率逐年上升，这一指标反映企业资产负责率从 2013 年的 66.73% 一直上升到 2017 年的 78.93%，属于偏高的水平。这些指标说明，企业长期偿债能力在不断下滑。整体而言，企业偿债能力不断下降，偿债风险增加。

（二）发展能力

如表 5-14 所示，资本保值增长率、资本积累率、总资产增长率、有形净值债务率、净资产增长率逐年递减，其中净资产增长率下降的幅度最大，并由 2013 年的 -47.57% 下降为 2017 年的 -349.94%；结合净利润具体数值来看，净利润增长率持续下降，企业一直处于亏损状态，逐渐走向衰落；除 2014 年营业收入为正值，总体上逐年降低，企业发展能力较差。

（三）盈利能力

资产报酬率、资产净利率、净资产收益率是从企业获利能力、资本使用效率、资金使用效果三个角度对企业盈利能力进行衡量的，如表 5-14 所示，这三个指标数值均为负值，整体都呈下降趋势。到 2017 年，净资产收益率甚至降到 -50%。

营业利润率、销售净利和毛利率反映企业营业收入的获利能力，这三个指标整体上处于持续下降的状态，营业利润率在 2017 年甚至达到 -194.82%。从具体变化上看，销售毛利率从 2013 年的 17.82% 降为 2017 年的 -10.01%，达到了负值。销售毛利率是计算企业净利润的起点，盈利空间越大，企业盈利越有保障，从这一点来看，××集团在 2018 年出现的衰落状态是可以预见的。

（四）经营能力

由表 5-14 可知，应收账款周转率、存货周转率、股东权益周转率呈下降趋势。这几个指标从表面上反映了企业资金利用效率和经营能力的下降；

另外，资产周转速度越快，流动性越高，偿债能力越强，获利速度也越快。

（五）现金流量

由表5-14可知，净利润现金净含量、营业收入现金含量、营业收入现金净含量、现金流量债务比、现金流动负债比等几个指标整体变化趋势相同，从2013年到2017年在反复上升与下降，但从根本上而言，上升也是营业收入下降所致。现金流动负债比和现金流量债务比反映出××集团偿债能力较低，除2014年与2015年业绩为正值外，其余年份均为负值。

（六）非财务指标

由表5-14可知，国有股比例、独立董事占比、管理费用率、股权集中度1、股权集中度5整体变化不大，趋于平稳。股权集中度过于分散，股东对管理层的制约能力不足，代理成本升高；股权过于集中，又会发生大股东"掏空"行为，达不到内部人控制的效果，损害中小股东的利益。从Z指数来看，两大股东间持股比例差距逐渐扩大，因此第二大股东的制约作用也逐渐降低。对于独立董事而言，比例越高越好。××集团董事会的规模变化并不大，在5～8名浮动。管理费用率反映企业代理成本，值越大，企业越容易发生危机。管理费用率的提高表明企业代理成本增加，加大了企业陷入衰落的风险。

四、企业衰落成因及应对

根据前文对财务和非财务指标的分析，××集团的各项指标都不容乐观。本书从外部原因和内部原因两方面进行分析，并提出应对措施。

（一）外部原因

1. 政策环境的影响

绿色环保政策明确了淘汰过剩产能的目标，对企业环保水平的要求越来越高，而××集团的主营业务煤炭属于污染与能耗双高的业务。因此，在这一政策的影响下，企业的运营成本逐渐加大。企业想要取得更好的发展就必须响应国家政策，在环保问题上投入更多的成本。一方面，这样确实会有效控制生产过程中的有害物质，提高资源利用率；另一方面，对企业的整体运营情况提出了更高的要求。

2. 行业整体发展不景气

近几年煤炭产量持续增长，虽然总体供需平衡，但仍然存在产能过剩的问题。通过对行业报告进行分析，"十三五"期间整体行业"调结构、去产能"目标为8亿吨，仅2016—2018年，去产能约为6.9亿吨。这对煤炭产业的发展产生了一定影响。

3. 市场竞争不断加剧

在国内市场中，受到市场经济的宏观影响，各大企业为了占据优势，煤炭行业的原料价格相比过去呈现下降趋势，但由于销售利润较低，降低价格后市场份额并未显著扩大。××集团在国内市场竞争中对手诸多，竞争尤为激烈。

（二）内部原因

1. 资金流动性不足

××集团在经营的过程中，产生的现金流量净额在活动中不足，表明其财务状况存在问题。当营运资金不足且筹集不到资金时，企业将无法购买生产资料，影响集团内部运转和对外业务的投资。

2. 偿债、盈利能力较低

××集团偿债能力的流动、速动和现金比率低于行业平均水平，说明其偿债能力处于中下游水平，盈利能力不稳定。2014—2017年，××集团连续4年净利润为负值，这主要是受煤炭行业发展的影响，出现疲软现象，造成供应过剩，经营状况仍不稳定。

3. 股权集中度过高

一般而言，股权执行权掌握在少数大股东手中，通过内部的牵制，任何股东都不会掌控所有决策，这样就形成了股东之间的监督与制约，有效抑制大股东对公司利益的不利影响。但××集团最大股东拥有绝对控股权，股权集中度过高，不是制约平衡状态，其他股东没有控制权、话语权等。集团权力集中到一个人手中，股权结构极不合理，不利于××集团的长远发展。

(三) 应对措施

1. 利用资金借款，产生杠杆收益

要想维持企业的正常运转，必须拥有充足的流动资金。对于××集团而言，利用向银行短期借款可以缓解企业的资金压力。实践证明，适当负债有利于激发企业的潜力，提高企业收益率，推动企业可持续发展。在决策之前，要衡量当前企业的现金流量，控制企业的贷款规模，把握资金流向，构建合理的债务结构，降低企业的融资成本。同时，设置针对短期借款的警戒线。此外，企业的财务治理结构要合理，资金管理措施要适当，这样才能不断提高企业的融资能力和抗风险能力。

2. 促进产业升级

单一化经营方式已相对落后，无法满足发展需求，因此必须寻找发展的新途径，促进产业转型升级。要加大研发力度，根据自身项目需求和创新计划，以科技创新寻求资金支持，研发新能源和材料品种，解决产能过剩的问题，才能在市场立足。如与旅游企业合作，开发农家乐等，帮助××集团在市场低迷期从其他产业中得到资金反哺。

3. 加强对外合作

在国内发展中，加强与其他企业间的合作，调整自身结构。在发挥自身优势的基础上逐渐扩大产业链，寻求跨行业合作。例如，与房地产行业进行合作，扩展多元业务。××集团还可以通过海外资源，不断研发技术装备，寻找国际合作，发挥自身较优势，秉持"合作共赢"理念，坚持"走出去"战略。

第六章 | CHAPTER 6 |

制造业企业复苏战略的仿真研究

第一节 系统边界和假设

一、确定系统边界

现实世界是一个复杂系统，考虑到人们认知的局限性，不可能有一个与现实社会完全一样的模型。因此，我们在建模时，首先要对模型的边界进行界定，这样才能从问题出发，剥离非重要因素，将关注点真正聚焦到核心问题上。假设整个系统包括能力子系统、环境子系统和产出子系统三个子系统，三个子系统之间进行资金流、信息流、人力流和物质流的传递、交换。能力子系统包括生产、销售、研发、管理和投资等行为；产出子系统则包括销量、营业利润、资产量和科技成果等；环境子系统则是由行业市场环境、融资环境、政策法制环境和科技发展环境组成，对其他子系统来说只是输入量，即其他子系统的变化不会影响环境子系统的变化

（董晓龙，2015）。

二、基本假设

系统动力学模型旨在通过系统关键变量关系描述，抽象反映、揭示现实复杂系统运行的机理和规律，给出相关的决策建议。本书在满足建模宗旨的前提下，对现实情况予以假定。为了简化模型，模型的构建应以下列假设条件为基础。

假设1：企业投资是提升企业能力的主要动力。同时，内部建设的投资效果不会受到资金利用效率或风险的影响。

假设2：模拟市场环境的变化仅以趋势化的预测为主要手段，并非包括竞争对手之间博弈策略的模拟。

假设3：实施的每个战略具有一定的时间长度（假设至少在一个模拟周期内）。

假设4：包括保守战略和复苏战略，且以利润比例作为衡量投资力度的标准。

第二节　系统因果关系分析

因果关系是构成SD模型（系统动力学模型）的基础，是对社会系统内部关系的一种真实反映，在进行社会经济系统仿真时，因果关系分析是建立正确模型的前提条件（王玉梅，2015）。基于对制造业企业复苏模型的分析，本书以两阶段企业复苏模型为基础（Robbins和Pearce，1992），为简化模型，将企业复苏战略分为保守战略（紧缩性行动）和创新战略（创业性行动），两种战略均建立在企业能力子系统、环境子系统和产出子系统的基本框架之上，企业可以选择保守战略或者创新战略。基于此，本书构建了制造业企业复苏成长的因果关系图，如图6-1所示。

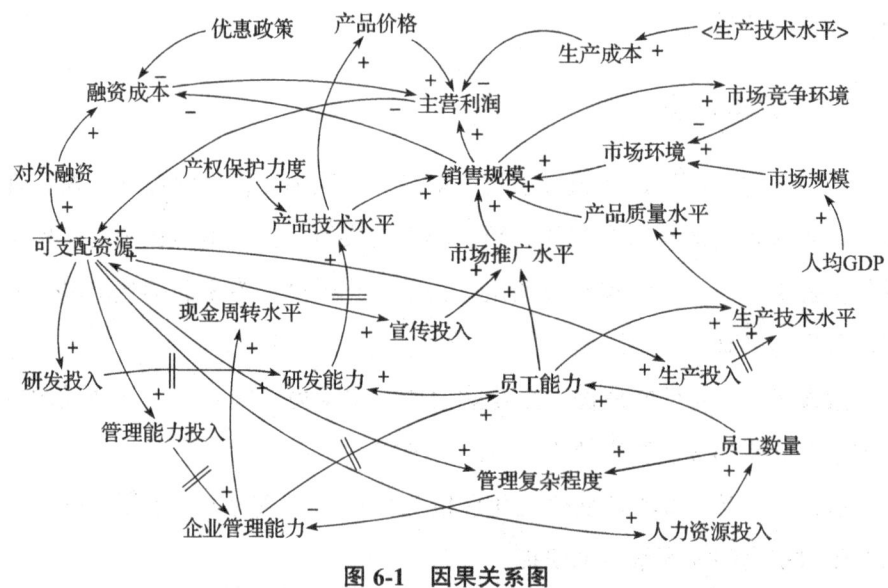

图 6-1　因果关系图

图 6-1 所示的因果关系图包含 15 条主要的反馈回路，简要阐述如下。

反馈回路 1：主营利润→可支配资源→宣传投入→市场推广水平→销售规模→主营利润。

反馈回路 2：主营利润→可支配资源→生产投入→生产技术水平→产品质量水平→销售规模→主营利润。

反馈回路 3：主营利润→可支配资源→研发投入→研发能力→产品技术水平→销售规模→主营利润。

反馈回路 1～3 均为正反馈回路，由于利润的增加，企业的可支配资源更多，形成了一个营销、生产和研发等能力与利润互动的良性循环。企业为了获得更多的利润，会通过增加市场宣传、生产设备和研发经费等资源的投入提升企业竞争力，从而获得更多的市场份额，进而能够得到更高的利润。其主要揭示了企业利润形成的基本机理和内在逻辑，有助于从影响利润生成的关键要素进行分析，进一步明确企业利润和可持续成长的基本路径。

反馈回路 4：主营利润→可支配资源→管理能力投入→企业管理能

力→员工能力→市场推广水平→销售规模→主营利润。

反馈回路 5：主营利润→可支配资源→管理能力投入→企业管理能力→员工能力→生产技术水平→产品质量水平→销售规模→主营利润。

反馈回路 6：主营利润→可支配资源→管理能力投入→企业管理能力→员工能力→研发能力→产品技术水平→销售规模→主营利润。

反馈回路 4~6 是关于提高企业管理能力对于企业利润提升的正反馈回路，通过投入一定的资源，制定更具激励性的制度等措施，引入新思想、新知识、新管理和新技术等，提高企业管理能力，使员工的营销能力、技术能力及组织执行能力更强，保障整个企业的运作更顺畅、更有效率，从而提高企业的创新水平、生产效率和市场营销能力。其揭示了从管理能力视角提升企业利润和实现企业可持续成长的基本逻辑和内在路径。

反馈回路 7：主营利润→可支配资源→人力资源投入→员工数量→员工能力→研发能力→产品技术水平→销售规模→主营利润。

反馈回路 8：主营利润→可支配资源→人力资源投入→员工数量→员工能力→市场推广水平→销售规模→主营利润。

反馈回路 9：主营利润→可支配资源→人力资源投入→员工数量→员工能力→生产技术水平→产品质量水平→销售规模→主营利润。

反馈回路 7~9 体现的是企业通过对人力资源的投资，来扩大企业员工的规模，提升员工的综合素质和能力水平，包括技术人员的研发能力、营销人员的市场推广能力和生产作业人员的生产技术能力，最终扩大销售规模，增加企业利润。人是企业的核心动力和第一要素，充足的劳动力是保证企业正常运转的基本条件。企业可以通过引进、培养、共享等多种方式增大人员规模，提升人员素质，还可以通过设计完善、科学的薪酬体系提高员工的薪酬和福利水平来吸引更多的员工加入，从而降低企业员工的离职率，增加员工队伍的稳定性和胜任力，这是提升企业核心竞争力的基础条件。该反馈回路主要从人力资本视角揭示了企业成长的基本实现路径。

反馈回路 10：主营利润→可支配资源→研发投入→研发能力→产品技术水平→产品价格→主营利润。

反馈回路 11：主营利润→可支配资源→生产投入→生产技术水平→生产成本→主营利润。

以上正反馈回路 10、11 主要反映了通过对研发能力的投资，使企业获得更强的产品开发能力，提高产品的技术壁垒，从而使企业的产品在市场中获得更高的超额利润；同时，通过对生产技术的投资，提高了生产设备的先进程度或者生产技术程序的规范化，能够降低产品的生产成本，实现利润的提高。这两条回路主要揭示了企业成长的研发路径和生产路径。

反馈回路 12：销售规模→融资成本→主营利润→可支配资源→研发投入→研发能力→产品技术水平→销售规模。

此反馈回路也是正反馈回路。一般来说，企业的销售规模越大，企业的信誉越高，对外放款方承担的违约风险越低，企业就能获得更低的利率水平，从而降低了企业对外融资成本。企业融资的难题是阻碍企业成长的重要障碍，如果企业信誉较低，就难以低成本获取资金，企业只能去筹资成本较高的筹资市场，所以注重企业信誉的积累能够使企业筹集到成本低的资金。该条回路主要从企业销售规模与企业信誉的互动关系视角解读企业资金获取难易和利润生成的逻辑。

反馈回路 13：主营利润→可支配资源→管理复杂程度→企业管理能力→员工能力→研发能力→产品技术水平→销售规模→主营利润。

反馈回路 14：主营利润→可支配资源→人力资源投入→员工数量→管理复杂程度→企业管理能力→员工能力→研发能力→产品技术水平→销售规模→主营利润。

与前述 12 条回路不同，反馈回路 13、14 属于负反馈回路，主要描述了这样的情况：随着企业可支配资源的增加，企业的扩张欲望会暴增，从而增加对于企业资源规模的投资，导致企业的生产、员工规模等运作规模迅速增加，增加了企业管理的复杂程度，加之企业管理能力方面的提升没有跟上企业规模增加的速度，容易使企业的内部管理出现问题，从而导致企业在生产、研发和市场等方面出现问题，最终让企业在市场中失去竞争力。这两条回路主要揭示了企业的发展规模与企业的管理能力之间的不匹配、不协调导致企业的主营利润下降的机理和路径。

反馈回路15：销售规模→市场竞争环境→市场环境→销售规模。

与上述两条回路一样，反馈回路15属于负反馈回路，尽管这一负反馈回路比较短，但是对于企业的可持续性发展非常重要，属于企业重点建设的方面。当企业刚进入竞争市场时，会较容易获得一定的市场份额，随着市场超额利润的增加，进入市场的企业数目会越来越多，导致竞争会越来越激烈；同时，由于现实客户的增加，使市场中的潜在客户减少，这也会增加企业销售规模扩大的难度。此外，由于初期企业的市场份额没有对大型竞争企业构成威胁，大企业会放松警惕，但是当企业的销售规模发展到一定程度时，则会引起大型企业的警觉，大企业很可能会制定具有针对性的竞争战略，这会对企业的可持续成长产生致命的影响。通过对因果关系图和反馈回路的分析，可以看出企业的可持续成长系统是一个多子系统、多变量的复杂系统。梳理反馈回路及变量之间的关系，可以发现企业的可持续成长受到企业内部因素（管理能力、市场能力、创新能力、生产能力、人力资源和财务体系）和外部环境（融资环境、市场环境和政策法律环境）的综合影响。虽然正反馈回路较多，但是正反馈并不代表企业竞争力的大小，而且提醒企业需要对企业资源进行合理的配置。"良性循环"和"恶性循环"只是相对而言，每个企业应对外部环境变化时的决策失误都可能使其陷入崩溃的泥潭，越陷越深。值得注意的是，一些反馈回馈具有较严重的延迟效果，如研发能力、产品技术水平、生产技术水平、企业管理能力和员工能力的提高都具有较长的时间延迟，这就需要企业在做出投资决策时，要坚持企业可持续成长的长远目标，要谨慎做好短期利益和长远发展机会的平衡。由于企业对于资金的需求更高，企业家的目标统一性不是很强，所以有很多企业会为了解决一时之需而丧失持续发展或者更好持续发展下去的机会。同时延迟也具有反向性，当企业出现问题时，其影响因素可能在很久之前就出现了，这就提醒企业要具有自我检查和控制的意识，及早发现出现的问题，避免由于延迟带来的整个成长系统的崩溃。而负反馈回路的"寻的"特性是企业实现可持续成长必须突破的限制。企业对于因规模增大造成的管理能力的不足和滞后问题，应该综合判断、提前规划，以实现管理和资源的协调；而对于因企业规模扩大带来的市场竞争的加剧问题，应提前做好迎接新挑战的准备。

第三节 系统流图

根据系统流图6-2，SD模型中的存量变量包括研发创新能力、市场推广水平、生产技术水平、企业管理能力、未还贷款和现金存量，对应的流速变量是研发能力增量和研发能力减量、市场能力增量、技术增量和技术减量、管理能力增量和管理能力减量、对外筹资和还款额、流入和流出，其他的变量为辅助变量。

SD模型中参数的确定方法包括以下几点。①利用指数平滑法确定参数，包括人均GDP增长率、利率、知识产权保护力度、技术自然淘汰率、税率、企业总数和大型企业数目等。②利用回归分析确定参数，包括销售总量方程变量系数、新增市场规模方程式、市场能力增量变量系数、技术增量方程变量系数、研发能力增量方程式、管理能力增量方程式、价格和利率等。③参考已有的学术研究成果及企业实际数据确定参数，包括现金存量中流入和流出量方程式、市场竞争环境方程式及市场能力增量、技术增量、产品先进性研发能力增量等中的延迟时间。模型中主要的Vensim方程式如图6-2所示。

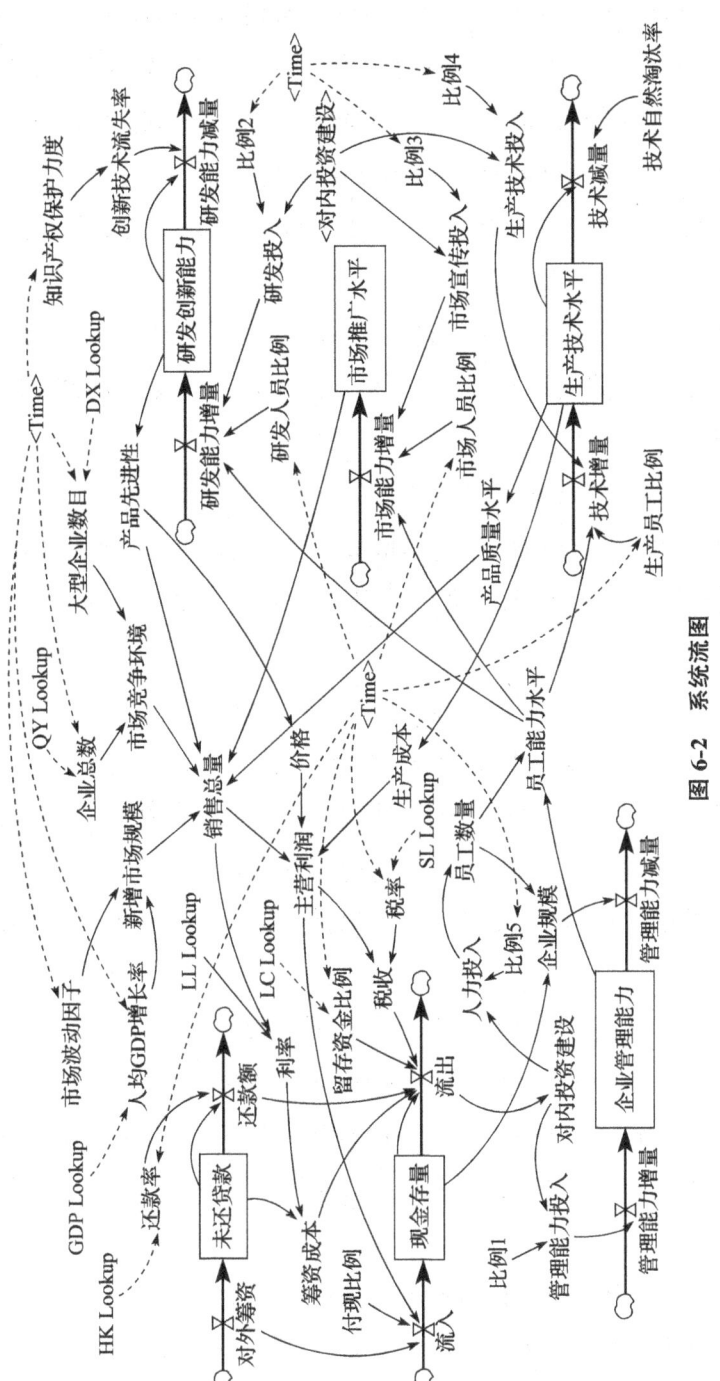

图 6-2 系统流图

销售总量 = 19.314+ 新增市场规模 × 市场竞争环境 ×［0.029 × SQRT（市场推广水平）+0.116 × 产品质量水平 +0.343 × 产品先进性］/100。

新增市场规模 = 2601.5 × 市场波动因子 × 人均 GDP 增长率。

市场波动因子 = random.uniform（0.7，0.9，1）。

市场竞争环境 =（企业总数 +5 × 大型企业数目）/ 基准数量；基准数量 = 6000。

市场推广水平 = INTEG（市场能力增量，初始市场推广水平）。

市场能力增量 = 市场员工比例 × 员工能力水平 +0.007 × DELAY1I（市场宣传投入，0.2，0）。

产品质量水平 = 生产技术水平。

生产技术水平 = INTEG（技术增量 – 技术减量，生产技术初始量）。

技术增量 = 生产员工比例 × 员工能力水平 +0.076 × DELAY1I（生产技术投入，0.5，0）。

技术减量 = 生产技术水平 × 技术自然淘汰率。

产品先进性 = DELAY1I（研发创新能力，2，0）。

研发创新能力 = INTEG（研发能力增量 – 研发能力减量，研发能力初始量）。

研发能力增量 – 研发人员比例 × 员工能力水平 +0.303 × SQRT［DELAY1I（研发投入，2，0）］。

研发能力减量 = 创新技术流失率 × 研发创新能力。

创新技术流失率 = SQRT（1/ 知识产权保护力度）。

员工能力水平 = DELAY1I（企业管理能力，0.5，0）× 员工数量 /1000。

企业管理能力 = INTEG（管理能力增量 – 管理能力减量，企业管理能力初始量）。

管理能力增量 = 管理能力投入 × 0.002。

管理能力减量 = 企业规模 ÷ 1000。

企业规模 = 现金存量 + 员工数量 ÷ 100。

现金存量 = INTEG（流入 – 流出，现金存量初始量）。

流入 = 对外筹资 + 主营利润 × 付现比例。

流出 = 筹资成本 + 还款额 + 税收 +（1– 留存资金比例）× 现金存量。

税收 = 税率 × 主营利润。

主营利润 = 销售总量 ×（价格 – 生产成本）÷100。

价格 = 0.006+0.003 × 产品先进性。

生产成本 =0.002–0.011 × 生产技术水平。

筹资成本 = 未还贷款 × 利率。

未还贷款 = INTEG（对外筹资 – 还款额，初始贷款量）。

还款额 = 未还贷款 × 还款率。

利率 = 0.06–LLLookup（销售总量）。

其中，管理能力投入、人力投入、市场宣传投入、生产投入和研发投入是相对于市场中竞争企业平均值的相对水平，留存资金比例、还款率、人均 GDP 增长率、企业总数、大型企业数目等利用表函数表示。

第四节　制造业企业复苏战略的仿真试验

利用系统流图模型，应用 Vensim 软件对制造业企业复苏战略进行仿真分析。定义企业对研发创新投入、市场推广投入、生产技术投入、人力资源投入、管理能力投入的资金占企业总的再投资额的比例为 P={pi}（i=1，2，3，4，5），其中 0 ≤ pi ≤ 1 且总和小于等于 0.8（这里预留 0.2 的资金份额作为企业其他方面的投资）。

留存现金比例设为 Q，以（1-Q）表示企业愿意将现存资金投入企业建设的比例。通过对上述参数及变量之间影响关系的调整，来验证采取不同战略的结果，依据仿真结果为制造业企业的复苏和成长提供战略决策参考和理论依据，主要包括稳定战略和创新战略两种战略形式的仿真分析。

一、稳定战略（保守战略）

保守战略也称为"搭便车"战略，它是制造业企业普遍采用的发展战略之一，很多企业把它作为市场竞争的重要手段。实施这种战略的企业往往在决策上比较保守，所以本书设定Q=0.6。保守战略往往依靠已有科技成果的低成本甚至无成本使用，对于研发投资的比例相对较低，更多注重于生产规模和劳动力规模的投资，更多强调稳定性、控制力和效率，会导致研发创新水平的增长速度很慢，参数设定如表6-1所示。

表6-1 参数设定Ⅰ

留存现金比例/%	研发投资比例/%	市场推广比例/%	生产技术投入比例/%	人力投入比例/%	管理投入比例/%
60	10	15	30	15	10

从图6-3保守战略的仿真结果可知，在采用了"搭便车"战略后企业的经营前景比较差，虽然在开始阶段企业的市场销售量会有一定的回升，而且由于市场先入者为企业节约了市场开发和产品开发成本，企业的现金流比较充足，但是产品的技术壁垒不高，产品价格无法达到理想的状态，企业难以获得超额利润。后入者只能展开价格战争才能获得市场份额，导致利润率不高，所以企业利润在开始阶段就呈现下降的趋势。随着竞争市场的发展，该战略的弊端暴露无遗，企业在市场份额和销售利润方面都会败得一塌涂地。

为什么会出现以上情况呢？可从企业内部要素分析其形成逻辑。图6-4描述的是在"搭便车"战略下企业内部竞争力的发展情况，企业对于内部投资建设比例的决策对于企业各方面能力（管理、营销、生产和研发等能力）的影响存在显著的差异。从图6-4中可以看出处于上升趋势的是企业投入比例最大的生产技术能力，尤其是在初期具有指数级的上升趋势。然而，由于企业总体绩效（包括利润、现金和销售等）的不断恶化，企业在生产技术能力方面的投资额相应地下降，导致在后期的生产能力上也呈下降趋势。与生产能力不同，企业研发创新能力和管理能力则处于严重的下降状态，特别是企业的研发创新能力下降的幅度最大。对于市场推广能力来说，它的自我减弱能力较弱，所以市场推广能力还是在此比例的投资额中处于缓慢的趋升状态。

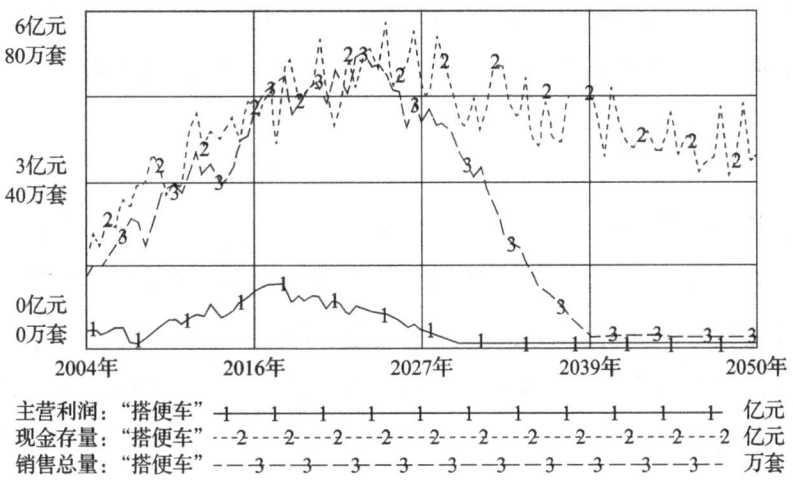

图 6-3　保守战略的仿真结果 Ⅰ

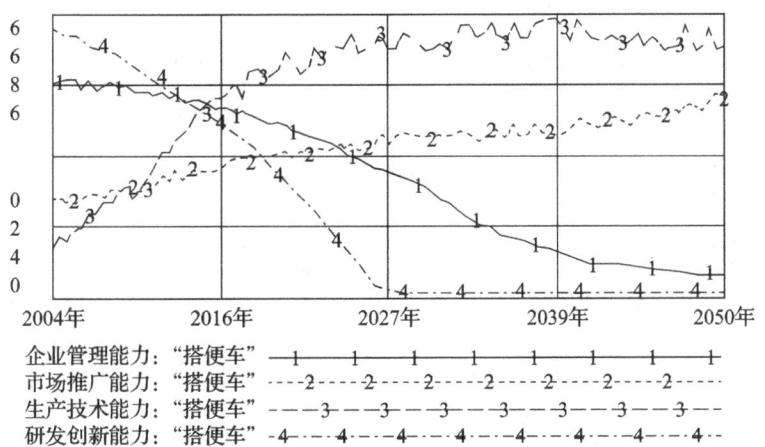

图 6-4　保守战略的仿真结果 Ⅱ

基于以上仿真分析，在相对较短的时期内，保守战略能够发挥一定的作用，如企业的利润、现金和销售等变量的变化基本上呈现上升的态势，但企业的管理能力和研发能力从长期来看，均出现较为严重的下挫趋势，这对企业的长期成长是不利的。因此，从保守战略的仿真结果看，对于企业来说，保守战略的选择更适合企业的短期战略决策，尤其对于制造业衰落的企业而言更是如此，需要在保证企业基本稳定的前提下实施保守战略，这在一定程度上能够为企业的创新战略提供一定的资源支持，帮助企业确定期望和确保组织对创新战略目标的承诺。此外，衰落企业通过保守战略也可以带来短期利润，给企业股东带来信心，更可能给长期的创新战略提供支撑。

二、创新战略

创新战略是一种创业性行动，旨在改变或调整企业的经营领域，以便更好地在这些领域进行竞争。因此，制造业企业的创新战略在本质上体现为差异化战略。企业差异化战略的核心是产品的差异化，其中，研发是最为重要的内在支撑，充裕的资金支持是研发创新成功的重要保障。这是因为创新需要持续性的资金支持，所以设定留存现金比例为30%，同时将研发投资比例提高到40%。这里的差异化创新主要是在原有市场产品基础上进行的改进，并非全新的产品开发，这就大大降低了产品前期的宣传成本，所以将市场推广比例下调到5%。由于衰落企业资源的限制，企业可以通过生产外包的形式进行低成本生产，大大降低生产制造成本，所以可将生产技术投入比例缩减到10%，如表6-2所示。

表6-2 参数设定Ⅱ

留存现金比例/%	研发投资比例/%	市场推广比例/%	生产技术投入比例/%	人力投入比例/%	管理投入比例/%
30	40	5	10	10	15

根据以上参数设定，应用仿真软件Vensim进行仿真分析，得到仿真结果，如图6-5所示。根据图6-5可知，在进行创新差异化投资后，企业的销售业绩并没有出现我们希望的状态，销售总量和主营利润在2025年左右都降到了0。为了找出原因，我们看到了企业现金存量的状态，如图6-6所示。现金存量在开始阶段就开始减少，由于创新活动一方面具有较大的风险性，同时，也是更为重要的，创新研发具有较长的时间延迟，所以企

业在投入研发经费后，可能需要等待一段时间才能出现预期的结果。而在这段等待的时间里，企业的资金链会断裂，持续的研发及其他方面能力建设的投资难以同步跟进，所以形成了资金短缺与企业业绩的"恶性循环"。

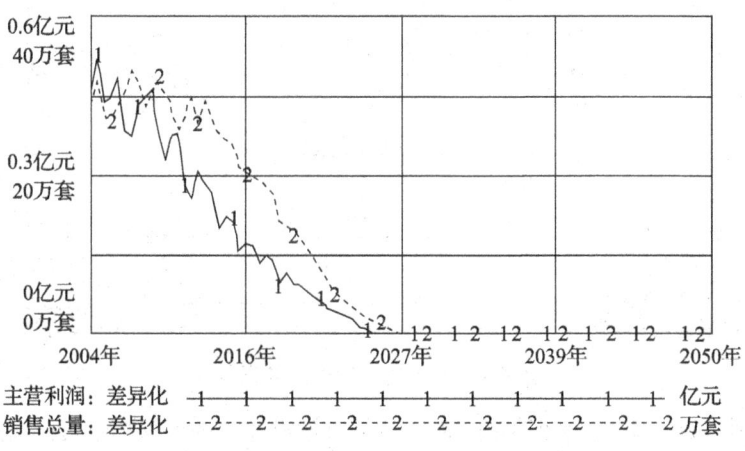

图 6-5　创新战略的仿真结果 Ⅰ

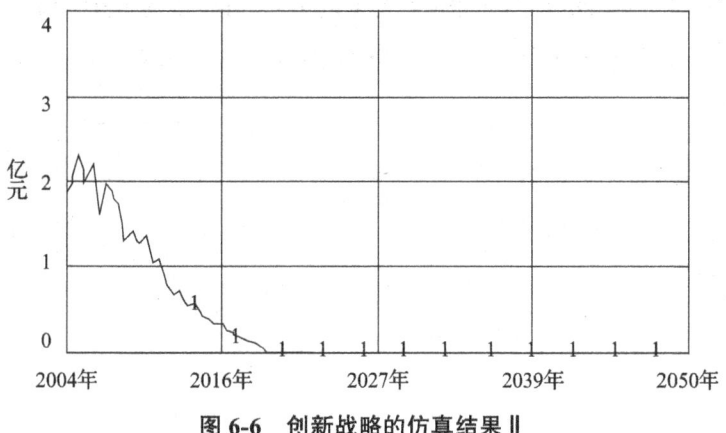

图 6-6　创新战略的仿真结果 Ⅱ

如何确保创新战略能够取得成功呢？我们认为要增强企业资金链的韧性和稳定性，必须增大企业的储备资金。因此，需要通过调整企业库存资金的初始量提高现金的储备，即进行对外融资。我们通过对参数的调整增加企业对外融资的数额，从而使现金存量的初始值提高，仿真后的结果如图 6-7 所示。可知，企业利润和销售情况出现了持续增长的趋势，基本符合企业成长的预期。

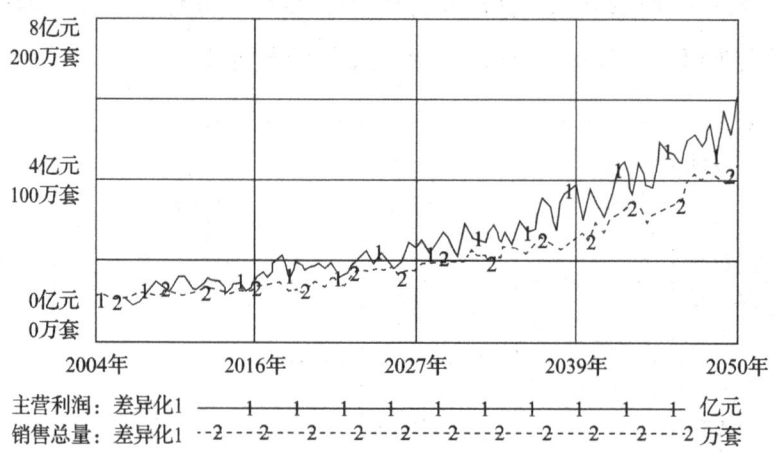

图 6-7　创新战略的仿真结果 Ⅲ

此外，除了调整企业拥有的资金储备或抽资能力外，我们也可以通过调整研发创新的延迟，如降低延迟的周期来降低资金链断裂的风险。由此将创新投入导致创新能力提升的延迟期缩短到初值的 1/3，再次得到仿真结果，如图 6-8 所示。可知，企业销售总量和主营利润总体上呈现显著提升的发展趋势。

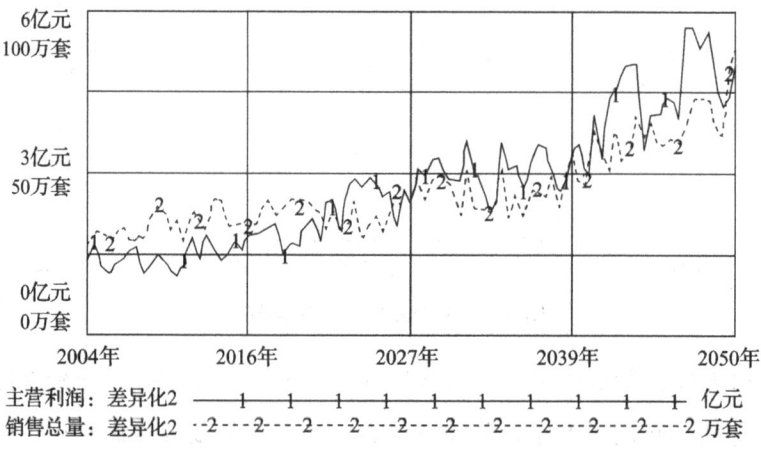

图 6-8　创新战略的仿真结果 Ⅳ

基于以上仿真分析结果，我们认为制造业企业要进行创新必须要有丰富的资金资源的支持。创新活动具有高风险、周期长的特点，所以企业必须具备完善的资金链供应,并加强对企业风险的管理,否则会导致企业的突然崩塌。同时,还发现通过提高企业的创新能力和管理能力,提高企业的运作效率,缩短产品研发创新的周期,这对企业的可持续成长也具有重要的作用。以上创新战略的仿真结果还说明Robbins和Pearce(1992)、Arogyaswamy等(1995)关于企业复苏战略模型的观点的正确性。他们认为衰落企业的复苏战略包括保守战略和创新战略两种基本形式,两种战略形式在应用中存在着一定的内在逻辑关联。这是因为对于衰落企业来说,企业出现企业衰落大多会存在丧失股东支持、企业效率下降、内部决策过程紊乱、信誉损失、抵制变革、缺乏长远规划等问题,如何采取复苏战略对于企业快速从衰落中走出来非常关键。根据创新战略的三次仿真结果,发现企业的资金储备、筹资能力和研发创新的周期(创新延迟)对于企业是否能获得复苏或长期成长至关重要。但对于衰落企业而言,在衰落期基本上大多都经营困难、资源短缺、资金不足,导致其筹资能力大大削弱,研发周期更难以确保。如果企业一味追求创新战略的实施,肯定会与预期"背道而驰"。这也佐证了Arogyaswamy等(1995)的研究结论,即衰落的企业在第一阶段需要实施保守战略,减缓衰落,改善组织生存状况,为接下来的以创新为核心的复苏战略打下基础,如提供一定的资金支持,获得股东支持,提高融资、筹资能力,为创新战略的实施提供物质基础。第二阶段,在第一阶段实施保守战略的基础上实施创新战略。这是因为一方面,实验性的创新战略通过创新行动鼓励企业探索更有效的保守战略;另一方面,创新战略更可能导致利益相关者对于保守活动的支持,因为利益相关者会感觉到这些保守活动有利于企业长期绩效的生成。因此,保守战略和创新战略存在一定的依存关系和逻辑顺序,在企业衰落初期更适合实施保守战略,在企业复苏的第二阶段更适合采取创新变革的战略形式,从而使企业能够很快从衰落中快速恢复和成长。

第七章 | CHAPTER 7 |

制造业企业复苏的对策研究

《改变世界的机器》一书中指出,一个国家要生活得好,首先必须生产得好。这揭示了制造业对一国经济发展的重要性。综观世界各国经济发展的兴衰历史,一个国家的制造业水平决定着其在世界上的地位。英国依靠工业革命率先成为"世界工厂";美国依靠强大的现代工业成为世界第一大经济体;德国、日本依靠强大的工业体系成为制造业强国。中国是世界第二大经济体,中国制造业也取得了举世瞩目的成绩,但中国制造业发展还面临世界经济复苏乏力、世界多极化受阻及新冠疫情等多重考验,出现市场需求不振、价格持续下降、成本迅速上升、库存和应收账款偏高等问题。这既是中国制造业最困难的时期,也是中国制造业企业如何从衰落中复苏和发展的关键期。从外部环境看,低碳、绿色发展成为大势所趋;从国内形势看,工业化、城镇化持续推进等为我国经济转型升级及企业转型发展带来重大契机。如何让制造业企业从衰落中复苏,进而实现制造业由弱变强,夯实中国经济的根基,政府如何做出调整和改变,产业如何布局和发展,以及处于生死存亡的企业如何创新、变革都直接或间接地影响着制造业企业能否"凤凰涅槃、浴火重生"。

第一节 国家层面的政策建议

一、融入国家战略，为制造业企业的复苏注入强大动力

（一）"一带一路"倡议助力制造业企业复苏

一是政府应继续完善"一带一路"建设框架，在"共商共建共享"的基础上，加强政府间的互动，推动自由贸易协定的签订，促进合作各方金融体系的衔接，进一步加大基础设施投资，营造良好的发展环境。

二是鼓励制造业企业借助"一带一路"倡议"走出去"，并制定和完善相关的税收补贴、资金融通等方式保障企业对外投资及海外采购生产环节。同时，充分发挥人才优势、技术优势、产能优势、竞争力较强的优势，抓住新兴市场产业转移所形成的上下游产业链分工的机遇，通过园区化经营、设立研发中心、绿地投资等多种方式，实现"走出去""走上去"。同时，在"一带一路"倡议下，企业应积极融入其中，主动与沿线国家的企业、科研机构、政府部门等主体开展合作，加强文化自信、文化宣传，提升自主创新、合作创新、成本控制和学习能力，实现自主品牌或联合品牌共赢的战略，积极开拓新的市场空间。

三是加大政府研发投入，提升"一带一路"沿线国家参与建设的制造业企业的技术创新能力。一方面，"一带一路"倡议为我国制造业企业的复苏提供了新的发展机遇，政府应推动制造业转型升级相关政策的完善和实施，不断提高社会资本、政府财政资金融入科技创新的强度。另一方面，技术创新是中国制造业企业复苏的动力，技术创新需要持续投入人力资本、财力资本和物力资本等，但具有较高的失败风险（张崇杰，2020），完全依靠企业和科研机构自身的实力很难全面解决制造业的关键技术难题，需要政府以企业补贴的形式及其他投入方式支撑制造业企业开展持续

的技术创新活动。此外，还应鼓励企业对国内外技术含量较高的产品研发体系进行主动学习和创新，加强技术创新合作，提升合作研发能力。

（二）综改试验区建设为资源型制造业企业复苏提供经验借鉴

世界能源领域正在面临深刻变革，我国能源发展也进入总量扩张向提质增效转变的新阶段。习近平总书记对能源发展改革高度重视，做出一系列关于能源革命的重要论述，特别是 2014 年 6 月在中央财经领导小组第六次会议上，提出了推动能源消费革命、能源供给革命、能源技术革命、能源体制革命和全方位加强国际合作的五点要求，为全国能源高质量发展进一步指明了方向。

以山西省为例，从 1949—2015 年年底，山西累计生产原煤 170 亿吨，占全国产量的 1/4，外调量超过 110 亿吨，占到省际商品煤外调量的 3/4。作为典型的资源型经济省份，山西在转型发展过程中应认清其在全国资源型制造业企业转型中的示范意义，并采取一系列的相关措施。①履行转变经济发展方式、建设转型综改试验区的重大使命。②加快建立绿色多元的能源供给体系，淘汰过剩产能，推广应用先进的煤电技术，促进新能源产业发展，实现煤层气产业规模的稳步扩大，进一步加快风电、光伏等可再生能源的发展。③突出科技创新的引领作用。加快实施山西省能源革命关键核心技术重大专项。争取在煤炭清洁高效利用效率、煤层气综合利用及前沿能源技术方面实现技术突破和商业化应用。④加强能源合作"走出去"战略，不断深化国际能源合作。

二、打造软实力，提升制造业企业复苏的动能

（一）顺应信息技术条件下制造业的变革趋势，积极探索智能化的生产和服务模式

1. 智能制造是未来制造业竞争和发展的方向

要进一步深挖中国信息技术和制造业企业的比较优势，以数字经济为

依托，使信息技术和制造业技术深度融合，加快云计算、大数据、区块链和物联网等数字技术与制造业企业的集成创新和应用，鼓励有人才、技术、资金优势的企业充分利用数字化技术从传统制造向智能制造转变，建立智能工厂和数字化车间，建立以数字技术为基础的智能生产方式，以市场需求为导向，聚焦新型定制服务、全业态供应链建设、云制造等运营模式，以众创、众包、众扶、众筹等创业思维和共享、共赢、开放、创新的平台经济开启制造业企业复苏转型新的商业模式（李燕和王忠宏，2016）。此外，在5G技术与智能制造结合的过程中，以工业大数据、工业人工智能、工业软件作为技术支持，将制造业的装备、工具、材料等作为工业基础，将软技术与硬件工业基础有机结合起来，使智能工厂在生产建设、改造施工、监控流程、生产流程中更加便捷，通过智能化的分步指引、生产设计、生产指引、智能装配、远程辅助、远程维护降低制造过程中的经济成本，从而打造更具核心竞争力的产业新生态，加快企业的智能化转型。

2. 打造智能制造共享平台

智能制造业共享平台的发展需要政府在技术、知识层面上整合产、学、研、用等多方主体，借助多领域的技术和知识，为企业在技术、知识方面的融合提供服务，节约企业转型成本，形成全面推进的格局。

政府应鼓励拥有先进信息技术的企业和具备优势技术的智能制造企业合力打造共享平台，整合各方资源，构建平台产业生态，共同建设具有竞争力的平台产业生态，用已经处于智能制造化阶段的企业带动未处于智能制造化阶段的小型企业，形成智能生态圈，实现产业协同发展；利用省内或者国家层面的政策，积极向基层公民推广共享模式的使用与普及来发展社会共享模式，以地方带动区域发展。同时，还要利用共享平台吸引更多全面发展的人才，为人才创造知识变现的机遇。此外，将共享模式运用在智能制造业，本质上是对传统制造业体系的结构和模式进行变革，将计算、分析、感应和连接技术融入产业系统中，最终实现原材料、设备、工人、生产线、供应商、渠道和用户之间的紧密连接。

对于有一定资金积累、人才储备、优势技术、先进管理理念且实力雄厚的企业，鼓励其进行跨界融合，将产业优势资本作为核心竞争力。利用平台提升其研发收益率，降低企业研发成本，巩固企业在业内的核心竞争力。对于资金、人才与技术有限的小型企业，鼓励其向先进智能制造企业学习，开展技术管理方法等交流，实现人才共享，安排专业人员定期为中小企业进行相关信息普及，辅助传统制造业完成产业升级，并为其创造协同创新的"智能制造资源共享平台"。

(二) 提升人才素养，实现人力资源向人力资本的转化

1. 加强高校人才培养，为智能制造提供人才支撑

第一，在相关高校开展相关专业或者相关理论与实践研究课程，让学生学习智能制造和创新技术理论的基本知识。通过开展讲座或思想教育普及智能制造对于企业、社会和国家的重要性，让学生对这门学科课程产生敬仰与向往之情，产生学习的动力与兴趣。第二，智能制造是技术性学科，应利用数量庞大的高校资源，加强对智能制造相关专业与课程的开设，组织学生进行与智能制造有关的实践、实习，增加学生接触智能制造的机会，让学生在实践中运用知识，开展各种活动与课题研究，培养个人技能。第三，建议以企业组织的划分标准设立学校的学科体系，根据现代企业人才需要，鼓励企业创新人才培养模式，对学生进行全方面的培养。激励高校和科研院所与企业联合培养智能制造装备重点领域的专业型人才、创新型人才和复合型人才。此外，增加我国优质智能制造人才的数量。除了人才培养外，还应注重智能制造人才的引进，吸引国外的高素质人才，为我国提供智力支持、技术支持。

2. 加强对工程技术人才的培养和培训

通过实施"卓越工程师教育培养计划""专业技术人才知识更新工程"等提高人才创新和实践能力。技能型人才是智能制造、智能工厂和车间的主力军，加强对技能型人才的培养意义重大，可以借鉴德国"双元制"人

才培养模式，选择部分省、市的典型制造业企业作为试点企业开展"双元制"模式试点示范单位，各级政府可给予一定的政策支撑和财政支持，打造技能人才培养的新模式，着力提升技能人才的创新能力、创造能力、适应能力、协作能力和新技术应用能力等（中国经济时报制造业调查组，2016）。

（三）传承和弘扬工业精神，培育中国特色制造文化

加强对大国工业精神的挖掘和研究，弘扬爱岗敬业、执着专注、精益求精、一丝不苟、追求卓越的大国工匠精神，加强对传统手工艺、技术诀窍的保护、挖掘、学习和传承。提倡契约精神，营造诚实守信、公平、公正的营商环境，加强社会责任感、历史使命感，以合作共赢为基础鼓励制造业企业构建创新合作平台，着力攻关产业重大和关键核心技术；支持制造资源共享，以信息技术、5G技术、云计算技术为依托，探索新的创新模式，形成新的分工协作体系。推动中国优秀传统文化与中国制造融合，将创新、包容、开放、共享、共赢精神的文化元素嵌入中国设计、制造、生产、产品和服务之中，兼容并蓄、中西合璧，打造中国当代制造文化体系。此外，要扩大中国文化、实力和影响力的传播，凸显中国制造的良好国际形象。借鉴中国高铁、核电等中国制造优势产业的成功经验，培育、选择优势产业打造中国知名品牌（中国经济时报制造业调查组，2016）。借助"一带一路"倡议，完善政策，增加资源投入，让中国制造创新、协调、绿色、开放、共享等基本发展理念融入和影响世界制造体系，增强中国制造的国际影响力。同时，加强政府间、区域间的合作沟通协调机制建设，重视制造业行业协会、民间组织和企业间的国际交流合作，提升中国制造文化的国际影响力。

（四）推动企业管理变革，形成适应制造业企业复苏的管理范式

中国制造业企业发展的外部环境已发生了巨大变化，政治、经济、科技、社会等各方面因素错综复杂、相互交织，仅仅依靠传统的经验管理或单纯的知识管理、技术管理的管理范式难以推动制造业衰落企业实现复苏和可持续发展。必须借鉴国内外先进的管理思想、理念、文化及我国古代优秀的管理思想，从企业实际出发，突破企业管理的传统逻辑，坚持质疑和否定自我的批判精神，打破传统的管理制度，逐渐形成开放、扁平、共享开放的平台管理模式，使企业由传统的粗放式管理向以数字经济为基础的精细化管理转变。鼓励企业应用数字经济手段对企业的生产、产品、营销、物流、成本等环节进行创新。加强供应链企业、竞争企业、中介组织、政府、科研单位之间的合作、信息共享，从供应、采购、设计、制造、营销等多个环节加强产品质量体系建设，加快实施中国制造质量品牌提升行动计划的落实，提高中国制造产品的国际竞争力。

三、推进技术创新，增强制造业企业复苏的能力

（一）打造适应制造业企业特点的技术创新环境

制造业企业复苏是一个综合性的系统工程，其中，技术创新是一个至关重要的因素，而技术创新多受外部环境的影响。作为市场环境的维护者和建设者，政府对市场要素的配置起到重要作用。根据刘雷（2019）的研究，以政府补贴、税收优惠为基础的财税政策在一定程度上可以促进制造业企业进行技术创新。有学者研究发现，与政府直接干预技术创新相比，良好的技术创新环境效果更好。这是因为政府资助会降低激励市场的效果，导致创新动力不足和产能过剩，而政府应用非直接的方法可以有效规避这一问题。对于我国制造业企业来说，国有企业在行业中的主导地位导致其在资源配置中具有竞争优势。因此，政府的角色定位要准确，必须建立公平、公正的资源配置方案，巩固企业技术创新的主体地位，通过合理的财税政策激发市场主体的创新行为，提升企业的技术创新驱动力，为企业技术创新提供高质量的服务和政策支持（刘雷，2019）。

（二）优化技术创新中的政府行为

地方政府应推动制造业企业技术创新体系建设，加大财税支持力度，发挥技术创新的最大化效应。此外，应加强政府的服务能力和治理能力建设，为打造以企业为主体的技术创新体系提供保障。政府要分析、研究和制定相关技术创新政策，激发企业的创新活力，为企业技术创新提供支持，把各类创新要素融入技术创新体系。此外，政府与企业要经常开展技术创新、管理创新等互动交流活动，政府的中长期创新规划要着眼国家战略布局和行业的长远发展，企业的战略目标要与政府的国家战略和长远规划紧密相连。

（三）建立以技术创新为基础的企业研发价值网

我国制造业企业的整体技术创新能力还有很大的提升空间，大力支持技术创新投入、完善技术创新政策体系至关重要。一方面，要更加突出企业作为技术创新主体的关键地位，设立制造业技术发展专项基金，继续加大国家在高端制造、生物工程、智能制造等方面的研发投入，以各种形式对在技术创新领域做出重要贡献的个人和团队进行奖励，增强企业技术创新的内在动力，鼓励企业从技术创新中获取应有的回报。另一方面，政府在企业研发基础设施上要持续投入，不断完善国家、省市级大型企业研发基地建设，鼓励企业承担国家、省级重大科研攻关项目，为制造业创新成果的生成和转化奠定基础。

完善制造业企业研发创新价值体系，鼓励价值创造主体开展协同创新，把产学研政、中介组织及顾客等融进企业价值创造网络。一方面，政府要继续深化改革产学研合作联盟，在多个创新主体间建立合作联系，搭建众创、众筹、众包和众扶平台，构建融合企业、科研单位、中介组织和创客在内的协同创新体系。另一方面，建立技术创新成果转化的市场对接机制，激发创新的积极性、主动性，促进我国制造业领域的技术创新成果的产业化应用，确保多元创新主体利益共享，共同促进创新网络价值体系的协同发展。此外，积极主动融入云计算、大数据、物联网、5G 技术等信息数字技术，加大对协同创新体系的支持力度，从人才、资金、基础设施、平台建设等方面支持制造业领域的技术创新，鼓励企业主动提升自主创新和开放式创新能力，增强基于市场需要的柔性化制造（赵爽，2017）。

（四）加强技术创新，为制造业企业复苏提供能力支撑

实施创新驱动发展战略，对我国提高经济增长的质量和效益、加快转变经济发展方式具有重要的战略意义。科技创新不仅可以直接转化为现实生产力，而且可以通过科技的渗透效应放大各生产要素的生产力，提高社会整体生产力水平，实现科技与经济的良性互动。此外，实施创新驱动发展战略，加快产业技术创新，用高新技术和先进适用技术改造和提升制造业产业，既可以降低消耗、减少污染，也可以提升产业的核心竞争力，为制造业向中高端跃迁提供技术基础。只有拥有强大的自主创新能力，才能在激烈的国际竞争中把握先机、赢得主动权。

1. 提高自主创新能力

一要瞄准国际创新趋势、特点进行自主创新，使我国的自主创新站在国际技术发展前沿；二要将优势资源整合到战略目标上，力求在重点领域、关键技术上取得重大突破；三要进行多种模式的创新，既可以在优势领域进行原始创新，也可以对现有技术进行集成创新，还应加强对引进技术的消化、吸收、再创新。

2. 构建以企业为主体、市场为导向、产学研相结合的技术创新体系

一是进一步确立企业的主体地位，让企业成为技术需求选择、技术项目确定的主体，以及成为技术创新投入和创新成果产业化的主体。二是高校、研发机构、中介机构及政府、金融机构等应与企业一起构建分工协作、有机结合的创新链，形成具有中国特色的协同创新体系。

3. 加快科技体制机制改革

建立科技创新资源合理流动的体制机制，促进创新资源高效配置和综合集成；建立政府作用与市场机制有机结合的体制机制，让市场充分发挥基础性调节作用，政府充分发挥引导、调控、支持等作用；建立科技创新的协同机制，以解决科技资源配置过度行政化、封闭低效、研发和成果转化效率不高等问题；建立科学的创新评价机制，使科技人员的积极性、主动性、创造性充分迸发。

第二节 行业层面的政策建议

一、加强产学研合作，推动关键技术创新的突破

当前，世界各国抢占未来科技与经济制高点的竞争异常激烈。科技与教育对世界经济社会发展的支撑引领作用越来越凸显，一些重要的科学问题和关键核心技术发生革命性突破的先兆已日益显现。发达国家和新兴经济国家正在积极围绕新兴产业超前进行战略性布局。

2015年以来，美国相继颁布了以《美国创新战略》为代表的一系列创新政策，旨在以创造新的清洁能源为制高点，进一步加大力度支持干细胞、航空航天、宽带网络的技术开发和产业化等。英国在2009年颁布了《建设英国的未来》和《英国低碳转型计划》，提出要着手建设"明天的经济"，并正式启动向低碳经济转型。日本则出台了《面向光辉日本的新成长战略》和《新国家能源战略》等，提出重点发展环境与能源、健康两大产业。发达国家围绕创新和新兴产业发展的实践经验，为我国制造业企业复苏和发展提供了重要借鉴。

我国应构建开放的产学研创新体系，加强区域经济与国际科技的合作，加快推进科研机构改革，加强国家级或省级创新基地和研发中心建

设；支持与引导科研机构围绕"制造业企业复苏及转型发展"中亟需的关键技术、共性技术开展技术创新，建立技术创新战略联盟。依托我国各类高新区、经济开发区构建制造业企业复苏试验区。探索建立产学研联合开发、利益分享、成本共担、资源共享的新合作机制，形成技术创新和产业基地建设协同发展的"链式"发展模式，鼓励发展各类创新创业投资基金。

（1）发展集群式的产学研战略联盟，使之成为制造业企业的"创新源"和"孵化器"。制造业企业的复苏必须建立在技术创新的基础上，需要一个庞大的技术群作为支撑才能发展起来。单靠一两项产学研合作或技术创新，很难带动一个新产业的发展。最有效的办法就是发展集群式新型产学研战略联盟，实现"抱团创新"，更有效地推动产业升级，为制造业企业复苏提供产业发展空间。

（2）坚持通过产学研用联合培养创新人才，为制造业企业快速发展提供人才支撑。创新人才严重不足是制约制造业尤其是新兴产业等高科技产业发展的关键瓶颈，高水平研究型大学及科研机构作为产生创新人才的重要基地，要切实担负起为制造业及新兴产业培养拔尖创新人才的历史重任。

（3）突破制度性障碍，引导创新要素向战略性新兴产业聚集。当前，产学研合作面临着利益分配机制不完善、风险分担机制不健全、合作各方价值追求存在分歧等问题。针对这些难题，高水平研究型大学要敢于从学校内部着手，创新体制机制，突破制度性障碍，引导创新要素向战略性新兴产业聚集。

二、培育和发展新型研发机构，促进科技与经济的无缝对接

（一）建立完善的法律政策体系

完善的法律政策体系是新型研发机构发展的制度保障。完善我国科技创新政策体系，亟需以我国经济社会发展面临的重大迫切问题为基础，通

过深入的调研分析，并结合国内外科技创新政策制定的经验和实践，增强政策设计的完备性、针对性、有效性和精准性。建议以立法形式明确并加快推进新型研发机构建设，并尽快完善符合各省市发展的新型研发机构政策，形成中央、省、市、县多级协同联动的政策支持网络，加强政策整合，实现政策组合效应，促进我国新型研发机构快速成长和发展。

（二）建立明确的功能定位

我国新型研发机构要在科技创新、成果转化、产业优化和经济发展等方面发挥建设性作用，亟需在以下几个方面寻求突破：①精准靶向我国制造业企业复苏、传统产业优化升级急需的关键技术、突破性创新技术、新兴产业发展的核心技术和共性技术等领域的研发和创新，为实现我国突破技术瓶颈、促进创新驱动发展提供动力；②认真学习、领会、贯彻国家科技创新成果转化的相关政策，建立科技成果转化的中介服务网络，提供一体化、专业化和科学化的技术转化服务项目，增强科技成果转化的速度、效果和价值；③探索通过"科技成果+资金+创业团队"模式，实现孵化一批科技创新型企业、扩大高新技术产业发展规模的目标。

（三）建立以政府支持为主导的多元化融资体系

对科研机构根据不同的功能定位可以实行不同的资助模式，如对基础性研究机构采用"拨款制"或"拨款制+项目制"模式，对其他研究机构采用"拨款制+项目制+对外协作制"模式。建立以政府为主体的投入政策，同时积极探索市场机制，构建符合新型研发机构长远发展的多元化融资体系。在新型研发机构的初创时期，政府应加大投入，扶持发展；在其运行稳定且产生良好的绩效后，应发挥市场机制的决定性作用，鼓励将社会资本、企业资本、创投资金、风险资金等引入融资体系，打造多元化、稳定的投融资体系。此外，新型研发组织应每年向利益相关方提交年度执行报告，汇报机构的建设进展情况、主要数据指标及下一年度的建设计划等。政府、企业、社会等相关投资方可以根据本部门整体的科研计划和预算规划，所属科研机构前一年度的财务报告、财务决算和审计报告，所属科研机构下一年度的业务计划和预算，以及对其所属科研机构的定期绩效评估来确定对该机构的资助额度。

（四）改革体制机制

体制机制是制约新型研发机构发展的根本障碍，主要包括用人机制、治理机制和运作机制等方面。关于用人机制，应以"一人一议、一事一议"相结合的方式开展人才引进工作，以合约管理、年薪制、动态考核等机制实现人才动态管理，以业绩、能力和贡献为主要依据进行科研奖励，更加突出人才的流动性、创新性和竞争性特点，创造人尽其才、才尽其用、自由竞争、包容创新的管理环境。在治理机制方面，建议我国新型科研机构结合自身实际探索建立董事会制、理事会制、院所长负责制、科学技术委员会制等治理架构，逐渐建立包括科研组织、投资者、社会公众等利益相关者的监督体系，提高新型研发机构治理的社会化程度。在运作机制方面，可以综合应用监督机制、评估机制、激励机制和竞争机制加强对科研组织的领导和管理，打通创新链、产业链和资金链等网络体系，形成制造业新的创新动力体系。

（五）构建科学、高效的动态评估体系

科学评估旨在把握新型研发机构的资质、运行状况，并进行对现有政策效应的检验和反馈。我国应建立全生命周期的、公开、公平、动态、高效的科研机构评估体系。全生命周期包括认定、定期评价（2~3年）、退出机制等；公开、公平地评估指标、程序面向社会公众，接受社会监督，动态是指评估贯穿新型研发机构的整个成长和发展过程；高效是指投入低成本，评估结果实用，确实达到优胜劣汰、实现促进新型研发机构更好发展的目的。在评估内容方面，构建科学合理的评价标准和简洁高效的评审

程序，在组织实施方面应探索两类评估，一是学术评估，二是经济评估。学术评估应通过行业协会、高校、科研机构等资深专家学者参与评估其科学成果、项目质量及有效性等，经济评估可委托第三方科技中介机构组织相关专家评估其经济价值（如孵化企业数、成果转化、企业利润等）。建立评估的反馈机制，根据评估结果，评估合格的，根据分类等级继续获得三年新型研发机构资格，并享受相应的政策和激励措施；评估不合格的，限期整改，降低政策支持力度；评估完全不合格的，资格自动失效，停止各种资助。

三、完善中介服务体系，提供企业复苏成长一站式服务

近年来，我国先后出台《国家创新驱动发展战略纲要》《实施〈中华人民共和国促进科技成果转化法〉若干规定》《中华人民共和国科学技术进步法》《促进科技成果转移转化行动方案》及配套实施细则等综合性政策，以及推动高校院所科技人员服务企业研发活动、发展众创空间以促进大众创新创业等专门性政策，提升科技成果转化政策法规体系的系统性和协调性。同时，技术转移服务体系也在不断完善，面向市场的新型服务模式不断涌现，基本形成了政府引导、政策驱动、多主体联动的新生态。但科技成果转移转化是一项复杂的系统工程，当前还存在科技成果与技术需求对接不畅、技术转移服务机构动力不足和服务体系不够完善等问题。

在科技成果转移转化服务体系中，技术转移中介服务机构扮演着重要的角色。2016年，国务院办公厅发布《促进科技成果转移转化行动方案》，进一步完善科技成果转化服务体系。以企业技术需求为导向，构建我国科技成果转化与知识产权交易平台。技术转移中介服务机构转向专业化、规模化发展，真正了解供需双方的结合点，将业务做精做深，帮助供需双方牵线搭桥，介入投资、融资、股权，甚至组织对科技成果进行一定的加工、完善，取得一定的知识产权，并在此基础上加强品牌化战略建设。从创新发展的战略性角度，我国制造业企业亟需在以下方面着力加强：①加

强示范机构的培育,对国家级的中介服务机构优先予以支持,促进其大力发展;②完善市场竞争体系,如挂牌交易科技成果转化服务,真正兑现政府采购的承诺;③组织中介服务机构跟高校院所深入对接,为它们的发展和业务拓展提供更好的管理条件;④对于规模化发展机构,从中介服务体系与科技金融的结合上予以优先支持,如成立天使投资基金、成果转化投资基金等。

第三节　企业层面的政策建议

一、关注企业衰落的积极意义,提升组织复苏的能力

(一)高度重视企业衰落的积极价值,建立正确的衰落观

长期以来,无论是战略领域抑或是创业研究领域,学者们普遍关注的焦点是企业成长的前因研究。但一个不容忽视的现实是,几乎所有的企业在其生命周期的某一个阶段都会经历衰落期,如果没有一个正确、科学的衰落观,且没有采取恰当的复苏战略,企业很可能走向衰亡。"穷则思变"这种古朴的哲学思想在现代企业管理实践中依然有价值,只不过人们在决策时可能会因面对的衰落类型、表现形式和严重程度及持续时间等差异而做出不同的选择(贺小刚等,2017),但企业管理者从企业衰落中挖掘促进组织恢复和成长的战略决策的动力至关重要。部分学者基于"威胁—刚性假说"和"承诺升级理论"认为企业衰落产生组织刚性,使组织趋于机械化,此时能否从衰落中识别出新机遇显得尤为重要。企业衰落作为一种特殊的情况能够对企业创新产生推动作用。正如刘建国(2017)的研究所指出的,企业衰落增加了企业的创新动力和创新效率,并能够通过创新实现复苏。一方面,企业衰落是企业自然淘汰的过程,是企业生命周期中的一

个必经阶段，表明过去的增长模式已不适应当前的内外环境；另一方面，企业衰落也提供了创新变革转型的机会窗口，激发管理者启动"问题"搜寻程序，进而做出改变当前经营方式和资源配置模式的策略。为此，企业管理者应当摒弃错误的衰落观，建立正确的衰落认知，不应把衰落视为"坏事"或企业发展的"包袱"，更应把衰落作为企业成长和发展过程的"警示器"、企业恢复和振兴的"机遇"，视为组织学习的动力和创新的源泉，从而激发管理者以创新、变革的热情不断尝试新的发展模式，实现创新求生和借机发展。

（二）多措并举，提升企业复苏和发展的能力

当制造业企业处于衰落期时，需要探索导致其绩效下滑的根本问题。应首先分析引起企业衰落的内部、外部原因，如环境振动、技术变革、社会变革、产业衰落，以及竞争环境变化、结构惯性和威胁—刚性等因素。在摸清衰落动因的基础上，企业应积极应对衰落现状，采取有效的举措适应环境变化，增强组织韧性和组织活力，同时从管理认知、战略领导能力、利益相关者及相关战略行动等方面推动企业从衰落中恢复和发展（徐建振，2014）。

衰落企业应做出复苏战略的选择。当企业遭遇经营困境时，在考虑组织能力和内外机遇的情况下，实现快速复苏是企业管理者聚焦的主要问题（连燕玲等，2016）。实际上，这涉及企业复苏战略的选择，离不开企业进行科学合理的决策（技术创新、组织结构调整、市场拓展、新客户开发和成本控制等）。企业的复苏需要紧缩和战略行动。其中，紧缩战略主要是通过成本和资产节约，增加组织效率；而恢复战略强调创新的力量，主要通过战略变革，改进组织的市场地位（Schmitt和Raisch，2013）。研究表明，衰落企业一方面需要大量创新活动，大胆尝试新的战略，通过开发利用现有资源或获取新的资源来实现复苏。另一方面，衰落企业又会遭到市场更严格的审视（Morrow，2007），因此，紧缩战略和恢复战略是二元性关系，需要企业整合二者关系使其相互协同，更需要在学习上互补。这是因为聚焦紧缩战略可释放资源以支持恢复战略，恢复战略可通过创新行动鼓励企业探索有效的紧缩战略。另外，二者在组织上可以互补，紧缩战略的正式化组织方式可刺激知识共享，恢复战略的组织弹性和参与式管理能让组织形成相互尊重的氛围。在绩效方面，紧缩战略可通过短期利润增强投资者的信心，支持恢复战略。相反，恢复战略更可能得到利益相关者对于紧缩活动的支持。

二、培养失败学习能力，增强企业的复苏动力

（一）改变传统认知，明确失败学习的重要价值

失败是伴随企业创立、成长、发展过程的客观存在，无时不有、无处不在，完全规避失败是非常困难且不明智的。因此，企业在经营过程中不可避免地会受到各种失败问题的困扰（Hartley，1994）。诚然，失败是一把双刃剑，既能影响企业业绩的提升，又能激励企业学习和探索解决问题的方法。但现实情况往往存在着"反失败"偏见，以成败论英雄，人们在谈论失败时往往"谈败色变"，存在惧怕、畏惧的心理。这种心理使人们更难以挖掘隐藏在失败中的价值（庞立君，2020），更难以真正从失败中开展学习活动。事实上，失败认知及失败学习对企业生存和发展具有非常重要的意义。企业管理者及其员工需要认识到在工作中失败是客观存在、难以避免的，允许适度的小失败也具有一定的合理性。但这并非说不要认真对待失败，相反，应该更认真地对待和处理失败。

在组织实践活动中，一般会出现这样的情况，即只有那些造成严重甚至灾难性后果的失败才引起企业管理者的重视。然而，这种做法也是放任"小失败"演变为"大失败"的重要因素，企业应摒弃那种忽略小失败、重视大失败的常规做法，对于所有的失败都要认真对待，并从中汲取经验教训（王重鸣和洪自强，2000）。此外，从企业组织理论角度，企业

建立学习型组织，旨在使企业可以从直接经验中学习，但过于强调对成功经验的总结和学习，会忽略了对失败事件的讨论和分析。事实上，如何对待和处理失败对企业的可持续发展具有更为重要且难以替代的价值，其意义与正面的成功学习一样，通过失败学习可以增强企业的核心能力，获取竞争优势，实现企业的持续成长。正如越来越多的学者所证明的，随着人们对失败的认知态度发生变化，人们逐渐从过去想办法杜绝失败，转变到承认失败在工作中会发生和存在。而且人们对"失败是成功之母"有了更深的认识，普遍认为失败的经验、知识、信息并非一无是处，而是获取知识、经历和远见的过程，也是更为重要的学习机会。失败学习不仅能够提升企业对失败的适应能力，而且能够塑造组织的创新精神，提升其从失败中快速"走出来"并"承诺走下去"的修复能力（Edmondson，1996）。这样做，一方面，会让企业逐渐形成以避免产生消极后果为目标，探讨和研究如何从失败中汲取经验启示，减少类似失败在将来出现的可能性，如何积极、主动地应对失败、从失败中不断地学习失败管理认知方式。另一方面，认识失败的学习价值，可以对失败情景进行客观的解释，将企业的生存和发展过程视为对阻碍、挫折和失败的管理过程，甚至可以通过主动设计"小失败"，获得"大学习"，促进企业持续、健康的成长。

（二）完善组织制度体系，构建宽容失败的组织文化

企业成长的过程也是失败管理的过程，失败学习活动的开展并非易事，往往并非自动发生，企业要重塑宽容失败的组织文化，尤其是通过管理流程激发管理者和组织成员厘清对失败及其学习价值的思想观念。组织层面的失败学习行为在不确定性较高的环境中难以转化为企业绩效，主要原因在于企业在变化迅速的环境中多采用既有流程解决新问题，因此难以从失败情景中学到有助于提升组织绩效的关键知识。McGrath等（1999）提出三个促进组织从失败中学习的关键流程：①接收与识别失败信息的相关流程；②对失败情景进行说明与"赋意"（given meaning）的相关流程；

③探寻失败的意义并修正组织行为的流程。从这个角度看，企业能否从组织层面将失败的价值转化成为组织绩效，需得到企业制度的支持（于晓宇等，2013）。此外，构建宽容失败、鼓励探索、激发变革的组织文化有助于企业逐步形成一种积极对待失败，从失败中吸取教训，从失败中学习解决问题的价值观念，并循序渐进地形成企业层面正确对待失败的组织价值观。这是因为积极、创新、包容、开放、公正、合作、卓越的组织文化对于形成积极的失败学习认知至关重要，失败文化在一定程度上决定了失败学习的效果。在企业管理及工作实践中，企业尽力预防失败和消极认可失败容易出现对失败的参与程度降低，丧失应对失败的能力，甚至不接受失败。理论研究和管理实践证明一种积极的失败管理文化会给失败学习带来积极效应，不仅能激发企业不断探索，从失败中学习，增强组织效能，而且还能改善组织成员对待失败的态度，建立正确的失败观，掌握有效的处理失败的方法，降低失败的负面效应，增加其积极作用，并最终提高组织绩效。

（三）加强组织管理，提高失败学习能力

"失败是成功之母"，企业管理者能否从企业衰落中挖掘出促进组织创新的动力和机遇决定于组织失败学习。为此，一方面，从理念层面上看，企业应建立失败学习战略及其体制机制，激励员工主动地投入失败学习活动中，积极从失败中学习经验和知识，并在组织中进一步分享和传播所学知识（于晓宇等，2019），同时，鼓励员工反思、质疑和创新，培养失败学习的意识和能力，提高失败学习绩效。另一方面，从组织成员个体层面上看，失败学习能化解消极情绪，培养良好的心理安全感，不断提高承担失败的能力。从组织层面上看，构建合理的激励制度，提供积极的组织支持，营造良好的失败学习氛围，塑造共享失败学习的理念，注重组织间失败学习的情景分析与反思式观察能力的培养，强化组织内与组织间失败学习活动的共融与互动，从而促进失败学习的有效开展，可以提升组织创新

绩效（唐朝永等，2014）。此外，为提高组织的整体创造力，应发挥领导者的积极作用。领导者应当引导员工反思遭到失败的原因并从中吸取宝贵经验，开展各类技能素质培训，提高员工的学习能力，以帮助其获得更大的成功（Huynh 等，2016）。还有一些观点值得借鉴：认为在复杂的、动态的环境中，失败是组织的必要行为，需要给战略失败和失败学习提供一定空间，建立失败管理体系，鼓励失败学习。即失败管理更多地强调如何积极地应对失败，而不是防范失败的发生。失败管理聚焦失败发生的原因，促进人们对失败的公开讨论和多元沟通；培养失败处理能力，预判失败发生的可能性，不担心出现失败；当失败发生时，鼓励采取主动措施，减轻甚至消除失败可能造成的后果和提升纠偏的能力，而不是掩盖失败或者责备、处罚失败事件中的企业或员工（王重鸣和洪自强，2000）。

三、提高治理能力，增强企业可持续发展动能

（一）突出主业，打造企业的核心竞争力

稳定且具有竞争优势的主营业务是企业利润的主要源泉。企业应该通过保持和扩大自己熟悉与擅长的主营业务，尽力扩大市场占有率以求规模经济效益，把增强企业的核心竞争力作为第一目标，在此基础上兼顾多元化。因此，制造业企业应克制贪多求快的多元化冲动，实现低成本扩张和资本收益的有机结合，实现资本运营与企业核心能力的有机结合。资本运营最终以现有生产经营所围绕的核心能力为基础，服从或服务于生产经营。企业并购重组的根本目的在于优化企业的生产经营系统，使其转化为企业的市场竞争优势，从而获得更多的资本收益（王玉梅，2007）。

（二）完善治理结构，为企业的持续发展提供制度支撑

坚持现代企业公司法人治理结构，根据制造业企业的特点健全治理结构，建立真正的法人治理体系。加强制度建设，真正建立符合现代企业制

度的组织结构,通过相关法律规范股东大会、董事会、监事会的工作;增强董事会的独立性,充分发挥董事会的基本职能,引进外部独立董事,充分发挥独立董事的专家咨询作用;不断通过角色转换、工作岗位轮换、业务和技术培训等形式全面提升管理者素质,培养管理者的企业家精神和市场前瞻性;切实加强监事会的作用,加强监事会、独立董事和董事会专门委员会之间的协作。此外,为了解决信息不对称的问题,需要在资本市场构建一个监管者、投资者与销售者多方依存制约的运行机制。监管者涉及证券监管部门、会计师、审计师事务所等机构,投资者包括企业股东;销售者包括券商、上市企业。监管者旨在履行法律职责,对投资者和销售者开展法律审查;投资者依法享有进出股市的权利及相关的法律保护;销售者有权在法律范围内向投资者销售股票,接受监管者和投资者的正当约束(屈智利,2004)。

(三)健全企业内部控制管理,提高企业的组织韧性

一是建立整体风险管理机制,提升风险评估和风险管理能力,即从企业的业务范围出发,积极、超前和系统地理解、管理风险,有预见性地采取预防措施,未雨绸缪,将风险控制在可承受的范围;注重全员、全业务链的风险管理,关注员工的业务水平和职业道德,以及企业的组织架构、财务状况、管理制度等,从企业目标出发制定产业风险、产品风险、财务风险、信用风险等风险管理策略,提高企业的抗风险能力。

二是从内部控制着手,鼓励塑造企业的创新文化,优化激励机制,激发管理者和员工的积极性、主动性和责任感,明晰权责。完善企业的业务流程,实行明确的会计和管理控制活动;健全企业内外监督渠道,随时监测企业的运营状况。解决企业内外信息不对称的问题,为企业的全方位监督职能发挥作用奠定基础。内部监督是内部控制有效性的重要保障。监督检查注意对内部控制制度的整体执行情况进行持续监督检查,或对某一方面或某些方面进行专项检查。通过提交检查报告,提出有针对性的整改措施。此外,内

部控制评价也是内部监督的重要内容，涉及识别影响企业内部的控制缺陷、风险因素等。在制度层面，要建立内部控制评价方法，明确内部控制缺陷报告的职责、报告内容，对缺陷报告程序、方法及优化举措等方面进行规范。

三是加强信息公开和内外沟通。制造业企业要定期公开企业发展状况、经营业绩、面临的风险和重大事件，加强与企业内部经理、员工的交流互动。比如，通过召开全员会议、座谈会、设立建议箱等形式，鼓励管理者及员工反思问题、提出建议。此外，从外部沟通方面，还要与同类企业、企业上下游合作伙伴、政府及其他中介组织开展定期沟通，及时获取企业发展的外部动态信息。

（四）多组织协同合作，构建企业衰落危机处理机制

从现实状况看，一些企业遭遇衰落时，往往很难完成自救，若没有政府的积极援助和社会的大力支持，会影响企业的生存发展。因此，应建立企业积极作为、政府主动援助、社会大力支持的制造业企业风险防范和危机处理机制。企业应加强自身风险防范意识和防范措施；政府应进一步加强工商、税务等部门的企业信息联网互通，提高监控水平，并在此基础上研究建立有效的风险提示和预警监控指标体系，通过适当途径及时向企业提示风险和发出预警信号；还应充分发挥制造业企业协会及企业基层党组织的作用，帮助企业尽快建立自律机制和完善的信用机制，高校及科研机构、社会培训机构、咨询机构应着重为制造业企业提供风险防范和危机处理培训等。通过以上举措，多方主体协同合作，才能构建起科学、高效、低成本的制造业企业风险防范与危机处理机制。

（五）加强问题管理，提高企业生存和发展能力

在变化的环境中，没有一个通用的化解危机的方案，曾经成功的经验并非一定放之四海而皆准。在一定程度上，企业的生存和发展过程就是一个发现问题、分析问题和解决问题的过程。为了防范问题演变成危机，应对问题的能力最为关键，因此，导入问题管理，形成"以防为主、防消结合"的管理模式非常必要。问题管理正是强调培养员工分析和解决问题的能力、防范小问题积累成大问题的能力、防范问题演变成危机的能力（孙继伟，2013）。这一模式的本质在于"为之于未有，治之于未乱"。这就需要企业全员全面参与管理，充分动员员工提出问题、研究问题，形成解决问题的方案或建议。同时，问题管理也是一种全员、跨部门、跨层次的问题管理模式。需要企业统一思想，建立问题管理流程、形成问题管理机制，形成鼓励员工积极主动、大胆和无后顾之忧地分析问题、讨论问题、解决问题的组织氛围，使企业具有通过问题自我优化、修复的能力，达到居安思危、防微杜渐、防患于未然的目的。

| CHAPTER 8 | 第八章

结论与展望

第一节 主要结论

当前,在以国内大循环为主体、国内国际双循环相互促进的新发展格局下,作为国民经济的重要支柱产业,制造业起到举足轻重的作用。但传统的制造业未完全转为现代制造业,以数字技术驱动的智能制造方兴未艾。为了更好地推动制造业企业发展,亟需改变发展思路,探索新的路径和方法,为我国制造业企业提供可行的破解方案。本书在梳理制造业企业的衰落、复苏和失败学习等相关文献及阐释相关理论的基础上,分析了我国制造业企业衰落的现状,研究了企业衰落、失败学习与组织创新及企业绩效等关键变量之间的关系,并给出理论推演和实证检验。以此为基础,基于失败学习视角构建了我国制造业企业治理的路径,提出了促进我国制造业企业复苏的建议。为此,得出了以下主要结论。

一、制造业企业的复苏路径研究是新发展格局下产业转型升级的必然要求

制造业是立国之本、强国之基。制造业高质量发展是我国经济高质量发展的重中之重。由于资源和环境的约束日益加深，劳动力、土地等要素综合成本上升导致传统比较优势快速下降，高投资率及产能过剩及外部环境复杂多变，制造业企业必须实现转型升级，寻找新的发展机遇和增长点。一方面，制造业是国家经济命脉所系，制造业的主体地位正在稳固和发挥重要作用，以5G、工业互联网、大数据、人工智能为代表的数字化、网络化、智能化技术，推动制造业全方位、全角度、全链条转型升级，中国制造业正从中国制造向中国创造迈进。另一方面，从理论层面来看，制造业企业复苏的理论成果相对滞后，难以满足制造业企业衰落的严峻挑战，很难为制造业企业的复苏提供有效的解决思路；从实践层面来看，部分制造业企业在发展过程中缺乏可持续性，脆弱性和风险性增大，同时，部分制造业企业转型升级效果欠佳导致其衰落成为亟需解决的问题。在新发展格局背景下，如何实现制造业企业的复苏成为我国产业结构调整和优化升级，并最终实现经济高质量发展的关键环节。

二、国外制造业企业的复苏实践为我国制造业企业的复苏提供了经验借鉴

综合相关文献综述，国内外有关制造业企业的复苏实践可为我国制造业企业的复苏提供学习借鉴和决策参考。本书主要从两个方面进行经验学习，一是从企业转型升级方面；二是从制造业企业衰落治理方面。从企业转型升级方面，主要选择日本和韩国作为研究对象，其主要经验如下：采用开放的眼光看待成功经验；积极推动关键性改革措施；重视教育投资；推进投融资体制创新；推动政府改革；推进产业升级；推动创新创业等。在制造业企业衰落治理方面，主要选择发达国家资源型制造企业进行研

究，包括德国鲁尔工业区的衰落治理实践和纽曼特矿业公司的衰落治理实践，具体做法包括政府支持、健全的法律保障、完善的就业培训系统、健全的社会保障和配套的政策等方面。

三、探索企业衰落、失败学习、组织创新与企业绩效之间的关系是构建制造业企业复苏路径的理论基础

由于受到内外环境的影响和制约，几乎所有的企业都可能在其生命周期的某一阶段产生企业衰落问题，企业衰落表现为组织绩效连续下滑的状态，或者表现为企业资源基础的恶化、减少，或者表现为企业竞争力的减弱等。在学术界，学者对企业衰落与企业创新的关系尚未有一个统一的认识，存在"促进论""抑制论"和"倒U形"关系三种观点。在当前我国进入新发展阶段，遭遇百年未有之大变局，正处于产业结构调整的关键转型期和战略机遇期，供给侧结构性改革和创新驱动发展战略指引下，对于企业衰落不仅应有一个辩证的态度，更应该看到企业衰落的积极价值和警示意义，不应把衰落视为企业发展的包袱和"问题"，而是把衰落当作企业创新变革的力量和重要资产。基于对企业衰落、组织创新、企业绩效等相关变量的理论分析和实证检验，探明它们之间的内在逻辑关系，为制造业企业衰落治理路径设计和政策完善提供理论依据。

四、从失败学习视角构建企业复苏路径，为制造业企业复苏提供逻辑框架和解决方案

已有研究对企业衰落治理从两阶段模型、扩展两阶段模型到四阶段模型进行了初步探索，为本书提出制造业企业衰落治理路径提供了有益借鉴。本书在综合先前学者研究文献的基础上，从失败学习视角，借鉴失败学习的基本理论，提出组织复苏包括三个环节，一是衰落识别；二是衰落分析；三是战略试验。具体而言，首先，建立衰落指标体系，构建衰落预警模型，为衰落识别提供工具和方法；其次，从衰落原因、过程和模式等

方面进行衰落分析；最后，基于衰落复苏理论，设计复苏战略，通过采用系统仿真方法，构建系统动力学模型，检验复苏战略的有效性和可行性，为制造业企业复苏和创新发展提供有效的战略选择。总之，本书基于失败学习视角建构制造业企业复苏的理论模型，为制造业企业复苏提供顶层设计和破解工具，有助于制造业企业转型升级和可持续、高质量发展。

第二节 未来研究方向

本书旨在健全、完善制造业企业衰落治理的政策体系，解决一些制造业企业衰落数量大、亏损金额高、衰落治理模式落后、衰落治理政策不健全等诸多问题。围绕这一研究主题，本书在梳理相关文献和理论的基础上，分析了一些制造业企业的衰落现状，探讨了制造业企业的衰落、企业创新与企业绩效之间的关系，强调了失败学习的重要作用，基于失败学习视角构建了制造业企业衰落治理的路径，阐述了国外企业转型升级和制造业企业衰落治理的实践经验，提出了促进我国制造业企业衰落治理的政策建议。虽然取得了一定的研究成果，但在理论和实践应用方面仍存在需要进一步探讨的问题。

一是有关制造业企业复苏经验的借鉴问题。由于研究时限等问题，本书对制造业企业政策实践的经验借鉴问题仅给出了粗略的分析框架，并未做深入的剖析。未来研究需要选择部分典型的制造业企业的实践进行深入研究，为我国制造业企业衰落治理提供决策思路和参考依据。

二是有关衰落预警问题。在新发展格局下，我国亟需转变经济增长方式和实现产业结构优化升级，正确识别制造业企业的衰落现状和衰落程度具有重要的现实意义。因此，研究制造业企业的衰落预警非常重要。本书根据相关文献构建了制造业企业的衰落指标体系，应用夹角原理构建制造业企业的衰落预警模型，但由于制造业企业的衰落预警研究很少有文献涉及，本书在研究样本、预警指标体系和预警方法方面都存在着一些问题和进一步研究的空间。未来，在研究样本方面，尽可能扩大研究样本，提高预警模型检验的准确性与适用性。制造业企业的范围广泛，在以后的研究中可以囊括不同业务范围的企业类型，对选取的企业样本进行进一步的细分，或将预警模型推广应用到别的行业，确保企业衰落预警模型结果的普适性。在今后的研究中可考虑构建一个适用于所有行业但又考虑到行业差异的企业衰落预警模型，或对不同行业间的预警模型进行比较。在预警指标体系方面，预警指标体系可以更全面，细分更多角度。本书仅从财务指标和非财务指标两个大方向进行指标的选取，今后的预警指标体系还可以增加一些通过量表进行实证分析，可以对预警研究产生更全面的辅助作用，以得到更适用的企业衰落预警模型。在预警方法方面，采用多种预警模型构建方法。企业衰落预警模型的构建方法较多，如粗糙集与神经网络、决策树理论、Kalman 滤波等方法，未来可采用多种方法进行对比分析，确保用最佳建模方式构建衰落预警模型。

三是有关制造业企业的衰落治理政策问题。本书以我国一些制造业企业的衰落现状为基础，同时借鉴国外发达国家企业转型升级和资源型经济治理的实践经验，初步提出了我国制造业企业衰落治理的政策建议。但由于制造业企业的治理方式比较复杂，因此，还需要遵循系统性、科学性、操作性、可行性和针对性等原则，从全生命周期的视角，基于制造业企业的复苏战略、规划、体制机制、环境建设、保障政策和评价政策等方面进行深入研究，从而不断完善制造业企业复苏的政策体系。

参考文献

[1] 蔡瑞林,陈万明,陈圻. 低成本创新驱动制造业高端化的路径研究[J]. 科学学研究,2014,32(2).

[2] 陈国栋,陈圻. 低成本创新的形成与创新途径选择[J]. 自然辩证法研究,2013(3).

[3] 陈国权,宁南. 团队建设性争论、从经验中学习与绩效关系的研究[J]. 管理科学学报,2010,13(8).

[4] 陈国权,马萌. 组织学习——现状与展望[J]. 中国管理科学,2000(1).

[5] 陈国权,宁南. 组织从经验中学习:现状、问题、方向[J]. 中国管理科学,2009,17(1).

[6] 陈佳潞. ST安泰上市公司大股东"掏空"行为研究[D]. 西安:西安工业大学,2019.

[7] 陈姣娣. 我国大型资源型企业转型发展模式研究[D]. 昆明:云南财经大学,2013.

[8] 陈圻,任娟. 创新型低成本战略的科学研究纲领方法论基础[J]. 科学学研究,2011,29(3).

[9] 陈晓萍,徐淑英,樊景立. 组织与管理研究的实证方法[M]. 北京:北京大学出版社,2012.

[10] 戴维思. ST公司"摘帽年度"盈余管理分析——以山西安泰集团股份有限公司为例[J]. 财经界,2018(23).

[11] 邓巍,梁巧转,范培华. 创业拼凑研究脉络梳理与未来展望[J]. 研究与发展管理,2018,30(3).

[12] 董坤祥,侯文华,周常宝,等. 众包竞赛中解答者创新绩效影响因素研究——感知风险的调节效应[J]. 科学学与科学技术管理,2016,37(2).

[13] 董晓龙. 中小企业可持续成长战略的仿真研究[D]. 重庆:重庆大学,

2015.

［14］董晓茜. 资源型企业绿色发展的哲学思考［D］. 太原：山西财经大学，2015.

［15］杜维，周超. 制造企业服务创新过程中失败学习路径研究［J］. 科技进步与对策，2015，32（3）.

［16］杜运周，王小伟，邓长庚，等. 企业衰落与复苏战略：国外理论述评及未来研究启示［J］. 外国经济与管理，2015，37（6）.

［17］冯文娜，姜梦娜，孙梦婷. 市场响应、资源拼凑与制造企业服务化转型绩效［J］. 南开管理评论，2020，23（4）.

［18］傅德印，王俊. 判别分析统计检验体系的探讨［J］. 统计与信息论坛，2008，17（5）.

［19］甘爱平，柳亮，陈可桢. 航运上市公司财务预警的 Logistic 回归分析［J］. 上海海事大学学报，2014，35（1）.

［20］郭凤典，朱鸣. 德国鲁尔工业区整治经验及启示［J］. 理论月刊，2004（7）.

［21］郭强. 企业中个人的绝对权力与企业衰败［J］. 管理世界，2001（1）.

［22］郝喜玲，张玉利，刘依冉. 创业失败学习对新企业绩效的作用机制研究［J］. 科研管理，2017，38（10）.

［23］何一清，崔连广，张敬伟. 互动导向对创新过程的影响：创新能力的中介作用与资源拼凑的调节作用［J］. 南开管理评论，2015，18（4）.

［24］贺小刚，邓浩，吕斐斐，等. 期望落差与企业创新的动态关系——冗余资源与竞争威胁的调节效应分析［J］. 管理科学学报，2017，20（5）.

［25］贺小刚，朱丽娜，杨婵，等. 经营困境下的企业变革："穷则思变"假说检验［J］. 中国工业经济，2017（1）.

［26］侯旭华，彭娟. 基于熵值法和功效系数法的互联网保险公司财务风险预警研究［J］. 财经理论与实践，2019，40（5）.

［27］侯赟慧，张鑫. 企业低成本创新战略下的联发机制研究［J］. 科学学与科学技术管理，2013（4）.

［28］张昊民，马君，等. 绩效反馈、习得性无助与创造力的关系研究——失败学习行为的有中介的调节作用［J］. 华东经济管理，2016，30（5）.

［29］胡洪浩，王重鸣. 国外失败学习研究现状探析与未来展望［J］. 外国经济与管理，2011，33（11）.

［30］胡卫平，赵晓媚，贾培媛. 学思维网络活动对小学生创造性的影响［J］. 心理发展与教育，2017，33（3）.

［31］黄鹤群，洪宝福. 乡镇企业复苏回升的新思考［J］. 经济问题探索，1991（6）.

［32］姜珊. ST安泰财务困境研究［D］. 石家庄：河北师范大学，2020.

［33］姜志超. 制造业企业财务风险预警研究［D］. 北京：中国石油大学，2017.

［34］李柏洲，高硕. 互惠性、知识共享与企业合作型原始创新——战略柔性的调节作用［J］. 研究与发展管理，2017，29（3）.

［35］李非，祝振铎. 基于动态能力中介作用的创业拼凑及其功效实证［J］. 管理学报，2014，11（4）.

［36］李建华. 资源型城市可持续发展研究［M］. 北京：社会科学文献出版社，2007.

［37］李宁娟，高山行. 环境扫描对探索式创新和新产品绩效影响的研究：被调节的中介效应［J］. 管理学报，2017，14（2）.

［38］李燕，王忠宏. 软实力：中国建设制造强国的重要命题［J］. 发展研究，2016（5）.

［39］连燕玲，贺小刚，高皓. 业绩期望差距与企业战略调整［J］. 管理世界，2014（11）.

［40］连燕玲，刘俊良，陈琼. 破产威胁与战略变革：基于组织资源与市场丰腴性的调节效应研究［J］. 外国经济与管理，2016，38（10）.

［41］林春培，张振刚. 基于吸收能力的组织学习过程对渐进性创新与突破性创新的影响研究［J］. 科研管理，2017，38（4）.

［42］林蓉辉. 减轻自然灾害预警系统国际讨论会在德国举行［J］. 国际地震动态，1999，19（3）.

［43］刘灿辉，安立仁. 经济奖励与个体知识共享意愿——认知风格和知识隐性程度的调节作用［J］. 华东经济管理，2016，30（12）.

［44］刘海建，龙静，黄婷静. 组织结构演化的效率与适应悖论［J］. 财经科学，2012，15（1）.

［45］刘海建，余舒意，马文丽. 能力惰性、企业衰败与成长：一个演化模型［J］. 软科学，2012，26（5）.

［46］刘洪贵. 依靠技术改造使老企业复苏振兴［J］. 新疆矿冶，1985（2）.

［47］刘建国. 绩效衰退与企业创新行为——基于中国上市公司的实证分析［J］.

南开管理评论，2017，20（4）.

［48］刘雷. 经济区域视角下财税政策对我国制造业企业技术创新的影响研究［D］. 武汉：武汉理工大学，2019.

［49］刘书庆，刘杰，刘佳，等. 生产运作过程质量危机预防与预警模型［J］. 系统管理学报，2017，26（4）.

［50］刘文兴，张鹏程，廖建桥. 基于创造自我概念与风险偏好影响的授权领导与创新行为研究［J］. 管理学报，2013，10（12）.

［51］刘玉敏，刘莉，任广乾. 基于非财务指标的上市公司财务预警研究［J］. 商业研究，2016，36（10）.

［52］刘自新. 技术创新中的组织文化管理［J］. 科学学与科学技术管理，2002（9）.

［53］龙静，刘海建. 政府机构的权力运用方式对中小企业创新绩效的影响——基于企业与政府关系的视角［J］. 科学学与科学技术管理，2012，33（5）.

［54］卢艳秋，赵英鑫，崔月慧. 组织忘记与创新绩效：战略柔性的中介作用［J］. 科研管理，2014，35（3）.

［55］鹿云飞，王郑萍. 内部控制与企业失败关联性研究——以ZB公司为例［J］. 中国内部审计，2016（4）.

［56］罗帆，佘廉. 企业组织管理危机的早期诊断及预警管理［J］. 经济理论与经济管理，2001（7）.

［57］罗瑾琏. 赵莉，钟竞. 双元领导对员工创新行为的影响机制研究［J］. 预测，2016，35（4）.

［58］吕文栋. 管理层风险偏好、风险认知对科技保险购买意愿影响的实证研究［J］. 中国软科学，2014（7）.

［59］马鸿佳，马楠，郭海. 关系质量、关系学习与双元创新［J］. 科学学研究，2017，35（6）.

［60］马君，王迪. 内外激励协同影响创造力：一个被中介调节模型［J］. 管理科学，2015，28（3）.

［61］牛文元，叶文虎. 全面构建中国社会稳定预警系统［J］. 中国发展，2003（4）.

［62］牛文元. 社会物理学：学科意义与应用价值［J］. 科学，2002，54（3）.

［63］潘洁珠，朱强，郭玉堂. 预警理论方法及其应用研究［J］. 合肥师范学院学报，2010，28（3）.

[64] 庞立君, 高微. 失败学习与战略导向的匹配对企业绩效的影响 [J]. 技术经济, 2020, 39 (6).

[65] 秦剑. 基于创业管理视角的创业拼凑理论发展及其实证应用研究 [J]. 管理评论, 2012, 24 (9).

[66] 屈智利. 企业失败研究 [D]. 武汉: 武汉大学, 2004.

[67] 任劲劲. 后疫情时代旅游企业复苏路径: 数字化 [J]. 新乡学院学报, 2021, 38 (5).

[68] 阮有安. 市场化程度、失败学习行为与新产品开发绩效 [J]. 中国商论, 2015 (7).

[69] 邢鑫. 制造业上市企业衰落预警研究 [D]. 太原: 太原科技大学, 2021.

[70] 佘廉, 杨毅群. 企业采购管理预警指标体系的探讨 [J]. 科技进步与对策, 2003, 20 (15).

[71] 沈悦, 徐有俊. 复合属性贝叶斯模型在银行危机预警中的应用 [J]. 宁夏大学学报 (人文社会科学版), 2009, 31 (2).

[72] 石春生, 梁洪松. 组织创新的渐变与突变 [J]. 企业管理, 2006 (1).

[73] 石盛林, 陈圻, 张静. 高管团队认知风格对技术创新的影响 [J]. 科学学研究, 2011, 29 (8).

[74] 史竹琴, 苏妮娜. 创新网络、失败学习与低成本创新关系研究——理论模型与实证 [J]. 经济问题, 2018 (4).

[75] 孙红霞. 机会开发、资源拼凑与团队融合——一个基于 Timmons 模型的案例研究 [J]. 科研管理, 2016, 37 (7).

[76] 孙继伟. 问题管理之卓越企业衰落的启示 [J]. 企业管理, 2013, 6 (11).

[77] 孙善林, 彭灿, 杨红. 高管团队社会资本对企业开放式创新能力的影响研究 [J]. 研究与发展管理, 2017, 29 (2).

[78] 孙永磊, 陈劲, 宋晶. 双元战略导向对企业资源拼凑的影响研究 [J]. 科学学研究, 2018, 36 (4).

[79] 唐朝永, 陈万明, 陈圻, 等. 企业衰落与组织创新的关系: 失败学习与组织惯例更新的影响 [J]. 管理评论, 2018, 30 (10).

[80] 唐朝永, 陈万明, 彭灿. 社会资本、失败学习与科研团队创新绩效 [J]. 科学学研究, 2014, 32 (7).

[81] 唐朝永, 牛冲槐, 师永志. 失败学习对企业绩效的影响机制研究 [J]. 科技进步与对策, 2021, 38 (22).

[82] 汪倩倩. 中小型高新技术企业人才紧缺预警模型研究 [D]. 合肥：安徽大学，2018.

[83] 汪中求. 企业复苏指南——战略重启 [J]. 企业管理，2020（6）.

[84] 王超，佘廉. 人工神经网络在企业预警管理系统中的应用 [J]. 武汉理工大学学报（信息与管理工程版），2001，15（4）.

[85] 王崇锋，张蕾. 多元化扩张引发的企业衰落——以贵人鸟为例 [J]. 财务管理研究，2020，8（4）.

[86] 王洪岩. 企业家创新精神与企业成长绩效的关系研究 [D]. 辽宁：辽宁大学，2017.

[87] 王华锋，李生校，窦军生. 创业失败、失败学习和新创企业绩效 [J]. 科研管理，2017，38（4）.

[88] 王娟. 房地产业上市公司财务预警研究 [D]. 太原：山西财经大学，2011.

[89] 王立志，韩福荣. 从生命周期角度探究企业的性质 [J]. 北京工业大学学报（社会科学版），2002，17（4）.

[90] 王玲，蔡莉，彭秀青，等. 机会、资源一体化创业行为的理论模型构建——基于国企背景的新能源汽车新企业的案例研究 [J]. 科学学研究，2017，35（12）.

[91] 王少莉. 化工企业安全生产预警模型研究 [D]. 天津：天津理工大学，2017.

[92] 王铁男，陈涛，贾榕霞. 组织学习、战略柔性对企业绩效影响的实证研究 [J]. 管理科学学报，2010，13（7）.

[93] 王喜文，江道辉. 从日本电子企业的衰落看如何创新 [J]. 现代产业经济，2013，15（6）.

[94] 王艳子，白玲，李倩. 基于企业家能力的资源型创业企业成长研究 [J]. 科技进步与对策，2016，33（1）.

[95] 王雁飞，朱瑜. 组织创新、组织学习与绩效——一个调节效应模型的实证分析 [J]. 管理学报，2009，6（9）.

[96] 王永健，谢卫红，蓝海林. IT能力与战略柔性：探索式学习与利用式学习的中介作用 [J]. 经济管理，2012，34（11）.

[97] 王玉梅. 破解我国大型民营企业衰落的规律 [J]. 经济管理，2007，7（11）.

[98] 王玉梅. 中国制造企业转型升级与技术创新能力协同发展研究 [M]. 北京：科学出版社，2019.

[99] 王重鸣，洪自强. 差错管理气氛和组织效能关系研究 [J]. 浙江大学学报

（人文社会科学版），2000（5）．

［100］王重鸣，胡洪浩. 创新团队中宽容氛围与失败学习的实证研究［J］. 科技进步与对策，2015（1）．

［101］卫冰清. 基于 Logistic 模型的房地产企业财务风险识别体系构建［D］. 兰州：兰州财经大学，2015.

［102］吴亮，刘衡. 资源拼凑与企业创新绩效研究：一个被调节的中介效应［J］. 中山大学学报（社会科学版），2017（4）．

［103］吴世农，卢贤义. 我国上市公司财务困境的预测模型研究［J］. 经济研究，2001，11（6）．

［104］武亚军，李兰，彭泗清，等. 中国企业战略：现状、问题及建议［J］. 管理世界，2010（6）．

［105］肖惠质，鲁琴. 破产警告企业复苏记——对重庆洗衣机二厂承包重庆洗衣机厂的调查［J］. 企业管理，1987（7）．

［106］谢洪明，葛志良，王成. 社会资本、组织学习与组织创新的关系研究［J］. 管理工程学报，2008（1）．

［107］谢洪明，王成，吴业春. 内部社会资本对知识能量与组织创新的影响［J］. 管理学报，2007，4（1）．

［108］谢俊，严鸣. 积极应对还是逃避？主动性人格对职场排斥与组织公民行为的影响机制［J］. 心理学报，2016，48（10）．

［109］谢雅萍，梁素蓉. 失败学习研究回顾与未来展望［J］. 外国经济与管理，2016，38（1）．

［110］邢丽微，李卓键. 组织忘记、组织柔性与原始性创新：组织学习和冗余资源的调节作用［J］. 预测，2017，36（4）．

［111］徐建振. 创新、股权集中度与企业衰落轨迹关系研究［D］. 蚌埠：安徽财经大学，2015.

［112］徐年生. 纽蒙特矿业公司经营活动的特色［J］. 黄金地质，1999（1）．

［113］严闻广. 温州国有企业衰败原因及出路的探讨［J］. 经济与管理研究，1988，8（3）．

［114］阎耀军. 论社会预警的概念及概念体系［J］. 理论与现代化，2002，16（5）．

［115］杨帆. 我国大型资源型企业转型发展研究［D］. 上海：上海社会科学院，2012.

［116］杨付，张丽华. 团队成员认知风格对创新行为的影响［J］. 南开管理评论，

2016，15（5）.

［117］杨慧军，杨建君. 领导风格、组织承诺与技术创新模式的关系研究［J］. 科学学与科学技术管理，2016，37（1）.

［118］杨立卓. 贸易投资推动中国制造业转型升级的路径研究［D］. 北京：对外经济贸易大学，2016.

［119］杨淑娥，黄礼. 基于BP神经网络的上市公司财务预警［J］. 系统工程理论与实践，2005，11（1）.

［120］杨镇宇. 我国民营企业衰败的内部因素［J］. 云南民族大学学报（哲学社会科学版），2005（5）.

［121］叶宝娟，温忠麟. 有中介的调节模型检验方法：甄别和整合［J］. 心理学报，2013，45（9）.

［122］殷俊杰，邵云飞. 跨界搜索均衡对企业创新绩效的影响——战略柔性的调节作用［J］. 技术经济，2017，36（7）.

［123］于晓宇，蔡莉. 失败学习行为、战略决策与创业企业创新绩效［J］. 管理科学学报，2013，16（12）.

［124］于晓宇，胡芝甜，陈依，等. 从失败中识别商机：心理安全与建言行为的角色［J］. 管理评论，2016，28（7）.

［125］于晓宇，李厚锐，杨隽萍. 创业失败归因、创业失败学习与随后创业意向［J］. 管理学报，2013，10（8）.

［126］于晓宇，李雅洁，陶向明. 创业拼凑研究综述与未来展望［J］. 管理学报，2017，14（2）.

［127］于晓宇，陶向明，李雅洁. 见微知著？失败学习、机会识别与新产品开发绩效［J］. 管理工程学报，2019，33（1）.

［128］于晓宇. 创业失败研究评价与未来展望［J］. 外国经济与管理，2011，33（9）.

［129］查成伟，陈万明，唐朝永，等. 智力资本、失败学习与低成本创新间关系的实证研究［J］. 技术经济，2015（2）.

［130］查成伟，陈万明，唐朝永. 高质量关系、失败学习与企业创新绩效［J］. 管理评论，2016，28（2）.

［131］曾鸣，等. 龙行天下：中国制造未来十年新格局［M］. 北京：机械工业出版社，2008.

［132］张崇杰. "一带一路"背景下中国制造业转型升级路径研究［D］. 西安：

西北大学，2020.

［133］张红，葛宝山. 创业机会识别研究现状述评及整合模型构建［J］. 外国经济与管理，2014，36（4）.

［134］张敏，张一力. 风险偏好还是网络偏好？网络环境下跨代企业家双元创新实施路径探究［J］. 科学学与科学技术管理，2016，37（3）.

［135］张启尧，孙习祥，才凌惠. 外部线索对消费者绿色品牌购买意愿影响研究［J］. 商业经济与管理，2016（11）.

［136］张秀娥，祁伟宏，李泽卉. 创业者经验对创业机会识别的影响机制研究［J］. 科学学研究，2017，35（3）.

［137］张燚，张锐. 基于干扰理论的企业衰败机理研究［J］. 河北经贸大学学报，2005（2）.

［138］张玉利，郝喜玲，杨俊，等. 创业过程中高成本事件失败学习的内在机制研究［J］. 管理学报，2015，12（7）.

［139］赵健宇，廖文琦，裘希. 创业导向与探索式创新的关系：一个双中介效应模型［J］. 管理科学，2019，32（2）.

［140］赵爽. 沈阳市上市装备制造业企业转型升级战略的多案例研究［D］. 沈阳：东北大学，2017.

［141］赵文红，孙万清，王文琼，等. 创业失败学习研究综述［J］. 研究与发展管理，2014，26（5）.

［142］赵兴庐，刘衡，张建琦. 冗余如何转化为公司创业——资源拼凑和机会识别的双元式中介路径研究［J］. 外国经济与管理，2017，39（6）.

［143］赵兴庐，张建琦，刘衡. 能力建构视角下资源拼凑对新创企业绩效的影响过程研究［J］. 管理学报，2016，13（10）.

［144］郑荣成，齐玉广. 企业衰败原因及其对策［J］. 中国经贸，2003（11）.

［145］中国经济时报制造业调查组. 中国制造业大调查：迈向中高端［M］. 北京：中信出版集团，2016.

［146］周飞，林春培，孙锐. 道德领导与组织管理创新关系研究：非正式知识共享的中介作用［J］. 管理评论，2015，27（5）.

［147］周景安，李荣杰. 遵化市通过嫁接改造使微利亏损企业复苏［J］. 乡镇企业科技，1995（4）.

［148］周宪，黄晨阳. 组织忘却学习的研究述评［J］. 学术研究，2013（6）.

［149］周星亮. 如何为中小企业复苏创造空间［J］. 人民论坛，2009（22）.

［150］周玉晶. 我国制造业上市公司财务危机预警研究［D］. 西安：西北大学，2015.

［151］朱雪春，陈万明. 知识治理、失败学习与低成本利用式创新和低成本探索式创新［J］. 科学学与科学技术管理，2014，35（9）.

［152］朱瑜，王雁飞，蓝海林. 智力资本理论研究新进展［J］. 外国经济与管理，2007，29（9）.

［153］祝振铎. 创业导向、创业拼凑与新企业绩效：一个调节效应模型的实证研究［J］. 管理评论，2015，27（11）.

［154］左莉，周建林. 认知柔性、创业拼凑与新企业绩效的关系研究——基于环境动态性的调节作用［J］. 预测，2017，36（2）.

［155］Arogyaswamy K, Barker V L, et al. Firm Turnarounds: An Integrative Two-Stage Model［J］. Journal of Management Studies, 1995, 32(4).

［156］Aldrich H E, Fiol C M. Fools Rush in? The Institutional Context of Industry Creation［J］. Academy of Magagement Review, 1994, 19 (4).

［157］Altman E. Financial Ratio, Discriminant Analysis and the Prediction of Corporate Bankrupt［J］. Journal of Financial, 1958, 23(24).

［158］Amabile T M, et al. Leader Behaviors and the Work Envimnment for Creativity: Perceived Leader Support［J］. The Leadership Quarterly, 2004, 15(1).

［159］Amabile T M. A Model of Creativity and Innovation in Organizations［J］. Research in Organizational Behavior, 1988, 10(1).

［160］Argyris C, Schon D A. Organizational learning: A Theory of Action Perspective［M］. Reading, MA: Addison-Wesley, 1978.

［161］Argyris C. Reasoning, Learning, and Action: Individual and Organizational［M］. San Francisco: Jossey-Bass, 1982.

［162］Arogyaswamy K, Barker V L, Yasai-Ardekani M. Firm Turnarounds: an Integrative Two-Stage Model［J］. Journal of Management Studies, 1995, 32(4).

［163］Baker T, Nelson R E. Creating Something from Nothing Resource Construction Through Entrepreneurial Bricolage［J］. Administrative Science Quarterly, 2005, 50(3).

［164］Baldridge J V, Burnham R A. Organizational Innovation: Individual, Organizational and Environmental Impacts［J］. Administrative Science Quarterly, 1975, 20(2).

［165］Bandura A. Self efficacy: The Exercise of Control［M］. New York, NY:

Freeman, 1997.

［166］Barker V L, Mone M A. Retrenchment: Cause of Turnaround or Consequence of Decline [J]. Strategic Management Journal, 1994, 15(5).

［167］Basak S Shapiro A. Value-At-Risk-Based Risk Management: Optimal Policies and Asset Prices [J]. The Review of Financial Studies, 2001, 14(2).

［168］Baucus F D A. Organizational Adaptation to Performance Downturns: An Interpretation-Based Perspective [J]. The Academy of Management Review, 1987, 12(2).

［169］Baum J, Dahlin K B. Aspiration Performance and Railroads' Patterns of Learning from Train Wrecks and Crashes [J]. Organization Science, 2007, 18(3).

［170］Baum J A C, Ingram P. Survival-Enhancing Learning in the Manhattan Hotel Industry [J]. Management Science, 1998, 44(7).

［171］Baumard P, Starbuck W H. Learning from Failures: Why it May not Happen [J]. Long Range Planning, 2005, 38(3).

［172］Beeker S W, Whisler T L.The Innovative Orgazation: A Selective View of Current Theory and Researeh [J]. The Joumal of Business, 1967, 40(3).

［173］Boeker W. Strategic Change: The Influence of Managerial Characteristics and Organizational Growth [J]. Academy of Management Journal, 1997, 40(1).

［174］Bolton M K. Organizational Innovation and Substandard Performance: When is Necessity the Mother of Innovation? [J]. Organization Science, 1993, 4(1).

［175］Burgers W P, Hill C W L, Kim W C. A Theory of Global Strategic Alliances: The Case of the Global Auto Industry [J]. Strategic Management Journal, 1993, 14(6).

［176］Cameron K S, Whetten D A, Kim M U. Organisational Dysfunctions of Decline [J]. Academy of Management Journal, 1987, 30(1).

［177］Cameron K S, Kim M U, Whetten D A.Organizational Effects of Decline and Turbulence [J]. Administrative Science Quarterly, 1987, 32(2).

［178］Cameron K S. Strategic Responses to Conditions of Decline: Higher Education and the Private Sector [J]. Journal of Higher Education, 1983, 54(4).

［179］Cannon M D, Edmondson A C. Failing to Learn and Learning to Fail (Intelligently): How Great Organizations Put Failure to Work to Improve and Innovate [J]. Long Range Planning, 2005, 38(3).

［180］Cannon M D, Edmondson A C. Confronting Failure: Antecedents and Consequences of Shared Beliefs about Failure in Organizational Work Groups [J].

Journal of Organizational Behavior, 2010, 22(2).

［181］Carmeli A, Tishler A, Edmondson A C. CEO Relational Leadership and Strategic Decision Quality in Top Management Teams: The Role of Team Trust and Learning from Failure [J]. Strategic Organization, 2012, 10(1).

［182］Carmeli A, Sheaffer Z. How Leadership Characteristcs Affect Organizational Decline and Downsizing [J]. Journal of Business Ethics, 2009, 86(3).

［183］Carmeli A, Schaubreock J. Top Management Team Behavioral Integration, Decision Quality and Organizational Decline [J]. The Leadership Quarterly, 2006, 17(5).

［184］Carmeli A, Sheaffer Z. How Learning Leadership and Organizational Learning from Failures Enhance Perceived Organizational Capacity to Adapt to the Task Environment [J]. The Journal of Applied Behavioral Science, 2008, 44(4).

［185］Carmeli A, Sheffer Z. How Leadership Characteristics Affect Organizational Decline and Downsizing [J]. Journal of Ness Ethics, 2009, 86(3).

［186］Carmeli A, Schaubroeck J. Organizational Crisis-Preparedness: The Importance of Learning from Failures [J]. Long Range Planning, 2008, 41(2).

［187］Celuch K, Murphy G B, Callaway S K. More Bang for your Buck: Small Firms and the Importance of Aligned Information Technology Capabilities and Strategic Flexibility [J]. Journal of High Technology Management Research, 2007, 17(2).

［188］Chattopadhyay P, Glick W, Huber, G. Organizational Action in Response to Threats and Opportunities [J]. Academy of Management Journal, 2001, 44(5).

［189］Chen G, Hambrick DC. CEO Replacement in Turnaround Situations: Executive (Mis) Fit and its Performance Implications [J]. Organization Science, 2012, 23(1).

［190］Chowdhury S D. Turnarounds: A Stage Theory Perspective [J]. Canadian Journal of Adminitrative Sciences, 2002, 19(3).

［191］Ciborra C U. The Platform Organization: Recombining Strategies, Structures, and Surprises [J]. Organization Science, 1996, 7(2).

［192］Cohen A. Comparing Regression Coefficients Across Subsamples: A Study of the Statistical Test [J]. Sociological Methods & Research, 1983, 12(1).

［193］Collis D, Montgomery C. Competing on Resources [J]. Harvard Business Review, 1995, 73(4).

［194］Cusin J. Disillusionment from Failure as a Source of Successful Learning

[J]. Canadian Journal of Administrative Sciences, 2012, 29(2).

[195] Cyert R M, March J G. A Behavioral Theory of the Finn [J]. Journal of Marketing Research, 1964, 1(1).

[196] D'Aunno T. The Responses of Drug Abuse Treatment Organizations to Financial Adversity: A Partial Test of the Threat-Rigidity Thesis [J]. Journal of Management, 1992, 18(1).

[197] Daft R L. A Dual-Core Model of Organizational Innovation [J]. Academy of Management Journal, 1978, 21(2).

[198] Daily C M, Dalton D R. CEO and Director Turnover in Failing Firms: An Illusion of Change [J]. Strategic Management Journal, 1995, 16(5).

[199] Damanpour F, Szabat K A, Evan W M. The Relationship Between Types of Innovation and Organizational Performance [J]. Journal of Management Studies, 1989, 26(6).

[200] Damanpour F. Organizational Complexity and Innovation: Developing and Testing Multiple Contingency Models [J]. Management Science, 1996, 42(5).

[201] Damanpour F. Organizational Innovation: A Meta-Analysis of Effects of Det [J]. Academy of Mangment Journal, 1991, 34(3).

[202] D'Aveni R A. The Aftermath of Organizational Decline: A Long Itudinal Study of the Strategic and Managerial Characteristics of Declining Firms [J]. Academy of Management Journal, 1989, 32(3).

[203] Davenport T H, Harris J G, De Long D W, et al. Data to Knowledge to Results: Building Analytical Capability [J]. California Management Review, 2001, 43(2).

[204] Dess G G, Beard D W. Dimensions of Organization Task Environment [J]. Administrative Science Quarterly, 1984, 29(1).

[205] Desai V M. Constrained Growth: How Experience, Legitimacy, and Age Influence Risk Taking in Organizations [J]. Organization Science, 2008, 19(4).

[206] Dorado S. Social Bricolage: Organizational Dynamics in the Shaping of New Organizational Forms [C]. Proceeding of the American Sociological Association Conference, San Fransisco, California, 2003.

[207] Edmondson A C. The Competitive Imperative of Learning [J]. HBS Centennial Issue. Harvard Business Review, 2008, 86(7/8).

[208] Edmondson A C. Learning from Mistakes is Easier than Done: Group and

Organixational Influences on the Detection of Human error [J]. Journal of Applied Behavioral Science, 1996, 32(1).

[209] Ferneley E, Bell F. Using Bricolage to Integrate Business and Information Technology Innovation in SMEs [J]. Technovation, 2006, 26(2).

[210] Fitzpatrick P J. A Comparison of Ratios of Successful Industrial Enterprises with those of Failed Firms [J]. Certified Public Accountants, 1932, 112(2).

[211] Fredland E J, Morris C E. A Cross Section Analysis of Small Business Failure [J]. American Journal of Small Business, 1976, 32(1).

[212] Freeman S J, Cameron K S. Organizational Downsizing: A Convergence and Reorientation Frainework [J]. Organization Science, 1993, 4(1).

[213] Fuglsang L. Bricolage and Invisible Inovation in Public Service Innovation [J]. Journal of Innovation Economics, 2010, 1(5).

[214] Fuglsang L, S¢rensen F. The Balance Between Bricolage and Innovation: Management Dilemmas in Sustainable Public Innovation [J]. Service Industries Journal, 2010, 31(4).

[215] Garud R, Karnøe P. Bricolage Versus Breakthrough: Distributed and Embedded Agency in Technology Entrepreneurship [J]. Research Policy, 2003, 32(2).

[216] Garvin D A, Edmondson A C, Gino F. Is yours a Learning Organization [J]. Harvard Business Review, 2007, 21(4).

[217] Gilbert C G. Unbundling the Structure of Inertia: Resource Versus Routine Rigidity [J]. Academy of Management Journal, 2005, 48(5).

[218] Grant A M, Sumanth J J. Mission Possible? The Performance of Prosocially Motivated Employees Depends on Manager Trustworthiness [J]. Journal of Applied Psychology, 2009, 94(4).

[219] Grant A M, Berry J W. The Necessity of Others is the Mother of Invention: Intrinsic and Prosocial Motivations, Perspective Taking, and Creativity [J]. The Academy of Management Journal, 2011, 54(1).

[220] Grinyer P H, Mayes D, McKiernan, R. The Sharp-Benders: Achieving a Sustained Improvement in Performance [J]. Long Range Planning, 1990, 23(1).

[221] Grinyer P, McKieman P. Generating Major Change in Dtagnating Companies [J]. Strategic Management Journal, 1990, 11(4).

[222] Guo H, Tang J T, Su Z F, et al. Opportunity Recognition and SME Performance:

The Mediating Effect of Business Model Innovation [J]. R&D Management, 2017, 47(3).

[223] Hackman J, Wageman R.Total Quality Management: Empirical, Conceptual, and Practical Issues [J]. Administrative Science Quarterly, 1995, 40(2).

[224] Halme M, Lindeman S, Linna P. Innovation for Inclusive Business: Intrapreneurial Bricolage in Multinational Corporations [J]. Journal of Management Studies, 2012, 49(4).

[225] Hartley R F. Management Mistakes and Successes(4th Ed) [M]. NewYork: John Wiley&Sons, Inc.1994.

[226] Haunschild P R, Sullivan B. Learning from Complexity: Effects of Accident/Incident Heterogeneity on Airline Learning [J]. Administrative Science Quarterly, 2002, 47(4).

[227] Helfat C, Peteraf M. The Dynamic Resourcebased View: Capability lifecycles [J]. Strategic Management Journal, 2003, 24(10).

[228] Hill N T, Perry S E, Andes S. Evaluating Firms in Financial Distress: An Event History Analysis [J]. Journal of Applied Business Research, 1996, 23(8).

[229] Hora M, Klassen R D. Learning from Others' Misfortune: Factors Influencing Knowledge Acquisition to Reduce Operational risk [J]. Journal of Operations Management, 2013, 31(1).

[230] Julienne S, Ted B, Steffens P, et al. Bricolage as a Path to Innovativeness for Resource-Constrained New Firm [J]. Journal of Product Innovation Management, 2013, 31(2).

[231] Kahneman D, Tversky A. Prospect Theory: An Analysis of Decision under Risk [J]. Econometrica, 1979, 47(2).

[232] Kim J Y J, Miner A S. Vicarious learning from the Failures and Near-Failures of Others: Evidence from the US Commercial Banking Industry [J]. Academy of Management Journal, 2007, 50(3).

[233] Kimberly J R, Evanisko M J. Organizational Innovation: The Influence of Individual, Organizational, and Contextual Factors on Hospital Sdoption of Technological and Administrative Innovations [J]. Academy of Management Journal, 1981, 24(4).

[234] Kirton M A. Daptors and Innovators: A Description and Measure [J]. Journal of Applied Psychology, 1976, 61(5).

[235] Kolari J, Caputo M, Wagner D. Trait Recognition: An Alternative Approach to Early Warning Systems in Commercial Banking [J]. Journal of Business Finance& Accounting, 1996, 14(23).

[236] Kolb D A. Experiential learning: Experience as the Source of Learning and Development [M]. New Jersey: Prentice-Hall, 1984.

[237] Latham S F, Braun M. Management Risk, Innovation, and Organizational Decline [J]. Journal of Management, 2009, 35(2).

[238] Lawrence P, Lorsch J. Differentiation and Integration in Complex Organizations [J]. Administrative Science Quarterly, 1967, 12 (1).

[239] Lee M K, Witteloostuijn A V. Human and Social Capital and Organizational Dssolution [J]. Academy of Management Journal, 1998, 41(4).

[240] Lévi-Strauss. The Savage Mind [M]. Chicago: University of Chicago Press, 1968.

[241] Li H, Atuahene-Gima K, Zhang Y. How does New Venture Strategy Matter in the Environment-Performance Relationship [J]. Journal of High Technology Management Research, 2001, 12(2).

[242] Lumpkin G T, Lichtenstein B B. The Role of Organizational Learning in the Opportunity Recognition Process [J]. Entrepreneurship Theory and Practice, 2005, 29(4).

[243] Madsen P M, Desai V M. Failing to learn? The Effects of Failure and Success on Organizational Learning in the Global Orbital Launch Vehicle Industry [J]. Academy of Management Journal, 2010, 53(3).

[244] March J G. Exploration and Exploitation in Organizational Learning [J]. Organization Science, 1991, 2(1).

[245] Martin D. Early Warning of Bank Failure: A Logistic Regression Approach [J]. Journal of Bank and Finance, 1977, 7(21).

[246] McGrath R G. Falling Forward: Real Options Reasoning and Entrepreneurial Failure [J]. Academy of Management Review, 1999, 24(1).

[247] McKinley W L S, Braun M. Organizational Decline and Innovation: Turnarounds and Downward Spirals [J]. Academy of Management Review, 2014, 39(1).

[248] McKinley W. Organizational Decline and Adaptation: Theoretical Controversies [J]. Organization Science, 1993, 4(1).

[249] Meschi P X, Métais, Emmanuel. Too Big to Learn: The Effects of Major

Acquisition Failures on Subsequent Acquisition Divestment [J]. British Journal of Management, 2015, 26(3).

[250] Menges J, Walter F H, Vogel B, et al. Transformational Leadership Climate: Performance Linkages, Mechanisms, and Boundary Conditions at the Organizational Level [J]. The Leadership Quarterly, 2011, 22(5).

[251] Meyer A. Adapting to Environmental Jolts [J]. Administrative Science Quarterly, 1982, 27(4)

[252] Miles R H, Cameron K S. Coffin Nails and Corporate Strategies [M]. Englewood Cliffs, NJ: Prentice-Hall, 1982.

[253] Miller K D, Chen W R. Variable Organizational Risk Preferences: Tests of the March Shapira model [J]. Academy of Management Journal, 2004, 47(1).

[254] Mohr L B. Determinants of Innovation in Organization [J]. Ameriean Political Seience Review, 1969, 63(1).

[255] Mone M A, Mckinley W, Barker V L. Organizational Decline and Innovation: A Contingency Framework [J]. Academy of Management Review, 1998, 23(1).

[256] Morris M W, Moore P C. The Lessons We (don't) Learn: Counterfactual Thinking and Organizational Accountability after a Close Call [J]. Administrative Science Quarterly, 2000, 45(4).

[257] Morrow J L, Sirmon D G, Hitt M A, et al. Creating Value in the Face of Declining Performance: Firm Strategies and Organizational Recovery [J]. Strategic Management Journal, 2007, 28(3).

[258] Musteen M, Liang X, Barker V L. Personality, Perceptions and Retrenchment in Response to Decline: Evidence from a Decision-Making Study [J]. Leadership Quarterly, 2011, 22(5).

[259] Nahapiet J, Ghoshal S. Social Capital, Intellectual Capital and the Creation of Value in Firms [J]. Academy of Management Best Paper Proceedings, 1997, 23(2).

[260] Ohlson J A. Financial Ratios and the Probabilistic Rediction of Bankruptcy [J]. Journal of Accounting Research 1980, 17(19).

[261] Oliver C. Strategic Responses to Institutional Processes [J]. Academy of Management Review, 1991, 16(1).

[262] Panicker S, Manimala M J. Successful Turnarounds: The Role of Appropriate Entrepreneurial Strategies [J]. Journal of Strategy and Management, 2015, 8(1).

[263] Park N K, Mezias J M. Before and After the Technology Sector Crash: The Effect of Environmental Munificence on Stock Market Response to Alliances of E-Commerce Firms [J]. Strategic Management Journal, 2005, 26(1).

[264] Pearce J A, Robbins K D. Toward Improved Theory and Research on Business Turnaround [J]. Journal of Management, 1993, 19(3).

[265] Penrose, Edith T. The Theory of the Growth of the Firm [M]. Oxford: Basil Blackwell Publisher, 1959.

[266] Politis D, Gabrielsson J. Entrepreneurs.Attitudes Towards Failure: An Experiential Learning Approach [J]. International Journal of Entrepreneurial Behaviour and Research, 2009, 5(4).

[267] Rayner S, Riding R. Towards a Categorization of Cognitive Styles and Learning Styles [J]. Educational Psychology, 1997, 17(1).

[268] Robbins K T, Pearce A J. Turnaround: Retrenchment and Recovery [J]. Strategic Management Journal, 1992, 13(4).

[269] Ross J, Staw B M. Expo 86: An Escalation Prototype [J]. Adminitrative Science Quarterly, 1986, 31(2).

[270] Ruef M, Aldrich H E, Carter N M. The Structure of Founding Teams: Homophily, Strong Ties, and Isolation Among US Entrepreneurs [J]. American Sociological Review, 2003, 68(2).

[271] Salunke S, Weerawardena J, McColl-Kennedy J R. Competing Through Service Innovation: The Role of Bricolage and Entrepreneurship in Project-Oriented Firms [J]. Journal of Business Research, 2013, 66(8).

[272] Sanchez R. Preparing for an Uncertain Future [J]. International Studies of Management & Organization, 1997, 27(2).

[273] Schmitt A, Raisch S. Corporate Turnarounds: The Dulity of Retrenchment and Recovery [J]. Journal of Management Studies, 2013, 50(7).

[274] Senyard J, Baker T, Steffens P, et al. Bricolage as a Path to Innovativeness for Resource Constrained New Firms [J]. Journal of Product Innovation Management, 2014, 31(2).

[275] Senyard J M, Baker T, Davidsson P. Entrepreneurial Bricolage: Towards Systematic Empirical Testing [J]. Frontiers of Entrepreneurship Research, 2009, 29(5).

[276] Shepherd D A, Douglas E J, Shanley M. New Venture Survival: Ignorance,

External Shocks, and Risk Reduction Strategies [J]. Journal of BusinessVenturing, 2000, 15(5/6).

［277］ Shepherd D A, Jeffrey G C, Donald F K. Project Failure from Corporate Entrepreneurship: Managing the Grief Process [J]. Journal of Business Venturing, 2009, 24(6).

［278］ Shimizu K. Prospect Theory, Behavioral Theory, and the Threat-Rigidity Thesis: Combinative Effects on Organizational Decisions to Divest Formerly Acquired Units [J]. Academy of Management Journal, 2007, 50(6).

［279］ Singh J V, Tucker D J, House R J. Organizational Legitimacy and the Liability of Newness [J]. Administrative Science Quarterly, 1986, 31(2).

［280］ Sitkin S B. Learning Through Failure: The Strategy of Small Losses [J]. Research in Organizational Behavior, 1992, (14).

［281］ Smith E, Baker T. The Life of Fibers: Textile Competition Through Human Capital Bricoalge [J]. Frontiers of Entrepreneurship Research, 2009, 30(12).

［282］ Staw B M, Sandelands L E, Dutton J E. Threat-Rigidity Effects in Organizational Behavior: A Multilevel Analysis [J]. Administrative Science Quarterly, 1981, 26(4).

［283］ Stengel J R, Dixon A L, Allen C T. Listening Begins at Home [J]. Harvard Business Review, 2003, 81(11).

［284］ Suchman M C. Managing Legitimacy: Strategic and Institutional Approaches [J]. Academy of Management Review, 1995, 20 (3).

［285］ Symon G. Exploring Resistance from a Rhetorical Perspective [J]. Organization Studies, 2005, 26(11)

［286］ Taylor A B, Mackinnon D P, Tein J Y. Tests of the Three-Path Mediated Effect [J]. Organizational Research Methods, 2008, 11(2).

［287］ Thompson J D. Organizations in Action [M]. New York: Mc Graw-Hill, 1967.

［288］ Tidd J, Bessant J, Pavitt K. Managing Innovation: Integrating Technological, Market and Organizational Change [M]. West Sussex, England: John Wiley&Sons, 2005.

［289］ Timmons J A. New Venture Creation: Entrepreneurship for the 21st Century(5ed) [M]. Singapore: McGraw Hill, 1999.

［290］ Trahms C A, Ndofor H A, Sirmon DG. Organizational Decline and

Turnaround: A Review and Agenda for Future Research [J]. Journal of Management, 2013, 39(5).

[291] Tucker A L, Edmondson A C, Spear S. When Problem Solving Prevents Organizational Learning [J]. Journal of Organizational Change Management, 2002, 15(2).

[292] Tucker A, Edmondson A C. Why Hospitals Don't Learn from Failures: Organizational and Psychological Dynamics that Inhibit System Change [J]. California Management Review, 2003, 45(2).

[293] Tushman M L, Anderson P. Technological Discontinuities and Organizational Environments [J]. Administrative Science Quarterly, 1986, 31(3).

[294] Tversky A, Kahneman D. The Framing of Decisions and the Psychology of Choice [J]. Science, 1981, 211(30).

[295] VandeVen A H. Central Problems in the Management of Innovation [J]. Management Science, 1986, 32(5).

[296] Victor J G M, Francisco J L M, Antonio J V J. Antecedents and Consequences of Organizational Innovation and Organizational Learning in Entrepreneurship [J]. Industrial Management and Data Systems, 2006, 106(1).

[297] Weick K E, Sutcliffe K M. Managing the Unexpected [M]. San Francisco, Jossey-Bass, 2001.

[298] Weiner B. An Attributional Theory of Achievement Motivation and Emotion [J]. Psychological Review, 1985, 9(2).

[299] Whetten D A. Organizational Decline: A Neglected Topic in Organizational Science1 [J]. Academy of Management Review, 1980, 5(4).

[300] William H. Beaver, Financial Ratios as Predictors of failure [J]. The Accounting Review, 1966, 27(1)

[301] William R K, Peter V, Marks J. Motivating Knowledge Sharing Through a Knowledge Management System [J]. Omega, 2008, 36(1).

[302] Wiseman R, Gomez-Mejia L. A Behavioral Agency Model of Managerial Risk Taking [J]. Academy of Management Review, 1998, 23(1).

[303] Wiseman R M, Bromiley P. Toward a Model of Risk in Declining Organizations: An Empirical Examination of Risk, Performance and Decline [J]. Organization Science, 1996, 7(5).

[304] Witteloostuijn A V. Bridging Behavioral and Economic Theories of Decline:

Organizational Inertia, Strategic Competition, and Chronic Failure [J]. Management Science, 1998, 44(4).

［305］ Zacharakis A L, Meyer G, DeCastro J. Differing Perceptions of New Venture Failure: A Matched Exploratory Study of Venture Capitalists and Entrepreneurs [J]. Journal of Small Business Management, 1999, 37(3).

［306］ Zajac E J, Kraatz M S, Bresser, R K F. Modeling the Dynamics of Strategic Fit: A Normative Approach to Strategic Change [J]. Strategic Management Journal, 2000, 21(4).

［307］ Zhang J. The Advantage of Experienced Start-Up Founders in Venture Capital Acquisition: Evidence from Serial Entrepreneurs [J]. Small Business Economics, 2011, 36(2).

［308］ Zimmerman M A, Zeitz G J. Beyond Survival: Achieving New Venture Growth by Building Legitimacy [J]. Academy of Management Review, 2002, 7(3).

［309］ Zmijewski M E. Method logical Issues Related to the Estimation of Financial Distress Prediction Mode [J]. Journal of Accounting Research, 1984, 18(22).

附　录

"企业衰落与组织创新：管理者风险规避与制度化组织使命的作用"调查问卷表

尊敬的＿＿＿＿＿＿＿＿女士/先生

您好！

非常感谢您抽出宝贵时间填写该问卷。本调查旨在了解企业衰落驱动组织创新的影响机制。为了确保问卷调研所获数据的准确性、客观性和有效性，请贵企业的员工或部分中层管理人员填写。问卷以匿名调查的方式进行，问卷调查结果仅用于科学研究，我们承诺严格保密，绝不会应用于商业用途。

最后，再次感谢您的合作！祝您的企业蒸蒸日上！祝愿您工作顺利！

第一部分　个人及企业基本信息

填写说明：请您如实填写本人及所在企业的基本信息，在相应的选项前打"√"。

1. 性别：□男　□女

2. 年龄：□25岁以下　□25～30岁　□30～40岁　□40岁以上

3. 学历：□大专以下　□大专　□本科　□硕士研究生　□博士研究生

4. 您在企业的服务年限：□5年及以下　□5～10年　□10～20年　□20年以上

5. 您从事的具体工作（职责）：□生产经营　□金融会计　□人力资源

□市场开发 □技术开发 □其他
6.您的职位：□一般员工 □基层管理者 □中层管理者 □高级管理者
7.所在企业的规模：□100人以下 □101～500人 □500人以上
8.所在企业的年龄：□3～5年 □6～10年 □11～20年 □20年以上

第二部分　企业衰落

填写说明：以下是关于企业衰落的测度，请根据您自己的体会，在表格内每个项目相应的数字上打"√"，表达您的认同程度（1代表"非常不认同"；2代表"不认同"；3代表"不确定"；4代表"认同"；5代表"非常认同"）。

附表1　企业衰落的测度

测度项目	认同程度				
企业应对环境变化的反应能力弱	1	2	3	4	5
企业应对环境变化的反应不及时	1	2	3	4	5
企业在一定程度上缺乏构建竞争力的基础	1	2	3	4	5
企业的行为被认为是不合法的	1	2	3	4	5
企业预测或判断威胁其生存环境变化的能力不足	1	2	3	4	5

第三部分　管理者风险规避

填写说明：以下是关于管理者风险规避的测度，请根据您自己的体会，在表格内每个项目相应的数字上打"√"，表达您的认同程度（1代表"非常不认同"；2代表"不认同"；3代表"不确定"；4代表"认同"；5代表"非常认同"）。

附表2　管理者风险规避的测度

测度项目	认同程度				
企业管理者往往会维持组织现状	1	2	3	4	5
企业管理者会寻求共识而非试图提出破坏现状的方案	1	2	3	4	5
企业管理者倾向于改变现状，尝试组织变革	1	2	3	4	5

第四部分 组织创新

填写说明：以下是关于组织创新的测度，请根据您自己的体会，在表格内每个项目相应的数字上打"√"，表达您的认同程度（1代表"非常不认同"；2代表"不认同"；3代表"不确定"；4代表"认同"；5代表"非常认同"）。

附表3 组织创新的测度

测度项目	认同程度				
通过改善工作流程或方法提高工作效率	1	2	3	4	5
通过采用新的薪酬制度更好地激励员工	1	2	3	4	5
对企业未来发展具有独到见解	1	2	3	4	5
及时根据环境变化制订应急方案	1	2	3	4	5
引进优化工作流程的新技术	1	2	3	4	5
开发市场需要的新产品	1	2	3	4	5
及时更新并整合企业的知识资源	1	2	3	4	5

第五部分 制度化组织使命

填写说明：以下是关于制度化组织使命的测度，请根据您自己的体会，在表格内每个项目相应的数字上打"√"，表达您的认同程度（1代表"非常不认同"；2代表"不认同"；3代表"不确定"；4代表"认同"；5代表"非常认同"）。

附表4 制度化组织使命的测度

测度项目	认同程度				
组织使命长期不随环境而改变	1	2	3	4	5
组织使命随环境变化不及时	1	2	3	4	5
组织使命长期指导企业战略选择	1	2	3	4	5
组织使命保证了企业经营的合法性	1	2	3	4	5

"企业衰落与组织创新的关系：失败学习与组织惯例更新的影响"调查问卷表

尊敬的_____女士/先生

您好！

非常感谢您抽出宝贵时间填写该问卷。本调查旨在了解企业衰落驱动组织创新的影响机制。为了确保问卷调研的所获数据的准确性、客观性和有效性，请贵企业的员工或部分中层管理人员填写。问卷以匿名调查的方式进行，问卷调查结果仅用于科学研究，我们承诺严格保密，绝不会应用于商业用途。

最后，再次感谢您的合作！祝您的企业蒸蒸日上！祝愿您工作顺利！

第一部分　个人及企业基本信息

填写说明：请您如实填写本人及所在企业的基本信息，在相应的选项前打"√"。

1. 性别：□男　□女

2. 年龄：□25岁以下　□25～30岁　□30～40岁　□40岁以上

3. 学历：□大专以下　□大专　□本科　□硕士研究生　□博士研究生

4. 您在企业的服务年限：□5年及以下　□5～10年　□10～20年　□20年以上

5. 您从事的具体工作（职责）：□生产经营　□金融会计　□人力资源　□市场开发　□技术开发　□其他

6. 您的职位：□一般员工　□基层管理者　□中层管理者　□高级管理者

7. 所在企业的规模（销售）：□100人以下　□100～499人　□500人及以上

8. 所在行业周期：□成熟阶段　□衰退阶段　□快速发展阶段

9. 所在行业分布：□煤炭企业　□化工企业　□机械制造企业　□电子通信企业　□其他

第二部分　企业衰落

填写说明：以下是关于企业衰落的测度，请根据您自己的体会，在表格内每个项目相应的数字上打"√"，表达您的认同程度（1代表"非常不认同"；2代表"不认同"；3代表"不确定"；4代表"认同"；5代表"非常认同"）。

附表5　企业衰落的测度 II

测度项目	认同程度				
企业应对环境变化的反应能力弱	1	2	3	4	5
企业应对环境变化的反应不及时	1	2	3	4	5
企业在一定程度上缺乏构建竞争力的基础	1	2	3	4	5
企业的行为被认为是不合法的	1	2	3	4	5
企业预测或判断威胁其生存环境变化的能力不足	1	2	3	4	5

第三部分　失败学习

填写说明：以下是关于失败学习的测度，请根据您自己的体会，在表格内每个项目相应的数字上打"√"，表达您的认同程度（1代表"非常不认同"；2代表"不认同"；3代表"不确定"；4代表"认同"；5代表"非常认同"）。

附表6　失败学习的测度 I

测度项目	认同程度				
当提出一个为完成任务缺乏所需资源的问题时，我们的员工可以提供及时的解决方案，但也会通知事关这个问题的相关管理部门	1	2	3	4	5
当一个员工犯错误时，他的同事会告诉他，不是为了有意责备他，而是为了能从中学习	1	2	3	4	5
当一个员工犯错误时，他们会通知相关经理鼓励其他人从中学习	1	2	3	4	5
企业鼓励提出"我们为什么这样做"的问题	1	2	3	4	5
企业鼓励员工提出这样的问题："是否有更好的方式提供产品或服务"	1	2	3	4	5
公司会提醒员工停下手中的事情，反思当前工作流程	1	2	3	4	5
公司提醒员工在讨论中考虑得出结论的前提或假设	1	2	3	4	5

第四部分　组织创新

填写说明：以下是关于组织创新的测度，请根据您自己的体会，在表格内每个项目相应的数字上打"√"，表达您的认同程度（1代表"非常不认同"；2代表"不认同"；3代表"不确定"；4代表"认同"；5代表"非常认同"）。

附表7　组织创新的测度 II

测度项目	认同程度				
通过积极采取新的措施提升企业绩效	1	2	3	4	5
通过改善工作流程或方法提高工作效率	1	2	3	4	5
采用新的薪酬制度更好地激励员工	1	2	3	4	5
对企业未来发展具有独到见解	1	2	3	4	5
及时根据环境变化制订应急方案	1	2	3	4	5
根据实际情况及时调整部门和员工目标	1	2	3	4	5
根据客户需求更新服务的内容和形式	1	2	3	4	5
引进新的技术和设备以提高产出效率	1	2	3	4	5
引进优化工作流程的新技术	1	2	3	4	5
开发市场需要的新产品	1	2	3	4	5
及时更新并整合企业的知识资源	1	2	3	4	5

第五部分　组织惯例更新

填写说明：以下是关于组织惯例更新的测度，请根据您自己的体会，在表格内每个项目相应的数字上打"√"，表达您的认同程度（1代表"非常不认同"；2代表"不认同"；3代表"不确定"；4代表"认同"；5代表"非常认同"）。

附表8　组织惯例更新的测度

测度项目	认同程度				
企业员工提出改善组织规范的建议能很快被采纳	1	2	3	4	5
企业鼓励员工参与修订组织规范	1	2	3	4	5
企业会定期考察和评估已有规范的作用	1	2	3	4	5
员工能够很快接受并运用新的组织规范	1	2	3	4	5
企业会进行定期评估新规范的实施效果	1	2	3	4	5
企业主动进行规范变革以迎接内外新的挑战	1	2	3	4	5

"企业衰落、失败学习和战略柔性对组织创新的影响：被中介的调节模型"调查问卷表

尊敬的_____女士/先生

您好！

非常感谢您抽出宝贵时间填写该问卷。本调查旨在了解企业衰落、失败学习和战略柔性对组织创新的影响机制。为了确保问卷调研的所获数据的准确性、客观性和有效性，请贵企业的员工或部分中层管理人员填写。问卷以匿名调查的方式进行，问卷调查结果仅用于科学研究，我们承诺严格保密，绝不会应用于商业用途。

最后，再次感谢您的合作！祝您的企业蒸蒸日上！祝愿您工作顺利！

第一部分　个人及企业基本信息

填写说明：请您如实填写本人及所在企业的基本信息，在相应的选项前打"√"。

1. 性别：□男　□女

2. 年龄：□30岁以下　□31～40岁　□41～50岁　□50岁以上

3. 学历：□大专以下　□大专　□本科　□研究生

4. 您在企业的服务年限：□5年及以下　□5～10年　□10～20年　□20年以上

5. 您从事的具体工作（职责）：□生产经营　□金融会计　□人力资源　□市场开发　□技术开发　□其他

6. 您的职位：□一般员工　□基层管理者　□中层管理者　□高级管理者

7. 所在企业的规模：□100人以下　□101～500人　□500人以上

8. 所在企业的组织性质：□国有企业　□民营企业　□外资企业　□其他

9. 所在企业的年龄：□3～5年　□6～10年　□11～20年　□20年以上

第二部分　企业衰落

填写说明：以下是关于企业衰落的测度，请根据您自己的体会，在表

格内每个项目相应的数字上打"√",表达您的认同程度(1代表"非常不认同";2代表"不认同";3代表"不确定";4代表"认同";5代表"非常认同")。

附表 9　企业衰落的测度 Ⅲ

测度项目	认同程度				
企业应对环境变化的反应能力弱	1	2	3	4	5
企业应对环境变化的反应不及时	1	2	3	4	5
企业在一定程度上缺乏构建竞争力的基础	1	2	3	4	5
企业的行为被认为是不合法的	1	2	3	4	5
企业预测或判断威胁其生存环境变化的能力不足	1	2	3	4	5

第三部分　失败学习

填写说明：以下是关于失败学习的测度，请根据您自己的体会，在表格内每个项目相应的数字上打"√",表达您的认同程度(1代表"非常不认同";2代表"不认同";3代表"不确定";4代表"认同";5代表"非常认同")。

附表 10　失败学习的测度 Ⅱ

测度项目	认同程度				
当提出一个为完成任务缺乏所需资源的问题时，我们的员工可以提供及时的解决方案，但也会通知事关这个问题的相关管理部门	1	2	3	4	5
当一个员工犯错误时，他的同事会告诉他，不是为了有意责备他，而是为了能从中学习	1	2	3	4	5
当一个员工犯错误时，他们通知相关经理鼓励其他人从中学习	1	2	3	4	5
企业鼓励提出"我们为什么这样做"的问题	1	2	3	4	5
企业鼓励员工提出这样的问题："是否有更好的方式提供产品或服务"	1	2	3	4	5
公司会提醒员工停下手中的事情，反思当前工作流程	1	2	3	4	5
公司提醒员工在讨论中考虑得出结论的前提或假设	1	2	3	4	5

第四部分 组织创新

填写说明：以下是关于组织创新的测度，请根据您自己的体会，在表格内每个项目相应的数字上打"√"，表达您的认同程度（1代表"非常不认同"；2代表"不认同"；3代表"不确定"；4代表"认同"；5代表"非常认同"）。

附表11 组织创新的测度 Ⅲ

测度项目	认同程度				
通过积极采取新的措施提升企业绩效	1	2	3	4	5
通过改善工作流程或方法提高工作效率	1	2	3	4	5
采用新的薪酬制度更好地激励员工	1	2	3	4	5
对企业未来发展具有独到见解	1	2	3	4	5
及时根据环境变化制订应急方案	1	2	3	4	5
根据实际情况及时调整部门和员工目标	1	2	3	4	5
根据客户需求更新服务的内容和形式	1	2	3	4	5
引进新的技术和设备以提高产出效率	1	2	3	4	5
引进优化工作流程的新技术	1	2	3	4	5
开发市场需要的新产品	1	2	3	4	5
及时更新并整合企业的知识资源	1	2	3	4	5

第五部分 战略柔性

填写说明：以下是关于战略柔性的测度，请根据您自己的体会，在表格内每个项目相应的数字上打"√"，表达您的认同程度（1代表"非常不认同"；2代表"不认同"；3代表"不确定"；4代表"认同"；5代表"非常认同"）。

附表12 战略柔性的测度 Ⅰ

测度项目	认同程度				
企业同一种资源生产不同产品或服务的范围很广	1	2	3	4	5
企业同一种资源生产不同产品或服务的转换成本和难度较小	1	2	3	4	5

续表

测度项目	认同程度				
企业同一种资源生产不同产品或服务的转换时间较短	1	2	3	4	5
企业能够发现机会，比现有及潜在竞争对手更快地做出反应	1	2	3	4	5
企业能够比现有及潜在竞争对手更快地寻找到新资源或新的组合方式	1	2	3	4	5
企业能够比现有及潜在竞争对手更快地开拓新市场	1	2	3	4	5
企业能够在动态环境下有效解决资源使用问题	1	2	3	4	5

"失败学习对企业绩效的影响机制研究"调查问卷表

尊敬的_____女士/先生

您好！

非常感谢您抽出宝贵时间填写该问卷。本调查旨在了解失败学习驱动企业绩效的影响机制。为了确保问卷调研所获数据的准确性、客观性和有效性，请贵企业的员工或部分中层管理人员填写。问卷以匿名调查的方式进行，问卷调查结果仅用于科学研究，我们承诺严格保密，绝不会应用于商业用途。

最后，再次感谢您的合作！祝您的企业蒸蒸日上！祝愿您工作顺利！

第一部分 个人及企业基本信息

填写说明：请您如实填写本人及所在企业的基本信息，在相应的选项前打"√"。

1. 性别：□男 □女

2. 年龄：□25岁以下 □25～30岁 □30～40岁 □40岁以上

3. 学历：□大专以下 □大专 □本科 □硕士研究生 □博士研究生

4. 您在企业的服务年限：□5年及以下 □5～10年 □10～20年 □20年以上

5. 您从事的具体工作（职责）：□生产经营 □金融会计 □人力资源 □市场开发 □技术开发 □其他

6. 您的职位：□一般员工 □基层管理者 □中层管理者 □高级管理者

7. 所在企业的规模（销售）：□300人及以下 □300～1000人 □1000～2000人 □2001～3000人 □3000人以上

8. 所在企业的年龄：□5～15年 □16～30年 □30年以上

9. 所在企业行业：□纺织服装 □家具 □食品加工 □医药制造 □其他

第二部分　失败学习

填写说明：以下是关于失败学习的测度，请根据您自己的体会，在表格内每个项目相应的数字上打"√"，表达您的认同程度（1代表"非常不认同"；2代表"不认同"；3代表"不确定"；4代表"认同"；5代表"非常认同"）。

附表13　失败学习的测度Ⅲ

测度项目	认同程度				
企业鼓励员工询问"我们为什么这么做"的问题	1	2	3	4	5
企业鼓励员工询问有无更好的方式提供产品或服务	1	2	3	4	5
企业提醒员工停下手中的事情，反思当前工作流程	1	2	3	4	5
企业提醒员工在讨论中考虑得出结论的前提或假设	1	2	3	4	5

第三部分　资源拼凑

填写说明：以下是关于资源拼凑的测度，请根据您自己的体会，在表格内每个项目相应的数字上打"√"，表达您的认同程度（1代表"非常不认同"；2代表"不认同"；3代表"不确定"；4代表"认同"；5代表"非常认同"）。

附表14　资源拼凑的测度

测度项目	认同程度				
企业以质疑传统商业实践的方式整合资源	1	2	3	4	5
企业以创造性的方法和技术有效利用资源	1	2	3	4	5
企业以挖掘很少使用资源的方式整合资源	1	2	3	4	5

第四部分　企业绩效

填写说明：以下是关于企业绩效的测度，请根据您自己的体会，在表格内每个项目相应的数字上打"√"，表达您的认同程度（1代表"非常不认同"；2代表"不认同"；3代表"不确定"；4代表"认同"；5代表"非常认同"）。

附表 15　企业绩效的测度

测度项目	认同程度				
与前一年相比，企业的投资收益率更高	1	2	3	4	5
与前一年相比，企业新产品的成功率更高	1	2	3	4	5
与前一年相比，企业新产品开发的速度更快	1	2	3	4	5
与前一年相比，企业的适应能力更强	1	2	3	4	5
与前一年相比，企业的整体声誉更好	1	2	3	4	5
与前一年相比，企业的资源基础更好	1	2	3	4	5

第五部分　机会识别

填写说明：以下是关于机会识别的测度，请根据您自己的体会，在表格内每个项目相应的数字上打"√"，表达您的认同程度（1代表"非常不认同"；2代表"不认同"；3代表"不确定"；4代表"认同"；5代表"非常认同"）。

附表 16　机会识别的测度

测度项目	认同程度				
对新机会有特殊的警觉性或敏感性	1	2	3	4	5
能够觉察到环境中潜在的机会	1	2	3	4	5
比竞争对手更善于发现新机会	1	2	3	4	5
能准确地发现环境中潜藏的新机会	1	2	3	4	5

第六部分　战略柔性

填写说明：以下是关于战略柔性的测度，请根据您自己的体会，在表格内每个项目相应的数字上打"√"，表达您的认同程度（1代表"非常不认同"；2代表"不认同"；3代表"不确定"；4代表"认同"；5代表"非常认同"）。

附表 17　战略柔性的测度 Ⅱ

测度项目	认同程度				
同一种资源用于开发不同产品或服务的范围很广	1	2	3	4	5

续表

测度项目	认同程度				
同一种资源用于开发不同产品或服务时，其转换用途的成本和难度较小	1	2	3	4	5
同一种资源开发不同产品或服务的转换时间较短	1	2	3	4	5
可以快速发现企业既有资源的新用途或新的组合方式	1	2	3	4	5
可以快速运用资源的新用途或新的组合方式	1	2	3	4	5
可以有效利用企业资源应对动态环境	1	2	3	4	5